福田真也
Shinya Fukuda

[新版] 大学生の
こころのケア・
ガイドブック

精神科と学生相談からの17章

金剛出版

新版のまえがき

　2007年に初版が出版されて10年がたち，この間，大きな事件や災害が続きました。大学生を巡っても少子高齢化で18歳人口の減少が進んだこと，スマホやSNSなど情報ツールの進化のため人とのコミュニケーションが変わってきたこと，留学生や訪日外国人の増加による国際化の進展，教育・福祉や産業など社会制度や法律の改訂が続き，社会状況が大きく変わったことなど，大学生とそれを支援する学生相談室や保健管理センター，あるいは外来診療にも大きな変化がありました。

　大学生の病気や障害にも流行り廃りがあり，ボーダーラインや多重人格はあまり話題にのぼらなくなった一方，発達障害やLGBTへの理解，障害学生への支援が進み，またネットやスマホ，ゲームへの依存など新たな問題が現れています。

　大学と大学生についていえば，大学数が2017年は780校と2007年から24校の増加に留まるのに対し，短大が100校以上も減少して337校にまでなっています。学生数は289万242人と6万2,000人あまり増加していますが，短大生がほぼ同じ数だけ減少して186,667人となったため，合計ではあまり変わっていません。唯一，大きな変化は女子学生の増加で39.8%から43.7%と4%，10年間で14万人あまりも増加しています。短大に進学していた女子学生の多くが4年生大学に進学するようになったことによると思われます（文部科学省平成29年度学校基本調査より）。

　とはいえ，人そのもの，大学生の情緒，認知，また情報処理能力がこの10年間で変化したわけではありません。相談や診療で今の大学生と接していると，外界の変化に比べてその変わらなさに驚きます。10年前と大差なく，また40年前の私の大学生時代とさえ変わりなく，勉強，恋愛，友達，家族や社会との関係に悩み，夢を抱き，将来に希望あるいは絶望をもち，喜び，驚き，悩み，苦しみ，楽しんでいます。

　この新版ではそれらを受け，取り上げた病気や対応と支援など全体の枠組みはそのままに，データや制度を2017年の最新のものに更新し，私自身の学生相談と外来診療の経験に加え，大学を卒業したばかりの娘と息子に大学生の実際を聞いて改訂しました。

　新たな章として第Ⅱ部に「LGBT」「留学生」「障害学生支援」，また入学から卒業

に至るさまざまな場面での問題，すなわち新入生，授業，実験・実習と専門課程，サークルと部活，奨学金とアルバイト，留年と休学，免許取得と運転，ハラスメント，カルト，就職活動とキャリア支援，大学院生とリカレント教育，卒後の相談，親との相談をメンタルヘルスの観点から記載した，「大学生も楽じゃない」の1章を設けるなど計4章を追加しました。一方，ゲームやネットへの依存をリストカットと併せた章にまとめ，第Ⅱ部の「一般の教員による相談」は上記の章に入れ，精神科医療と医療との連携を1章にまとめるなど再編して，副題を「精神科と学生相談からの17章」としました。

　大学生，青年期のこころの問題とそのケアについて，メンタルヘルスの専門家に限らず，一般の大学教職員，御両親など保護者，あるいは学生自身が読めて役立つ実用的な本という初版のコンセプトはそのままに，より気軽に読めるよう，肩の凝らない，一部には笑えるコラムも加え，興味をもったどこの章からでも読みはじめられ，関連する章に飛んでいつのまにか大学生のこころのケアやメンタルヘルスへの理解と関心が深まるようなガイドブックを目指しました。この本を読まれた方の日々の大学生活に少しでもお役に立てば幸いです。

　次の10年間，2027年の大学生，大学，日本，世界はどうなっているのでしょうか？　たぶん悩み苦しみつつも，変わらずに楽しく，喜び，驚きつつ生きている気もしています。

　2017年11月

福田真也

まえがき

　筆者は精神科医として市中の精神病院，精神科クリニックで臨床／診察を行う一方，大学の学生相談室と保健管理センターで学生相談を，また文学部や人間科学部で臨床心理士／カウンセラーや精神保健福祉士（PSW）を志望する学生の教育にも携わるなど，医療と教育の両者に足場をもって，橋渡しをする仕事を長年してきました。そのなかで痛感するのですが，青年期のこころの問題は大きな問題となっており，彼らと関わる医療機関の医師，教育現場の臨床心理士やカウンセラー，保健師・看護師や養護教員，あるいは学生を直接教えている教員，窓口で対応する職員が，それぞれの立場で多大な努力をしているにもかかわらず，お互いの交流が少なくそこで得られた経験や知見が共有されないため，適切な支援に結びつかないことがしばしばあることです。筆者は精神科医として医学的な立場にもとづく治療をする専門家ですが，精神科医のもっている知見が，教育機関の臨床心理士／カウンセラーあるいは一般の教職員に伝わっていない，理解されていないと感じることがよくあります。これらの問題については，精神病理や心理療法の理論や技法，あるいは医療機関における治療など専門的な立場からの書籍はたくさんあるのですが，現実の社会，特に大学でどのような問題が起き，それをどのように理解して，どのように対応していけばよいのかということに直接役立つ実用的な本はあまりないようです。そこで大学生を中心とした青年期のこころの問題・病気を精神医学と臨床心理学の両者の視点を交えて書かれた実用的な本が1冊くらいあってもいいだろうと思い，この本を書くことにしました。ここ10年ほど大学の紀要や報告書に少しずつ書いてきたものを1つの本にしたため，一貫性が欠けていたり少し古くなっている章もありますが，現在でも十分通用する内容と思います。もとより私は一介の平凡な臨床医にすぎず，それほどの深い学識や特別に造詣の深い分野があるわけではありませんが，大学生を中心とした青年期のこころの問題とそのケアについてわかりやすく解説した本になったと自負しています。

　想定した読者は大学生や青年期に関わっている学生相談室の心理カウンセラー，

保健室の看護師・保健師など専門職だけでなく，一般の教職員や保護者，あるいは学生自身など，必ずしも精神医学に詳しくない方にも役立つように記載しました。そのため精神医学の教科書では必ず準拠するアメリカ精神医学会の診断基準であるDSMについて一部を除いて記載していないなど，臨床心理学の専門家にはやや不十分な内容かもしれませんが，この本を契機により深く学んでいってもらえればと思います。また相談室でのカウンセリングや心理療法の技法についても，すでに多くの本が出ていますので，そちらを参照してください。

また大学生のこころの問題も多様で，アスペルガー症候群などかなり詳しく述べた章もある一方，あまり触れていない問題——拒食症などの摂食障害など——もあることはご勘弁ください。性同一性障害や同性愛の問題，あるいはカルトの問題など精神科医が関わる病気と言えない問題とともに，いずれ別の機会にまとめようと思っています。

本文でさまざまな事例を挙げていますが，現役の臨床家である私は守秘義務を厳しく守ることを肝に銘じていますので，自らご本人がカミングアウトした何例かを除けば，私が関わった方のエッセンスを取り出して作り上げた架空の事例です。彼らとの関わりがこの本の真髄ですし，彼らが私の師であると言えます。

最後に一言。もとより健常と病気の間に明確な境界はありません。病気になるのはもちろん嫌で不愉快なことですが，その症状の意味や病気のプラスの側面についてもなるべく記載しました。筆者自身，不健康な部分はかなりありますし，誰でもここに記載した問題にはなりうる，あるいはすでにそういう一面をもっていることを知ることも必要だと思っています。この本が，悩める方や彼らと関わる方の役に立てれば幸いです。

2007年2月

福田真也

目　次

新版のまえがき ……3
まえがき ……5

第Ⅰ部　大学生のこころの病気

1－大学生は健康？ ……15
はじめに ……15
Ⅰ｜大学生の"こころの問題"にはどのような特徴があるのか？ ……16
Ⅱ｜どのくらい専門家の相談や支援を必要とする大学生がいるのか？ ……21
Ⅲ｜大学生にはどのようなこころの病気があるのか？ ……22

2－ちょっと変わった人たち｜アスペルガー症候群 ……23
はじめに ……23
Ⅰ｜アスペルガー症候群の学生の実際 ……23
Ⅱ｜発達障害 ……29
Ⅲ｜注意欠如・多動性障害（ADHD） ……31
Ⅳ｜学習障害（LD） ……32
Ⅴ｜その他関連の深い障害 ……33
Ⅵ｜どのくらい発達障害の学生がいるのか？ ……34
Ⅶ｜どのようにしてアスペルガー症候群と知るのか？ ……35
Ⅷ｜対応 ……39
Ⅸ｜障害学生支援 ……41
Ⅹ｜卒後と就職のこと ……41
Ⅺ｜社会のなかでのアスペルガー症候群 ……42
おわりに ……42

3 – 周りを振り回す人たち｜ボーダーライン 45

はじめに 45
Ⅰ｜大学生の事例 45
Ⅱ｜ボーダーラインの症状と問題 47
Ⅲ｜どのようなパーソナリティの病理をもっているのか? 50
Ⅳ｜どのように対応すればよいのか? 55
Ⅴ｜現代社会とボーダーライン 58
おわりに 59

4 – 病められない，止められない人たち｜依存と嗜癖 60

はじめに 60
Ⅰ｜リストカット——おさえておきたいこと 61
Ⅱ｜リストカット——さまざまな事例 63
Ⅲ｜リストカット——大学での対応 65
Ⅳ｜過食症——冷蔵庫に鍵をかけても…… 68
Ⅴ｜ネット・ゲーム依存——ヴァーチャル世界の住人 70
おわりに 75

5 – 傷つき喪った人たち｜トラウマによる問題とPTSD 76

はじめに 76
Ⅰ｜大学生になってから受けたこころの傷の問題 77
Ⅱ｜過去，幼小児期に受けたこころの傷の問題 86
Ⅲ｜パーソナリティに問題をもつケースと過去のトラウマの関係 90
おわりに 92

6 – 不安な人たち｜パニック障害，アゴラフォビア，社交不安障害 94

はじめに 94
Ⅰ｜不安とは何か?——不安と恐怖 94
Ⅱ｜なぜ不安になるのか? 95
Ⅲ｜大学生の事例 96
Ⅳ｜不安の病気のまとめ 97
Ⅴ｜大学の相談でのポイント 100
おわりに 102

7 － こだわる人たち｜「強迫」とこころの病気 103

はじめに 103
Ⅰ｜「強迫」と関連の深いこころの病気――「強迫」は病気の母 104
Ⅱ｜強迫スペクトラム・強迫症および関連症群（OCRD） 111
Ⅲ｜「強迫」のメリットと日本人の「強迫性」 112
Ⅳ｜「強迫」とカウンセリング 114
おわりに 115

8 － 大学に来ない人たち｜不登校と"ひきこもり" 116

はじめに 116
Ⅰ｜定義と症例 116
Ⅱ｜"ひきこもり"の特徴 119
Ⅲ｜対応 127
Ⅳ｜予後 130
おわりに 131

9 － 落ち込んだ人たち｜"うつ"とうつ病 132

はじめに 132
Ⅰ｜対象喪失やトラウマ（心的外傷）による"うつ" 132
Ⅱ｜こころや体の病気のときの"うつ" 134
Ⅲ｜"うつ"のメリット 135
Ⅳ｜従来からのうつ病 135
Ⅴ｜現代型うつ病，新型うつ病 138
Ⅵ｜発達障害が背景にあるうつ病 139
Ⅶ｜うつ病のポイント 139
Ⅷ｜大学生のうつ病 143
おわりに 147

10 － 死にたい人と遺された人たち｜自殺 149

はじめに 149
Ⅰ｜大学生の自殺の実態――プリベンション 150
Ⅱ｜大学生の事例 151
Ⅲ｜自殺の危険度の評価――インターベンション① 153

Ⅳ｜対応方針——インターベンション② 155
Ⅴ｜遺された方への支援——ポストベンション 157
おわりに 163

11 - こころの病気の人たち｜統合失調症 165

はじめに 165
Ⅰ｜統合失調症とはどのような病気か？ 165
Ⅱ｜大学でどのような問題が起きるのか？ 166
Ⅲ｜どのように相談機関に結びつけるか？ 168
Ⅳ｜治療と大学生活を両立させるために 169
Ⅴ｜学業を続けるうえでの問題と支援 169
Ⅵ｜学内での支援の実際 172
おわりに 175

第Ⅱ部　大学での相談の実際

12 - 大学生も楽じゃない｜さまざまな相談 179

はじめに 179
Ⅰ｜新入生の相談——青い鳥を求めて 180
Ⅱ｜授業——講義と相談の狭間で 184
Ⅲ｜実習——やめておいたほうがいいかも…… 187
Ⅳ｜サークルと部活の問題——伝統があるといっても…… 189
Ⅴ｜奨学金とバイト——大学生の貧困 190
Ⅵ｜留年と休学——のんびりやろうよ 194
Ⅶ｜免許取得と運転——ドライビング大学生 197
Ⅷ｜ハラスメント——パワハラ，セクハラと一気飲み 201
Ⅸ｜カルト，自己啓発グループ，悪徳商法——信じる者は救われない！ 207
Ⅹ｜就活——就活解禁日の4年生 211
Ⅺ｜大学院生と社会人教育・生涯教育——学びは永遠に！ 217
Ⅻ｜卒後の相談——いつまでもお世話になります！ 219
ⅩⅢ｜親との相談——親子は他人の始まり 221
おわりに 223

13 − 性に戸惑う人たち｜LGBT 224

はじめに 224
Ⅰ｜どれくらいLGBTの人がいるのか？ 225
Ⅱ｜性の発達 226
Ⅲ｜LGBTは"病気"ではない 226
Ⅳ｜同性愛──レズビアンとゲイ 227
Ⅴ｜トランスジェンダーと性同一性障害 229
Ⅵ｜大学での配慮と支援 232
Ⅶ｜社会的な取り組み 236
おわりに 238

14 − 異文化に暮らす｜留学生の相談 240

はじめに 240
Ⅰ｜外国人留学生数と国別内訳 240
Ⅱ｜外国人留学生の課題──言葉，文化，生活習慣 243
Ⅲ｜大学としての支援 244
Ⅳ｜メンタルヘルスの支援と課題 246
Ⅴ｜日本での就職 249
Ⅵ｜外国人留学生の相談機関 250
Ⅶ｜海外へ留学する日本人留学生のメンタルヘルス 251
おわりに 254

15 − ハンディをもって学ぶ｜障害学生支援 256

はじめに 256
Ⅰ｜障害をもつ大学生はどれくらいいるのか？ 256
Ⅱ｜障害者の支援制度と支援機関 257
Ⅲ｜大学入試センター試験における受験特別措置 259
Ⅳ｜支援の前提──受容と意思表明 260
Ⅴ｜障害者差別解消法と合理的配慮 260
Ⅵ｜支援のポイントと課題 263
Ⅶ｜キャリア支援 265
おわりに 269

16 – 相談に当たる人たち
　│ 学生相談室，保健管理センター，学内外の相談機関 271

はじめに 271
Ⅰ│学生相談室，カウンセリング・センター 271
Ⅱ│保健室，保健管理センター，健康支援センター 273
Ⅲ│学生相談室や保健室への紹介 274
Ⅳ│研修や研究，学会 275
Ⅴ│さまざまな学内の相談窓口 275
Ⅵ│学外の相談機関 277

17 – 精神科医の取り扱い説明書│精神科の実際と大学との連携 280

はじめに 280
Ⅰ│精神科？ 精神神経科？ 神経科？ 心療内科？ 神経内科？ 280
Ⅱ│精神科医と精神科医療機関の現状 281
Ⅲ│精神科医はどこにいるのか？ 281
Ⅳ│精神科医療はどのようなものか？ 283
Ⅴ│役に立つ精神科医の見つけ方 285
Ⅵ│精神科校医を雇う場合 286
Ⅶ│医療機関に紹介するのはどのような場合か？ 289
Ⅷ│どうやって学生を受診まで導けばよいか？ 290
Ⅸ│依頼と紹介 290
Ⅹ│大学と医療の連携の実際 295
おわりに 296

索　引 298
著者紹介 303

第Ⅰ部
大学生のこころの病気

1
大学生は健康？

はじめに

　大学での相談を長年続け多くの大学生と接していると，身体的には大学生は健康だなあと感じます。それは数字でも裏付けられ，厚生労働省の平成28（2016）年人口動態統計の年齢階級別の死亡率（図1）を見てみますと，15～19歳の年間死亡率は19.6人／人口10万人，同じく20～24歳は35.3人／人口10万人と，筆者の属する55～59歳の年間死亡率375.9人／人口10万人に比べれば1桁少なく，筆者の世代がメタボに悩み，ガンで亡くなる方も多いのに比べて元気な大学生がうらやましくなります。しかし精神科医として大学生の"こころ"を考えると，そうとばかりは言えません。先ほどの図1をさらによく見てみると，15～19歳，20～24歳のところに凸があります。これにはいろいろな要因が関係しているのですが，最も大きな要因が自殺です。自殺は15～39歳の死因の第1位を占め，大学生の健康問題では自殺がとても重要なことがわかります。自殺は極端な形ですが，そこまで至らなくとも第Ⅰ部で取り上げる統合失調症や社交不安障害など大学生世代に発症しやすいこころの病気はとても多いです。

　またこの本の初版では平成17（2005）年の死亡率を挙げたのですが，平成28（2016）年に比べて平成17（2005）年は，数値は異なってもほぼ同じ形のグラフです。10年以上の時がたち社会が変わっても，健康については同じように問題が起きていると推測されます。

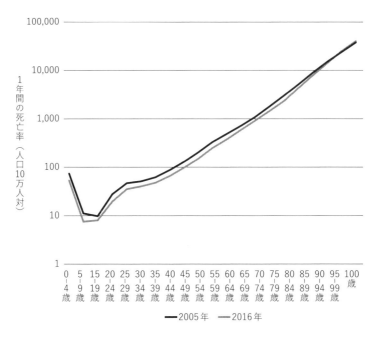

図1　平成28（2016）年および平成17（2005）年の人口動態統計 年齢階級別死亡率
（厚生労働省HPより）

I　大学生の"こころの問題"にはどのような特徴があるのか？

　筆者はここ25年ほど主に首都圏にある総合私立大学の保健管理センター，学生相談室の校医や精神科相談員として，また神奈川県中部の精神科クリニックの外来医として大学生の相談と診療に携わってきました。一臨床家のある大学と地域での経験ですが，だいたい日本の大学生の問題を網羅してきたと思いますので，学生相談と大学保健管理，臨床精神医学の立場から気づいたことを述べてみましょう。

1　発達・家族

- 発達という観点から見ると，大学生は青年期という思春期と成人期の中間の微妙な時期に当たる。一昔前なら18〜22歳は立派な成人だったが，今はそうとは言

えない。児童期の問題，たとえば不登校，家庭内暴力，いじめ，アスペルガー症候群（自閉スペクトラム症），ADHD，学習障害などの発達障害，抜毛症，チックなどが大学生でも当たり前に見られる。成人の問題である躁うつ病，統合失調症，強迫性障害，パニック障害なども出現するため両方の知見が必要となる。
- 家族との関係が微妙なケースが多く，保護者とどう関わるかが難しい。

2 大学という環境
- 入学，定期試験，実習，長期休暇，就職活動，卒業，留学など大学のスケジュールによって大きな影響を受ける。入学後の4～6月と夏休み明けの9～10月に相談数が多い。
- 新入生と卒業が近い4年生の相談が多いが，病像や問題はかなり異なる。
- 新入生には学力上の問題をもつ学生がいて，精神的な問題も起きやすい。
- 学部学科で特徴があり文系と理系では様相がだいぶ異なる。問題を起こす学生がとても多い特定の学科もあり，学科と教員固有の問題が背景にあることが多い。
- 夏休み，春休みの長期休暇が2カ月近くあり，大学に来ることによる問題は一旦切れるのでよい点もあるが，反面，休み明けの適応が大変である。
- 大学や学部によるが，高校よりも管理や構造が緩く，そのため包容力があって問題がある学生でも意外と表面に出ないで大学に適応できることがある。一方，履修を自分で組むなど構造を作らないといけないため，特に1年生では途方にくれて問題が出る学生も多い。
- 大学には適応できても，社会人を目指す就活で問題が出てくる学生がとても多い。
- 大学を出ても心理的，経済的に自立するのは遠い将来と思って対応したほうが現実的である。

3 対人関係・性格や人格
- 自分と他人の関係を再構築する時期，すなわち異性と出会ったり深い友人を作ったりする時期とされてきたが，なかなかうまくはいかない。友達を作らないといけないという強迫観念に悩む学生も多い。
- 対人関係をとらざるをえない場として，休み時間や昼食があり，うまくいかないため「昼飯難民」としてさまよう学生もいる。
- 対人関係の個人差がきわめて大きく，たとえば彼氏をしょっちゅう変えてつきあうなど派手な女子学生もいれば，異性と口を利いたことがない男子学生も多い。

なかには4年間，キャンパスで話すのはカウンセラーだけという学生もいる。
- LINEなどSNSで交流の契機や幅は広がったが，人と人の関係そのものは変わっていない。
- 病気になる特定の性格はないが，強迫的，all or nothingな傾向，理想と現実のギャップが大きい学生が問題を起こしやすい。

４ 精神的な病気や症状の特徴（福田，1991）
- 健常者でも起きることがあり，健康と病気の区別は曖昧で明確な境界は引けない。症状や特性のため本人や周囲に大きな支障が出れば障害となり，それがなければ個性となる。ちなみに筆者は病気や障害とすることはなるべく限定して，必要最低限の介入を心がけている。
- 精神的な病気でも身体的な訴えを主にすることが比較的多い。
- 訴えが不明瞭で何を悩んでいるのか，本人自身もわからないこともよくある。
- 病像は変化したり別の問題に移行することも多い。
- 他人を巻き込んで出現するボーダーラインなどの問題もあるが，ひきこもりなどまったく他人と関わらないという問題も多い。
- 個人差がきわめて大きく，同じ病気でも表現はそれぞれ違う。
- 男女差も大きい。
- 男性に多い：ひきこもり，不登校，アスペルガー症候群などの発達障害，急性アルコール中毒，薬物依存，パチンコ依存，ネット・ゲーム依存，鉄道マニア，ロケットを飛ばす，グッズを集める，自殺。
- 女性に多い：過食症，拒食症，ボーダーライン，リストカット，買い物依存，妊娠，月経前症候群，生理不順，宝塚フリーク，道に迷う，カウンセラー志望，おしゃべり，自殺未遂。
- 性差がないもの：統合失調症，うつ病，強迫性障害，社交不安，醜形恐怖・自己臭症。
- 典型的な例は少なく，例外が多い。
- 手首自傷症候群，思春期妄想症，ステューデント・アパシー，新型うつ病など日本特有のネーミングをされた問題もある。
- キャンパスで見るケースは，精神科外来よりも軽症で，しばしば臨床閾値以下，要は「プレ病気」で医学的治療になじまないレベルが多いが，対応が容易なわけではまったくない。

- 軽い問題でもたやすく退学してしまう一方，かなり重い問題でも卒業までいきつく人もいて，病気の重症度と大学生としての予後が必ずしも一致しない。
- 統合失調症のようにつねに一定の頻度で出現する病気もあるが，多くは時代による流行り廃りがある。80年代は拒食症，90年代は過食症，2000年代はリストカット，2010年代は発達障害が目立つ。
- 平成7（1995）年の阪神淡路大震災とオウム真理教による地下鉄サリン事件で「トラウマ」と「PTSD」という用語が広まり，2011年の東日本大震災や近年のテロ事件ですっかり定着した。

5 大学での相談や治療
- 精神科医が学内で働くときは医療の視点だけでなく，大学の一員として教育と生活の視点をもつことが重要。
- 学生本人との面接と同様に，教職員や家族など関係者への助言や連携が重要で，セラピストというよりケースワーカーとして機能することが求められる。
- 医療機関に受診させるべきかどうか，精神科医である筆者も悩むことが多い。
- 医療機関よりずっと気軽に相談室を訪れるが，それだけに相談への動機づけは低く，たやすく切れてしまうことも多い。学生とよい関係を作ることが初回面接での課題である。
- 長期休暇で相談は一旦途切れることが多く，それも良し悪しである。
- 卒業という大きな節目，目標がある。原則として学内機関では卒後の相談を行なわないため，卒業が相談の終結となり，それを前提に相談していく必要がある。また退学でも相談は終わるため，大学と離れた後の相談先の確保が重要な課題である。

6 今後の変化
- SNSなどネットやスマホでの情報ツールやコミュニティの利用が爆発的に増え，日々変化しており，その影響は今後ますます大きくなるだろう。ついていけなかったり，反対にはまってしまう問題が増加している。
- 平成28（2016）年文部科学省学校基本調査で大学は777校，大学生は287万3,624人であった。大学進学率は平成11（1999）年の49％が平成28（2016）年に54.7％と漸増しているが，平成4（1992）年に205万人だった18歳人口は年々減少し，平成28（2016）年は119万人と42％も減少した。近年は減少傾向が一段落してい

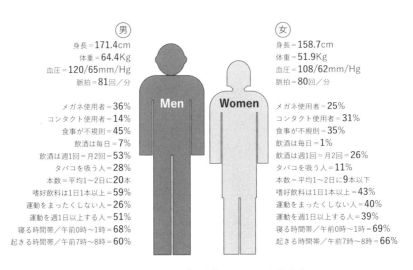

図2　ある大学の"健康"からみた大学生像

るが，平成30（2018）年以降は再び減り，2031年には100万人を割ることが予測され，大学に大きな影響を与えると思われる。

- 成人年齢の18歳への引き下げが2021年に予定され，大学生全員が成人ということになる。成人は，選挙権などさまざまな権利も得られる一方，少年法の適用から外れ，一人前の大人として法的に扱われるため，社会的な責任がきわめて重くなる。大学やメンタルヘルスに大きな影響を与える可能性がある。図2にある大学の"健康"からみた大学生像を示す。

コラム

カンセコの報酬——氏か育ちか

　どんな問題でもそうですが，メンタルヘルスの問題でも元々もっている素質や遺伝のためか，それとも家庭や学校など環境の影響なのか，「氏か育ちか」議論になります。最近，遺伝子の研究が進み，人の行動や性格に影響を与えたり，特定の病気になりやすい遺伝子が見つかり，氏＝遺伝説が優勢ですが，PTSDのように過酷な状態に陥って初めて発症する病気もあるので，そう単純ではありません。

　筆者は1995年に野茂英雄さんがメジャーリーグ（MLB）に行き大活躍して以来の

MLBファンです。ホセ・カンセコというMLBを代表するスラッガーがいました。オークランド・アスレチックスで新人王をとり，1988年にはMLB史上初の「40本塁打・40盗塁」を記録しMVPに輝いた大選手です。彼には一卵性双生児の兄のオジーがいて，外見，スラッガーであること，暴力事件を起こした点もそっくりですが，兄のオジーはMLBでぱっとせず，1991年に来日し近鉄バッファローズ（今のオリックス）に在籍したものの，活躍できず短期間で帰国しています。2人は遺伝的素因が同じ一卵性双生児ですから筋力や敏捷性などの運動能力もほぼ同じでしょう。しかし弟のホセは大打者として何十億円も稼いだのに対し，兄のオジーは活躍できず，彼が稼いだのはわずかな金額でした。

　遺伝的素因は同じなのにどうしてこのような差が生まれたのでしょう？　良いコーチとの出会い？　偶然のチャンスをものにしたから？　おそらくほんのわずかな環境の差が，報酬に象徴される彼らの人生を対照的にしてしまったのでしょう。遺伝＝氏だけでは人生は決まらない，ごくわずかな環境の差＝育ちが大きな違いを生む――氏だけではなく育ちも大きく影響しているのです。

II　どのくらい専門家の相談や支援を必要とする大学生がいるのか？

　東京農工大学の早川ほか（2000）が自記式の心理テストを用いた調査では8.6％の大学生が要留意，すなわち精神科医やカウンセラー専門家などの専門家による相談が必要と報告され，他の調査でも，またどの大学の相談の専門家も，だいたい10％くらいの学生は心理的問題を抱えており，専門家による援助が必要という認識をもっています。とはいえ大学の相談体制は十分ではないので，実際の相談率は体制の整っている小規模の大学でも全学生の5％程度，筆者が所属していた大規模大学では，精神科医が面接する学生は1％以下にすぎません。このように相談者数や相談率はスタッフの数によって限界があり，学生のニーズに応えられていないのが現状です。したがって心理的問題を抱えた多くの学生は専門機関ではなく家族や友人，学内では学生課や学科事務や就職課の窓口担当者または教員など，メンタルヘルスを専門としてない方に相談していると思われます。だからこそ大学の全教職員が，大学生のこころの問題をよく知ることが大切です。

III 大学生にはどのようなこころの病気があるのか？

　身体の病気は，たとえば肝臓が悪くなれば顔が黄色くなる黄疸として一見してわかりますし，自分でも痛みや腫れが出て自覚しやすいのですが，こころの病気は周囲も自分自身も気づきにくいことが多く，また人間関係，成績，出席，食事など，一見病気と関係ないトラブルとして現れることがよくあり，健常な人でもある程度の問題があるため，健常と病気の境，つまりどこからが病気によるものか区別をつけることが難しいです。また大学生のこころの問題もさまざまで，1冊の本で語りつくすことはできないのですが，筆者が関わり支援した学生のなかで，大学教職員や保護者，大学生自身に知っておいてほしい10の心の病気や問題を第Ⅰ部で取り上げることにします。

　①児童の問題と思われて大学生では知られていなかったちょっと変わった人たち「アスペルガー症候群」，②友達や先生との人間関係を混乱させる「ボーダーライン」，③止められない嗜癖である「リストカットや依存症」，④大きな事件に巻き込まれたトラウマによる「PTSD」，⑤不安や恐怖のため電車に乗れなかったり授業でプレゼンできなくなる「パニック障害とアゴラフォビア，対人恐怖・社交不安障害」，⑥こだわりで日常生活が大変になる「強迫性障害と関係する問題」，⑦相談自体が難しい「ひきこもり」，⑧感情や気分の問題で自殺に注意しなければいけない「うつ病と躁うつ病」，⑨死のうとすることや遺された人の問題である「自殺と遺された人の問題」，⑩成人にも見られる精神病で退学・休学の原因に多い「統合失調症」です。

　第Ⅱ部では，これらの病気が大学生の状況や時期によってどう現れるのか，どのように対応していけばよいか，LGBT，留学生，障害学生をどう支援していくのか，そして支援する教職員や精神科医自身について述べることにします。学生や問題の個別性をおさえつつ，相談員は学生の視点に立ち，理解し，尊重し，聴き，話すよう努めていってほしいと思います。

† **文献**
福田真也（1991）最近の大学生における心身症，神経症の特徴．神奈川県心身医学会誌2；74-79.
早川東作ほか（2000）健常学生集団の潜在的相談ニーズ——POMS調査に回答した農工大生3,591名の分析から．第21回全国大学メンタルヘルス研究会報告書，pp.78-81.

2
ちょっと変わった人たち

アスペルガー症候群

はじめに

　大学生の問題はさまざまですが，そのなかには学部やサークルで独特の言動がある「ちょっと変わった学生」がいます。他人とのコミュニケーションや社会性の問題のため，他人の立場に立って考えることが苦手で，悪意はないのに場違いな言動のため誤解されたり，いじめられたり，孤立するなど人間関係がうまくいかない学生たちです。元々は子どもの問題だったのですが，ここ10年，大学生（福田，1996）や成人でもクローズアップされてきました。このようなアスペルガー症候群，最近では自閉スペクトラム症または自閉症スペクトラム（Autistic Spectrum Disorders）と呼ばれる"発達障害"の学生について，基本病理である三つ組みの障害，心の理論（Theory of Mind），対応，社会での貢献などを述べましょう。なお"アスペルガー"という言葉は1944年に初めてこの症例を報告したウィーンの小児科医ハンス・アスペルガーにちなみます（Asperger, 1944）。

I｜アスペルガー症候群の学生の実際

　英国のローナ・ウィングが提唱し多くの専門家が基本病理として重視しているのが，以下の"三つ組の障害"です（Wing, 1981）。

(1) 言語的あるいは非言語的な相互コミュニケーションの問題
(2) 社会性の問題
(3) 想像性の問題による特定の領域への関心やパターンへの固執

　また実生活では感覚過敏と独特な記憶が問題となります。以上に沿って実際の事

例の問題を見てみましょう。

1 言語的あるいは非言語的な相互コミュニケーションの問題
クラスやサークルでの人間関係では次のようなトラブルがあります。

例1 男子学生A君は同級生の女子に恋心を抱いた。彼女にはすでに恋人がいたのだが，しつこくアタックした。彼女からは「ただの友達でいましょう」と言われたが，「じゃあ，友達ならいいんだ」とますますしつこく付きまとい，彼女の彼氏に呼び出され張り倒された。

例2 医療系の専門学校生のB君は病院実習の前に教員から「面接のときは患者さんにいきなり近づくのではなく徐々に接近しましょう」と助言を受けた。教員は核心を衝く質問は関係ができてからで，まずは「今日は気分がどうですか」とか「お生まれはどちらですか」など差し障りのない質問から徐々に心理的に近づいていく，という意図で助言したのだが，彼は患者さんと面談した際，一番遠い部屋の隅に座り徐々にイスを近づけていった……。患者さんは怒ってしまい，「あんな実習生はごめんだ」と苦情を言って実習は中止になってしまった。

　これらの場違いな行動は，コミュニケーションの問題から生じます。A君の場合「友達でいようね」は，男女間では明確な拒否のメッセージであることは常識なのに，これを字義通り受け取り，背後にある拒否感を察することができません。またB君も指導教員はあくまで心理的な意味で「徐々に接近しましょう」と言ったのに，字義通りの物理的な距離と受け取って奇妙な行動をしてしまいました。大学生のアスペルガー症候群の人たちは，子どもの自閉症のように反響言語を発したり会話そのものができないわけではなく，コミュニケーションに必要な言葉の背後の意味やニュアンス，比喩がわかりません。

2 社会性の問題
　コミュニケーションの問題は一対一での対人関係に留まらず，集団での社会性の問題につながります。

例3 あるサークルの男子学生C君は宴会幹事になった。その際，部長から「今度の忘年会には部員を全員呼ぶようにしてください」と言われたため，重病で入院中の部員を病院に訪ね，点滴をしている彼に忘年会に出るよう強く念を押してあきれられた。

例4 18歳の大学1年生D君は大学入学直後，廊下でタバコを吸っている初対面のクラスメイトに「君たち未成年はタバコを吸ってはいけないんだ，やめたまえ！」としつこく注意して，殴られた。

　このように大学のクラス，サークルなど社会生活でもさまざまな問題が生じます。C君は，コンパは全員参加というサークルの規則に忠実で，「入院中の人はコンパに誘わない」という常識のどちらが重要かわかりません。後でそれを注意されたときも，何がいけなかったのか理解していませんでした。D君も，確かに20歳未満の喫煙は法律に反しますが，TPOをわきまえずに廊下でいきなり入学直後の知らない学生に命令する行動をとってしまいます。このように常識や規則が状況や立場によって変わること，規則の背景を理解できず，TPOをわきまえることができずに大学でいろいろなトラブルを起こします。そこまでいかなくても何気ない会話＝雑談ができずに，仲間の輪に入ることができません。

③ 想像性の問題による特定の領域への関心やパターンへの固執
　彼らはこだわりがとても強く，特定のことに固執する傾向がきわめて強いです。

例5 4年生の男子学生E君は講義は皆勤だが，唯一体育だけが出席できない。理由を聞くと，体育着に着替えることができないからだという。他の学生はその辺かトイレか適当な場所で着替えていたが，彼は「更衣室」と明記してある場所でないと着替えてはいけないと堅く信じているために着替えられず，ガイダンスで指示された「体育着でグラウンドに集合」というルールに忠実に従おうとしたため，結局一度も出席できず，卒業までわずかだが体育の単位だけ取れていない。

例6 男子学生F君は，きわめて優秀な成績で4年になったが，卒業研究の実験に入るとうまくいかなくなった。実験は試薬Wを作ることから始めたのだが，

講義では試薬Xと試薬Yを混ぜたら必ず試薬Wになると習ったのに，不器用なせいもあってそうはならない。実験の初心者にはよくあることだが，「そんなことはありえない！」と受け入れることができず，実験に行けなくなった。

　E君はその辺で適当に着替えられないために必修の体育の単位が取れず，卒業の危機に陥りました。彼らは概して構造，すなわち時間や場所，することが明確に決まっているときは優秀ですが，それらが明確でない状況では困難を覚えます。F君のように初心者の実験では，結果は教科書通りにいかないものですが，その結果を受け入れて柔軟に対応することができません。

4 感覚過敏と鈍感
　人にもよりますが，湿度や温度，音，触覚などのある特定の感覚にとても敏感な一方，別の面ではきわめて鈍感な人がいます。ある人は肌に触る感じが嫌なためボタンの付いた服は着ません。わずかな気圧の変化がわかり，面接中に語る天気予報をよく当てる人もいます。ある特定の音，たとえば電子レンジの「チン」という音に恐怖感を覚える一方，工事現場の横を通っても騒音はまったく気にしない人もいます。食事の好き嫌いが激しいことも多く，舌や口での食感によるようです。よく聞くと幼児期に他人に抱かれたり直接に触れられるのを嫌がるエピソードをもつ人が多いです。テンプル・グランディン（1994）の自伝には「私はハグされるのが苦手だが，自分で作った「自動締め付け機」では安らぎを覚える」と書かれていて，独特な皮膚感覚と情緒があるようです。

5 さまざまな集団のなかでの状況
　このように対人関係が一方的だったり，次のG君のように，こだわりのためクラスなど集団では孤立していることが多いです。

例7　G君は講義で座る位置を教壇の真ん前に決めている。普通なら一番前に座る学生はいないので問題にならないのだが，ある日メガネを失くしたため仕方なくG君のいつもの席に座っていた学生を無理やりどかそうとして騒ぎを起こしてしまった。

はじめからあきらめたり友達を作らない人もいますが，ダメなだけに余計に友達

を作ろう，女の子と仲良くしようとする人も稀ではありません。しかし友達作りに失敗してクラスで孤立するばかりか，いじめられたり，無理に女の子を追い回してストーカーとして迷惑がられることもあります。優れた記憶力で，板書を正確に写し取るためノートのコピー元や辞書代わりとして重宝されたり，同情して世話を焼く級友ができることもありますが，功利的な関係か同情して面倒を見る関係に留まり，相互的で対等な人間関係はなかなかもてません。

　サークルも役員を決めたり新人を勧誘するなど複雑な対人関係を要する上級生になると辞めてしまったり，ゼミでも担当教員がその特性を理解できずに，ふざけている，サボっていると誤解することが多いようです。もっと特徴が軽微な学生では，就活で社会と密接に関わるようになって初めて困難を覚える人もいます。

6 成績
　成績は千差万別ですが，高校までの学業成績はまずまずで，一般入試に合格し大学に入学する学力はあります。F君のように真面目に一番前の席で黙々とノートを取っていると，記憶力で対応できる1〜2年生の教養科目は問題なくても，実験や実習などで他人との協調性，指導教員との一対一の人間関係，計画立案が必要になる3〜4年生になると成績が落ちることが多いようです。

7 情緒や感情
　C君は感情の表出が乏しくつねに一定です。先生に叱られたり，クラスメイトから馬鹿にされたときも悔しいとか，嫌だとか，悲しいという感情を周囲がわかるような顔の表情や態度で表出しません。状況にかかわらず安定した感情状態に見えたり，元々攻撃的な人はいつでも攻撃的，穏やかな人はいつも穏やかと，もとの感情の基本ラインがあって状況での変化があまり見えません。ただ何か大きな衝撃を受けたときには，一気に爆発して突然，大声を出したりパニックになるなど極端に表出することがあります。

8 優れた記憶力と忘れることが難しい
　彼らのなかには独特できわめて優れた能力をもつ人もいます。

(1) 記銘力——自分の興味のある領域の記憶力

　ウェクスラー法という記銘力を測る知能検査があります。3－5－7－9－1と数字を言って、そのまま答える順唱と、逆さまからの逆唱をしてもらいますが、普通は順唱7桁、逆唱5桁が限界です。しかし10桁でも順唱できたり、順唱と逆唱に差がない、あるいは逆唱が優れている人がいます。特定分野に関する記憶は抜群で、H君は時刻表の全列車番号と停車駅を覚えている「歩く時刻表」として有名で、すれ違う列車の行き先と列車番号をすべて当てることができます。実際、「鉄道マニア」に多いようです。ただ、それは単なる記憶であって、記憶を現実と結びつけて役立たせることは難しいようです。

　優れた記憶は反面、忘れる能力の欠如でもあります。I君は記憶が薄れることがなく、授業中は気に入った女の子にガムをあげてはいけないと教わると、半年前のことを思い出して突然、「急にガムをあげてすみませんでした」と丁寧に謝り、ますます不信がられました。I君は昨日と半年前が同じ重みの記憶として残っているようです。

(2) 計算力とカレンダー問題

　7桁の掛け算を暗算できる学生もいます。男子学生J君は指導教員の誕生日が「昭和◎◎年◆月☆日」と聞くと、即座に「それは水曜日です」と当てました。これは"カレンダー問題"として有名な能力で、その過程が研究されています。しかし相対的な時間、たとえば12月23日は12月24日から見れば"昨日"で、12月22日から見れば"明日"ということがわからず、約束を守れないこともあります。

(3) 視覚的な模倣力や描写力

　K君に自由に絵を書いてもらうと、敷いてあった複雑な模様のパターンをもつ絨毯を、直ちに詳細に写し描きます。また面接で外の風景にふと目をやり、送電線の鉄塔が見えると、K君は「16個です」と言います。「何が16個なの?」と聞くと、鉄塔のガイシ（碍子）の数だと言います。視力の良くない筆者はわからなかったので、後日、双眼鏡で数えましたが、確かに16個でした。その後、キャンパス外で偶然J君にあったとき、別の鉄塔が見えたので試しにガイシの数を聞くと「22個です」とパッと答えました。私が近くに寄って苦労して数えると22個ありました。K君は元々鉄塔に愛着があるそうで、"数える"というより写真を焼き付けるような"直感像素質"という能力をもっていました。

9 大学入学以前の問題

　彼らの問題は大学生で始まったわけではなく，高校はおろか就学前からさまざまな軋轢を起こしています。D君は10歳のときに「日本の教育制度は根本的な改善が必要で，まず6－3－3－4制から改めるべきだ」と授業中に一席ぶって教師に嫌われ，普段の奇矯な言動から宇宙人と呼ばれていました。そのためいじめられたり，不登校に陥る人もいます。C君のように3歳で児童精神科を受診し，"自閉症の疑い"と診断されたり，小学校時に軽い障害があると指摘される人もいます。特別支援教育の進展によって発達障害という診断を受け，小中学校・高校で配慮されて大学に入学する人も増えてきています。しかし成績や行動の大きな問題がないと，本人も親も周囲もまったく気づかず入学してくる学生が大勢います。

10 自己の問題に対する理解と洞察

　彼らは，自分が周囲の人には奇妙と映り，集団に溶け込めない自身の問題に気づいているのでしょうか？　自分の問題を正確に認識・把握している人は多くありません。周囲にどう思われようとまったく無頓着で気にしない人もいますし，一方，何らかの自分の要因のため周囲とうまくいかない，変な奴と思われていると自覚している人もいます。しかし，なぜうまくいかないかはわからないし，一つひとつ説明すれば知的には理解できるのですが，ある場面やある人に対しての理解を別の場面や別の人に対して応用できず，真に洞察している人は少ないようです。また原因を他人のせいにする人もいます。このように自分の問題をある程度自覚していながら正確に把握できず，修正できないことは大きなストレスになるようです。

II｜発達障害

　アスペルガー症候群は発達障害（Developmental Disorder）のひとつです。現在では子どもの病気とされてきた自閉症とまとめられて自閉スペクトラム症と呼ばれます。理性的だが冷たい母親のせいだとか，MMRワクチンの後遺症だとか間違った原因が提示され混乱を巻き起こすなど，自閉症の解明の歴史は誤解と偏見に満ちています（シルバーマン，2017）が，まとめる発達障害とは以下のような障害です。

(1) 生まれたとき，あるいは新生児のごく早期からもっている能力的な障害である
　原因は不明だが，妊娠，胎児期，出産時や新生児期など生誕以前，あるいは直後の何らかの問題のために中枢神経系に影響して起きる障害である。親族にもしばしば見られるため遺伝も関係すると思われる。

(2) 幼児期の養育環境や母子関係が原因ではない
　親の育て方や母子関係の問題として親に責任を求めることは誤りである。ただし育て辛いため不適切な養育をしてしまうことはありうる。虐待やいじめを受けたり不登校に陥りやすいため，抑うつなど二次的な障害を起こして複雑な病像を示すことがある。

(3) 根本的な障害は生涯変わらない
　薬物療法を含む医学的な治療，あるいは心理療法によって根本にある特性が治療できることはない。ただし本人が自分の問題を理解したり，周囲が特性を知って適切な対応をとることで，現実に大学や家庭で起きている問題は十分に解決できる。

(4) 発達障害の分類
①自閉スペクトラム症≒広汎性発達障害：自閉症，アスペルガー症候群，その他対人関係とコミュニケーションにわずかな問題をもつ人をいいます。なお，自閉症のうち知能が高い（IQ＞70）人を特に高機能自閉症と呼びますが，ここではアスペルガー症候群とほぼ同じ問題として扱います。
②注意欠如・多動性障害（ADHD：Attention Deficit Hyperactivity Disorder）
③学習障害（LD：Learning Disorder または Learning Disability）
④発達性協調運動障害
⑤チック障害（トゥレット症候群など）

　なお発達障害にIQが70以下の精神遅滞を含めることもあります。有名で頻度が高いのはダウン症候群です。

III │ 注意欠如・多動性障害（ADHD）

　一言で言えば，生活に秩序を保てずに苦労する人たちです。元々は子どもの問題でしたが，大学生になっても苦労している人が多いことがわかってきました。不注意や実行機能の問題として，高校の50分授業は我慢できたものの，大学の90分授業は途中で退席してしまう，配布資料を取り忘れたり，2枚取って足りなくなり，他の学生が迷惑する，発表では大事なページを飛ばして話してしまう，朝の食事，洗顔や化粧の途中で電話が入ると混乱してはじめからやり直して遅刻する，予定管理ができず提出物の期限を守れない，重要度のランク付けができず重要な約束をすっぽかしたりダブルブッキングをする，レポートは項目は詳しく調べているがまとめられず何を言いたいのかわからない，やたらと物を失くす，片づけられないため部屋が物で溢れて寝る場所にも困る，そのためパスポートが埋もれて海外留学に行けなくなる，といった問題があります。

　また衝動性や多動のある人もいて，落ち着きがない，順番が守れない／待てない，突発的に思わぬことを口走ったりしてしまう，衝動買いをする，考えずに行動して階段を踏み外したり道路に飛び出して車にぶつかり怪我をする，などの問題を起こす人がいます。

　背景には実行機能（または遂行機能）やワーキングメモリ[*]の問題があります。

---

[*]「実行機能」（executive function）とワーキングメモリ（working memory）：脳のメモ帳とも言うべき機能。主に前頭葉が担当し問題を解決していくための一連の複雑な認知・行動機能の総称で，目標設定，計画立案，実行，結果をフィードバックしての再試行，という4つの要素に分けられる。パソコンにたとえるとハードウェアやUSBが記憶や情報，エクセルを立ち上げた作業画面がワーキング・メモリ，そこで表計算することが実行機能にあたる。LDやADHDはこれが弱いと言われる。ウィスコンシン・カード・ソーティングテスト（Wisconsin Card Sorting Test）などの心理検査で測定される。

> **コラム**
>
> ### 『片づけられない女たち』
>
> 『片づけられない女たち』という本が話題になりました。この本は成人のADHDを解説したとても良い本なのですが、そのため「片づけられずに部屋がぐちゃぐちゃだから私は病気でしょうか?」という相談がよく来ました。しかし片づけられないからといって、必ず病気というわけではありません。筆者も部屋はぐちゃぐちゃで、机にたどり着くまで"獣道"を通らないといけませんが、講演の資料を出そうと思えば埋まっている山からすぐ取り出せます。このように部屋が片づかなくても必要な物を取り出せれば大丈夫です。パスポートが出てこないため海外旅行に行けないなど、実生活に支障が出るかどうかが病気かどうかのポイントです。
>
> ※サリ・ソルデン［ニキリンコ 訳］(2000) 片づけられない女たち. WAVE出版.

Ⅳ 学習障害（LD）

　ADHDと関連が深い問題に学習障害（LD）があります。知能や視力に問題がないのに、流暢に読んだり書くことが難しい人たちです。LDには主に精神科医療で使われる「読み」「書き」「計算する」の障害をもつLearning Disorderと、主に教育分野で使われる「読み」「書き」「計算する」＋「聞く」「話す」「推論する」の障害をもつLearning Disabilityという2つの意味があります。どちらも他の能力に問題がないのに以上の能力のどれか、または複数だけが特異的に障害されている人たちです。

　なかでも最も多いのがディスレクシア（Dyslexia／失読症，読字障害）です。たとえば"What are you doing？"と書いてあっても、"Whatareyoudoing？"とスペースが見えず文字が連続して見えて理解できません。また英語では「b」と「d」、「p」と「q」、「m」と「w」、日本語では「は」と「ほ」、「め」と「ぬ」、「さ」と「き」、「る」と「ろ」、「わ」と「ね」などが似た文字に見えて、たとえば「さっきまで、はれていて、ぬれたものが、かわきました」（さっきまで晴れていて濡れた物が乾きました）が「きっさまで、ほれていて、めれたものが、かねさました」と読んでしまい、黒板が読めずに板書がうまくできません。またドアの"開"と"閉"を間違えてひどい目にあったり、数字の順も間違えやすく、"3296-4*16"に電話しようとしても"3269-4*61"にかけてしまいつながりません。計算ができない人は185円の商

品に205円を出されてもお釣りが計算できずアルバイト先で怒られるなど，大学や社会で苦労します。他の記憶や会話などはごく普通なので，周囲もこんなことができないとは理解できず，とても苦労することがあります。

　支援のポイントは「根性ではなく工夫を！」です。音声で文字を読む機器や，カラオケのように読む部分が表示されるソフトを用いたり，ノートテイカーをつけてあげることもありますが，そこまでしなくても日常のちょっとした工夫で対応できます。たとえば「読む」については「指で1語ずつ追う，単語の両側を囲むようにする，厚紙を1行だけくり貫いて当てながら読む，定規を当てて読む，蛍光ペンで単語をマーキングしたり1行おきに塗る，色の着いたクリアファイルをかぶせて読む」，「書く」については「大きな升目で枠が書いてある用紙を準備する，1語ずつ片手でなぞりながら別の手で書く，字や文章をデザインと考えて写す，スマホで写真を撮り身近な友人に読んだり書いたりしてもらう」，「計算」については「数字は位置で覚えておく」などです。

V｜その他関連の深い障害

1 発達性協調運動障害（dyspraxia）

　運動を協調させる能力の問題があり，バランス調節が苦手です。自転車，球技，縄跳び，跳び箱などの協調運動や手先を使う作業が苦手で，ハサミや定規，コンパスなどがうまく使えず，紐を結べません。目で見ながら手を使う作業，たとえば板書や実験の作業がうまくできなかったり，器具をすぐに壊してしまう人もいます。映画『ハリー・ポッター』の主演のダニエル・ラドクリフも「靴紐がうまく結べなかったり，きれいに字を書けず学校では辛かった」とカミング・アウトしています。

2 トゥレット症候群（Tourette Syndrome）

　人前で突然，卑猥な言葉を漏らしてしまう音声チック，舌打ちや肩をピクっとさせる，まばたきといった運動チックなどの特徴ある症状が1年以上続き，他人には理解できない奇妙な症状のため受け入れられず，自尊心を失ったり，抑うつ的になったりする人もいます。その性格，心理はしばしばアスペルガー症候群と共通します。第7章のⅠ-4に詳述します。

3 脳挫傷による高次脳機能障害

　交通事故による頭部外傷および脳血管障害や脳炎などによる高次脳機能障害は，こだわりが強い，感情面で爆発することがある，ワーキングメモリーの障害から時間やスケジュールを組めなくなるなど，発達障害と共通点があります。高次脳機能障害の治療，リハビリテーション，神経心理学の知見は発達障害の理解や対応に役立ちます。

VI　どのくらい発達障害の学生がいるのか？

　自閉症は人口1,000人に0.4〜1人くらいと言われていました。しかし知的障害のないアスペルガー症候群が想像以上に多くいることがわかってきて，年を追うごとに数字は大きくなっています。最近の英国における大規模な調査，あるいは他の調査からも，自閉スペクトラム症は100人中1人くらいという高率でいると推測されています。性別では男性が多いとされてきましたが，知的障害のない人は女性に多いとも言われます。実際アスペルガー症候群で自伝を書く人の多くは女性です。

　アスペルガー症候群，ADHDとLDはしばしば合併しますが，小中学校では文部省の調査によれば図1のようになります。アスペルガー症候群（自閉症）は1.1%，ADHDは3.1%，LDは4.5%と，LDが多いことがわかります。

　一方平成29（2017）年4月に公表された日本学生支援機構の「平成28年度障害のある学生の修学支援に関する実態調査結果報告書」では，大学・短大・高専でのLDは169人，ADHDは809人，自閉スペクトラム症は2,634人，重複もあるので発達障害合計4,150人で，全学生318万4,169人のわずか0.13%にすぎません。特にアスペルガー症候群の相談は増えていますが，入試という壁があること，大学に進学する事例はそれなりに適応でき障害が表に出ない学生が多いこと，困難があっても発達障害によると自他共に認知していない学生が多いことがその要因でしょう。表に出ないものの困難を抱えている学生をどのように把握して，支援に結びつけるかが大きな課題となります。

A 学習面で著しい困難を示す：4.5%
 （LD：学習障害（文部科学省定義）にあたる）

B 「不注意」または「多動性－衝動性」の
 問題を著しく示す：3.1%
 （ADHD：注意欠如・多動性障害に
 あたる）

C 「対人関係やこだわり等」の問題を
 著しく示す：1.1%
 （アスペルガー症候群や自閉症に
 あたる）

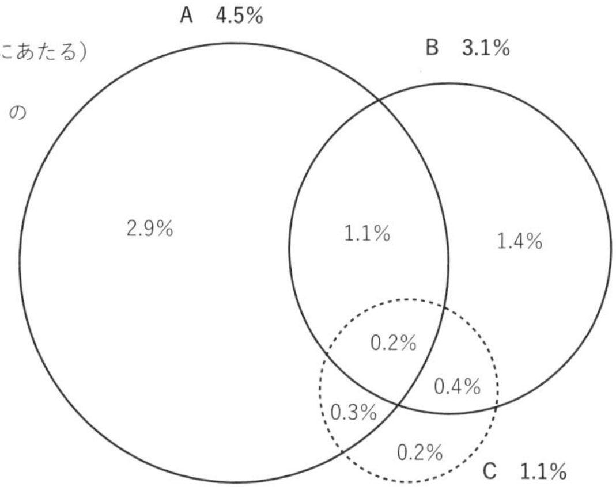

A 4.5%
B 3.1%

2.9% 1.1% 1.4%
      0.2%
   0.3% 0.4%
      0.2%
         C 1.1%

図1　特別支援教育について

出典：文部科学省，通常の学級に在籍する発達障害の可能性のある特別な教育的支援を必要とする児童生徒に関する調査結果について（平成24（2012）年12月5日）(http://www.mext.go.jp/a_menu/shotou/tokubetu/material/1328729.htm)

VII　どのようにしてアスペルガー症候群と知るのか？

1 どのような主訴で相談に訪れるのか

実際にどのような経緯で相談に訪れているかを以下にまとめます。

A．コミュニケーションや対人関係，社会性の問題によるさまざまなトラブル
B．不登校や休学など
C．学業や進路上の問題に悩んで
D．二次的あるいは合併する問題に悩んで
E．本人が他人と違うことネットなどで気づいて
F．すでに入学前に診断され継続しての相談や配慮を求めて

　Aでは，相手の言葉を字義通りに解釈してしまう，場の雰囲気や暗黙のルールが読めない，表情やしぐさなど非言語的なメッセージが読み取れない，自己中心的で非常識な行動をして同級生や教員に迷惑をかける，呆れられる，怒られる，誤解さ

れる，友達ができず孤立する，などがあります。問題の表れ方はさまざまなのですが，他人との関係や集団で何らかのトラブルが起き大学生活がうまくいかず，本人か周囲が悩み相談に至るという点は共通しています。Bの不登校や休学，退学では親が相談に訪れることが多いです。Cでは何事も強迫的にやろうとしたり細かいことにこだわり重要なことができない，指示は守れても自分で計画を立てることができない，物事の並行処理ができない，そのため授業についていけない，不器用なため実験がうまくできない，レポートが書けない，単位が取れない，面接がうまくできず就活で失敗するといった，学業・進路上のことで相談に至ります。Dでは抑うつ，不安，パニック，眠れない，不安，自信がない，食欲不振，悩んで自殺を企てるなどです。このような症状を訴えて相談に至ることが多いため，問題の背景に発達障害があるかはどのような相談でも注意しなければなりません。最近はEのネット上での当事者の手記やチェックリストで当てはまったり，自分が周囲と違うと感じて相談に訪れる人が増えています。また特別支援教育の進展に伴い，Fの継続的な支援や配慮を求める新入生も増えています。最近は入学前の高校生の保護者から大学での発達障害への支援や配慮についての問い合わせが多く寄せられています。

② 面接での印象

　A～Eの問題はアスペルガー症候群でなくても起こる問題です。知識と専門性をもった相談員が直接本人と面接し，その行動や相談員との関係を見ていくことが重要で，一対一の密接な関係にこそ彼らの特徴が顕著に現れます。

例8　L君は面接では視線を合わせずに横を見て，首を振ったり廻したりしながら朗読するようなモノトーンのアクセントで話す。「それでですね」とはじめにいきなり言い，最後に「宜しくお願いします」で終わるパターンはずっと一緒であった。話の内容はワイドショー的に，重要なこととそうでないことを区別せず，知っていることをのべつまくなしに断片的に次々と話す。唐突に「○○さんが」と相談員が知るはずもない同級生の名前を出すなど，相手が理解するかどうかについては無頓着である。また面接中，こちらが答えているときも何かぶつぶつ独り言を言っている。この状況は長い相談経過中，ずっと続いていて変化がない。

例9　M君は視線を決して合わせることがなく，ぎこちなく抑揚に乏しいモノトー

ンな話し方で，相手の意向は無視して一方的に話す。個々の文章，内容自体は理解可能で誤りではないが，外国語を無理に日本語に翻訳したような過剰に丁寧な言い方をする。また何事も一定であることに固執し，面接時間には非常に正確に定期的に休まず来室し，テーブルクロスがわずかでも曲がっていると，必ず机に平行に正しく直してから面接に臨んだ。一度，前の学生の面接時間が延び，彼の面接時間に食い込んでしまうことがあったが，彼は面接開始時間になると突然入室し，前の面接学生と筆者を確認したら，空いていたドアを無言で閉め唐突に退室したため，私も部屋にいた学生も唖然としてしまった。入退室前後の歩き方を見るとロボットのようにぎくしゃくしているため，後姿を見ればすぐに彼とわかるほどであった。

　以上のようにカウンセラーとの間では，相互コミュニケーションや社会性の問題がはっきりと現れます。抑揚がないモノトーンの話し方，同じことを何度も繰り返す，話がどんどんずれていくなど会話の問題，字義通りの解釈しかできない，形式ばった変わった用語の使い方をするなど言葉の問題，表情に乏しく視線を合わせない，視線を正面に固定してイスを目指してまっすぐ向かって座る，せっかちでこちらにかまわず一方的に話しまくる，初対面なのにやたらなれなれしい，失礼なことを言うなど態度の問題，手の動かし方，歩き方がぎくしゃくして不器用でぎごちない，なんとなく態度が硬いなど動作の問題，服装がちぐはぐで無頓着など外見の問題，感情の起伏がまったく感じられないなど感情の問題，テーブルクロスや壁の絵のわずかな歪みを正してしまう特定のことへのこだわりの問題，触られることや室温に敏感な感覚過敏の問題，特定のことに過剰に詳しいこだわりの問題などの特徴がありますが，「これがあれば必ずアスペルガー症候群である」という特異的なものはありません。一対一の面接状況ではごく普通で，"自閉症"の既往があったという情報がなければまったく気づかないこともあり，1回の面接ではわからずに何度か会ってみてはじめてアスペルガー症候群と気づくこともあります。

3 見立て
　幼少児期からの情報を得ることは必須です。今後の大学生活で多大な困難が予想される場合は，保護者を呼んで発達上の問題を確認することが望ましいのですが，遠方で呼ぶのが難しい，余裕がない，本人が嫌がるなど，入学前の発達を知ることは難しく，学内相談機関では「アスペルガー症候群ではないか？」と疑うまでが限

界かもしれません。確定診断を得るには適切な精神科医への受診が不可欠ですが，さまざまな課題があります。

4 心理検査とスクリーニング検査

　知能検査のWAIS-IIIではVIQ（言語性知能）よりPIQ（動作性知能）が低いことが多く，下部項目のばらつきが大きい特徴がありますが，個人差が大きく，これがあれば必ずアスペルガー症候群という所見はありません。また根本障害であると一時期言われた心の理論[**]のテスト，たとえば「アンとマリーの課題」や実行機能やワーキングメモリ（31ページ参照）を見るウィスコンシン・カード・ソーティング・テストなどの検査も大学生のほとんどは異常を示しません。特定の心理検査で大学生の発達障害を見分けるのは困難です。

　ただし，ある事例ではWAIS-IIIの検査の積木模様だけができませんでした。詳しく聞いてみると，この検査では紙の印刷と同じになるよう実際のサイコロを組み合わせるのですが，紙の印刷とサイコロの色とでは微妙に違うためできないと言います。それでも「印刷とサイコロは同じ色とみなしてやってください」と指示すると素早く完璧にできました。このように検査に臨む態度は，障害を見きわめる参考になります。

　健康診断などで行う質問紙法によるスクリーニング検査，サイモン・バロン＝コーエンが考案し，スクリーニング検査として妥当性と信頼性が確かめられたAQ（Autism-Spectrum Quotient）（Baron-Cohen et al., 2001）という50問の自記式の質問紙法を，日本で栗田や若林が翻訳・標準化したAQ-J（Autism-Spectrum Quotient Japanese Version）があります。しかし自覚のない重い人が点数が低く，かえって軽くて問題に悩む人が点数が高くなる傾向もあり，あくまで参考に留めたほうがよいでしょう。

[**] 心の理論（Theory of Mind）：「人の行動を説明したり予測するために，自己や他者に独立した精神状態があると考えられること」と定義される。人は日常，意識せず，他人のこころを読みながら行動し社会生活を営んでいるが，「心の理論」に障害があると他人の感情に鈍感で，他人の知識を考慮に入れたり，意図を読んだり，他人が行おうと考えている行為を予想できず，誤解やウソを理解できず，行動の背後にある動機を理解できず，さまざまなトラブルを起こす。これがアスペルガー症候群の根本病理ではないかという説があったが，あくまで特性のひとつと理解したほうがよい。

Ⅷ 対応

① 学内での相談室での対応

来談者中心療法や精神分析的な技法など，洞察・共感をベースにするような技法はあまり効果がないため，はっきりと具体的に問題を伝えたり指示をする技法のほうが適当です。また一緒に研究室についていくなど一対一の面接の枠組み，狭義のカウンセリングを越えた働きかけも重要です。小児自閉症に対してはTEACCHという療育・教育プログラムが効果的です。しかしこれはケースと関わる家庭や学校全体がシステムをつくって支援していく大がかりなもので，大学キャンパスで行うことは難しいです。学生相談では英国自閉症協会（http://www.autism.org.uk/）のSPELLが参考になります。

SPELL
Structure：構造化 ➡ 枠組みをもって対応する。指示や助言は具体的かつ明確に。またメモやチェックリスト，メールなど視覚的ツールを利用する。日々の生活は一定に保ってあまり変化させない。
Positive：肯定的 ➡ ポジティブに肯定的に接し自己効力感を育む。
Empathy：共感 ➡ その人独自の考え方，やり方を尊重する。短所を直すより長所を伸ばす。
Low arousal：低刺激 ➡ ストレスや不安を招く刺激を減らして，安心できる環境を提供する。
Links：連携 ➡ 関わる多くの人や機関と一緒に支援していく。

例5のE君のように，問題が研究室や体育の授業に行けない，と限定されていれば，目標を明確にしてステップ・バイ・ステップでそれを目指す技法が有効です。すなわち研究室で卒業研究をできるようになることを最終目標にして，「研究棟に行く→実験室に行く→実験室で30分間だけいて試験管を洗う→1時間かけて予備の試薬を作る→半日いて予備実験をする→1日いて卒業研究をする」と徐々に行動をレベルアップさせるプログラムを立てて，カウンセラーが同伴したり，不安を軽減する技法を併用していきます。

教員の理解と協力が不可欠ですが，学生自ら教員にアピールすることは苦手で，

教員は彼の病理に気づかず無理に来させようと強要したり，不真面目だと怒ったり，誤解したり，反対にどう指導してよいか途方にくれて教員自身が悩んでいる場合もあるため，相談員は障害を教員にうまく伝えて，その理解と協力を得ることが重要です。具体的には「対人能力，社会性の生得的な問題があるので，それに配慮して能力を生かすような指導をしてほしい」と伝え，「大学生なんだからこのくらいの常識があるだろう」と暗黙の理解を求めるのではなく，たとえば来る回数，研究室にいる時間，「試薬はこれとこれを混ぜて何分振れ，文献ならここからここまで訳せ」など具体的に何をどのようにやるかを明確に指示してもらうようにします。このように相談室だけでなく指導教員や学科窓口，就職課など彼と関わる多くの人との連携，ケースワークがきわめて重要です。

とはいえE君のように目標が限定されているときは対応しやすいのですが，トラブルの対象が友人だったり，ルーチンの日常生活に出てくる数限りないトラブルへの対応はとても難しいです。例3のC君は，クラスやサークルでいろいろなトラブルを起こしていたので明確な目標を立てず（立てられず），学校生活のいろいろな問題についてそのつど話し合おうと提案し，「授業中は急に振り向いて初対面の女の子を誘ったりしないものだ」とか「入院中の人はコンパには誘わないものだ」など，カウンセラーは一つひとつ具体的に助言しました。しかしある場面では困った行動をやめても，状況が変わるとまったく同じトラブルを起こしたり，ある人への行動は是正されても，別の人には同じことをしてしまい応用がききません。いろいろな問題を一つひとつ誤っていると知的に認識させ，問題をしらみつぶしにしていく方針で進めましたが，気の遠くなる作業でした。2年間面接を続けると，普通の学生ならカウンセラーとある程度心の交流ができた実感を得ることができるのですが，そういう関係にまったくならず同じパターンの繰り返しでした。相談員にはめげない根気と諦念が求められます。

② 医療機関への紹介

確定診断をつけたり，二次障害に対する薬物療法のためには，精神科への受診が必要になります。大学生では成人外来への紹介になりますが，ごく一部の専門外来をもつ大学病院や発達障害専門クリニックを除けば，精神科医はあまり発達障害に詳しくありません。また大学生を診断する技法や基準は確立されておらず，他の疾患との鑑別にはさまざまな議論もあります。二次障害の抑うつには抗うつ薬，パニックや不安には抗不安薬，強迫にはSSRI，注意集中困難にはストラテラ，コンサー

タ，インチュニブなどの薬物に多少の効果はありますが，発達障害そのものの治療法はありません。大学生では，治療よりも学ぶ環境や教職員の関わり方など教育的アプローチのほうが重要なことが多いです（福田，2014）。

③ 障害を自覚すること，周囲に伝える意味

　自分の問題が自分の責任ではないことを知って自責感が和らいだり，自信を回復できることがあります。また障害と特性を正しく知ることで問題にうまく対応できるようになるメリットもあります。反対に障害があるとはっきり告げられ，かえって抑うつ的になったり，自分のやるべきことを放棄したり，やけになってしまうこともあります。

　指導教員など関係者に「元々もっている能力や特性のためいろいろ問題を起こしてしまう」と伝えることで理解を得ることができますが，教員によってはかえって偏見をもったり「私の手に負えない」と相談室に丸投げしてしまう人もいます。守秘義務もあるため，学生本人の承諾を得て，教員の反応を十分に考慮に入れ，伝え方を熟慮しなければなりません。

IX｜障害学生支援

　平成23（2011）年に障害者基本法が改正されて障害者の定義に「精神障害（発達障害含む）」と明記され，発達障害も精神障害者保健福祉手帳が取得できるという通達を厚生労働省が出しました。そのため発達障害の学生も障害者総合支援法と障害者差別解消法の対象となり，身体障害の学生と同じく"障害者"としての支援や配慮を受けることができるようになりました。詳細は第15章を参照してください。

X｜卒後と就職のこと

　たとえ困難があっても大学生は学費を払うため配慮を要望でき，最近は支援も進んできました。しかし就職後は大変です。職場では表面上の決まりごとの背後に暗黙の了解があり，建前と本音が分かれて，本音を理解しないとうまくいかない二重構造があります。アスペルガー症候群は嘘や背後の意味を察するのが苦手なため，社会では厳しい状況に置かれます。しかし，彼らに合った仕事，業務，職場，人，環境に巡りあえれば十分に成功できます。また障害者として働くこともできます（福

田，2017a，2017b）。詳細は第15章を参照してください。

XI │ 社会のなかでのアスペルガー症候群

　アスペルガー症候群は，ここまでが障害者，ここからは普通の人と明確な境界線が引けるわけではないので，身の周りの人，あるいはあなた自身もそうかもしれません。サヴァン症候群[***]のように知的に低くても特定領域で驚くべき才能を示す人の多くは自閉症と考えられますし，反対に知能が高い天才のなかにもこの問題をもっている人がいます。

　昨今，発達障害やアスペルガー症候群と診断された人による犯罪が報道されますが，彼らの特徴を考えると決して多いものではないと思います。ただし何かのこだわりが他人への暴力や犯罪に向かうと，周囲が理解しづらい行動を示すため社会的反響は大きいようです。またADHDの多動−衝動型が長じて反抗挑戦性障害という，やたらと反抗したり，かんしゃくを起こす人がいて，思春期になると素行障害として喧嘩や暴力，物を壊す，家出を繰り返す，万引きや盗み，放火など犯罪に至る人も稀にいます。ただし非行や犯罪は障害の特性によるものでなく，あくまでその人の個別の問題です。一般人の多くが犯罪者でないのと同様に，発達障害の人の多くは犯罪や非行とは縁がありません。

おわりに

　アスペルガー症候群の学生は生まれつきの特性のため，悪意はないのに周りとトラブルを起こしがちで苦労しています。一方，彼らのなかには社会に大きく貢献している人がいることもわかってきました。筆者はパンフレット「あなたも『アスペルガー症候群』かも」「LDやADHDを知っていますか？」やDVD「アスペルガー症候群って知っていますか？　発達障害の支援ガイド」（企画：明治大学学生相談室，協賛：明治大学父母会，2010年3月）を作成して啓蒙・広報活動に努めています。学生相談に携わる人だけでなく，一般教職員や学生も彼らへの理解を深めてほしいと思います。

[***] サヴァン（savant）症候群：知的な障害があるにもかかわらず，絵画や音楽や記憶などある特定領域に優れた才能を示す人。多くは自閉症といわれる。日本人では画家の山下清や音楽家の大江光が有名。

† 文献

Asperger H（1944）Autische Psychopathen im Kindesalter. Archiv für Psychiatrie und Nervenkrankheiten 117；76-136.（詫摩武元 訳（1993）小児期の自閉的精神病質．児童青年期精神医学 34；180-197, 282-301）

Baron-Cohen S et al.（2001）The autism-spectrum quotient（AQ）：Evidence from asperger syndrome/high-functioning autism, males and females, scientists and mathematicians. Journal of Autism and Developmental Disorders 31-1；5-17.

福田真也（1996）大学生の広汎性発達障害の疑いのある2症例．精神科治療学 11；1301-1309.

福田真也（2014）修学と就労支援──学生相談とクリニックの連携（特集 成人の発達障害を支援するⅡ）．精神科臨床サービス 14；381-387.

福田真也（2017a）発達障害の障害者雇用──大学入学後に診断された事例への対応（第56回日本児童青年精神医学会特集Ⅲ．シンポジウム10職域における発達障害への対応）．児童精神医学とその近接領域 58-1；70-75.

福田真也（2017b）大学生の発達障害──大学と医療との連携，および就労支援．全国大学メンタルヘルス学会誌 創刊号；12-18.

Wing L（1981）Asperger's syndrome：A clinical account. Psychological Medicine 11；115-129.

‡ 参考資料

● 書籍

サイモン・バロン＝コーエン［長野敬ほか 訳］（1997）自閉症とマインド・ブラインドネス．青土社．

福田真也（2010）Q＆A大学生のアスペルガー症候群──理解と支援を進めるためのガイドブック．明石書店．

フランシス・ハッペ［石坂好樹ほか 訳］（1997）自閉症の心の世界──認知心理学からのアプローチ．星和書店．

熊谷高幸（1993）自閉症からのメッセージ（講談社現代新書1177）．講談社．

スティーブ・シルバーマン［正高信男ほか 訳］（2017）自閉症の世界──多様性に満ちた内面の真実（講談社ブルーバックス）．講談社．

サリ・ソルデン［ニキ・リンコ 訳］（2000）片づけられない女たち．WAVA出版．

髙橋知音（2012）発達障害のある大学生のキャンパスライフサポートブック．学研教育出版．

髙橋知音（2016）発達障害のある大学生への支援（ハンディシリーズ発達障害支援・特別支援教育ナビ）．金子書房．

高石恭子ほか（2012）学生相談と発達障害．学苑社．

ローナ・ウィング［久保紘章ほか 訳］（1998）自閉症スペクトル──親と専門家のためのガイドブック．東京書籍．

吉田友子（2005）あなたがあなたであるために──自分らしく生きるためのアスペルガー症候群ガイド．中央法規出版．

● 自伝・評伝

テンプル・グランディン［カニングハム久子 訳］（1994）我，自閉症に生まれて．学習研究社．

イアン・ジェイムス［草薙ゆり 訳］（2007）アスペルガーの偉人たち．スペクトラム出版社．

エリザベス・ムーン［小尾芙佐 訳］（2004）くらやみの速さはどれくらい．早川書房．

森口奈緒美（2014）変光星──ある自閉症者の少女期の回想．遠見書房．

ニキ・リンコ（2004）自閉っ子，こういう風にできている．花風社．

オリヴァー・サックス［吉田利子 訳］（1997）火星の人類学者．早川書房．
ドナ・ウィリアムズ［河野万里子 訳］（1993）自閉症だった私へ．新潮社．

●映画

『レインマン』（1988，アメリカ）監督：バリー・レビンソン，出演：ダスティン・ホフマン，トム・クルーズほか．
『音符と昆布』（2007，日本）監督：井上春生，出演：池脇千鶴，市川由衣，宇崎竜童ほか．

3
周りを振り回す人たち

ボーダーライン

はじめに

　大学生のなかにはトラブルメーカーとして対応に困る学生がいます。一見，特別おかしなところはないように見えるのに，長く関わっていると無理な要求を出して対応に苦慮したり，しょっちゅうトラブルを起こして周囲を振り回す学生たちです。このなかにはボーダーライン，正式には「境界性パーソナリティ障害（Borderline Personality Disorder）」と呼ばれる問題をもつ人がいます。

I 大学生の事例

例1 **3年生女子学生のAさん**　相談事があるとのことで相談室へ来室し，小さいときに親が離婚して大変だった話を情感豊かに話す。時間の都合で1回だけでは聞き切れなかったため，次の面接を約束するが，次回は無断キャンセルした。ある日，突然相談室に入るなり窓から飛び降りようとしたため，慌てて取り押さえたが，わざわざ靴を脱いで周囲が助けられるインターバルがあったためことなきを得た。理由を聞くと友人とのちょっとした言い合いがあっただけで，とても自殺につながるとは思えない些細なことだった。連絡を受けた相手の友人も心配してかけつけたが，「何でもないよ」と言い，少し経つと落ち着いて悠然と弁当を食べ，「コンパに行かなくちゃ」と言って出ていったので唖然としてしまった。その後も自分が来たいときにふらりと来室している。

例2 **2年生男子学生のB君**　学科の先生から「相談に行ったほうがよい」と言われ来室した。中学，高校時代，周囲からいじめられ，友人ができなかった話，

大学でもクラスの人や学科の先生から冷たくされていることをカウンセラーに延々と話す。その言い方が，悪く言う先生にそっくりなのが印象的だった。その後の面接でも内容はいつも同じクラスと先生に対しての悪口ばかりだった。学科の先生や知人から事情を聞き，彼が言うように冷たくされているわけではないとわかったため「君の思い過ごしじゃないか」と優しく伝えると，今までの態度を一変させ「カウンセラーのくせに僕をいじめるんですか」となじった。さらに別のカウンセラーに「あのカウンセラーは冷たい，先生のほうが優しそうだし，先生に相談を代わりたい」と褒めちぎり，最初のカウンセラーをボロクソにけなした。

例3 **4年生女子学生のCさん**　キャンパスの片隅で横になって大声でわめいていた，と友人が連れてきた。相談室でも「かまわないで！　もう死にたい！」と大声で騒いだため相談室では対応しきれず，家族を呼び救急病院を受診してもらった。1週間後にはけろっとして挨拶に来室したが，穏やかに話して，とても同じ人物とは思えなかった。その後も異性関係とのトラブルをきっかけに大声で暴れることがあり，家族によると精神科病院を受診させ入院したとのことだった。しかし大学では学部奨学金を取ったり，介護のボランティアで地元の市長から表彰されるなど有能な学生であり，騒いでいる姿とまったく違う一面を見せ，そのギャップに戸惑っている。

例4 **3年生女子学生のDさん**　成績も良く，サークルの部長として活躍しているDさんが，「いらいらするとやたらと食べて止まらなくなり，その後食べ過ぎて体重が増えたことを後悔して，手を突っ込んで吐いてしまう」という相談で来室した。状況を聞いた後，「どうすれば食べ過ぎないで済むか，一緒に考えていきましょう」とカウンセラーが言うと，「何とかするのがカウンセラーの仕事でしょ！　どうするかは先生が考えてください」と自分が努力することは拒否した。その後も相談を続けたが，些細な言葉尻を捉えて反論したり，理屈をこねて"あー言えばこう言う，こー言えばああ言う"状況が続いた。そのうち「一向に良くならない，体重が増えたのはあなたのせいだ」と責任をカウンセラーに押しつけたため，カウンセラーも面接に臨むのが苦痛になってきた。

II　ボーダーラインの症状と問題

1　一見した印象

　落ち着いた状態で面接室で会うと，人当たりが良く話も通じます。頭の回転も早く成績も優秀または普通で，他の精神的な病気に見られるような硬さ，奇妙さはなく，重い精神的問題には見えません。性別はどちらかというと女性に多く，情感豊かな話し方と態度で魅力があり，学内に友人もいて優しい恋人がいることも多いです。授業やサークルへの参加にも積極的で，Cさんのように称賛されている優秀な学生さえいます。しかし，一定期間関わると問題がわかってきます。

2　身体的な症状

　さまざまな症状を訴えることがよくあります。次のEさんのように過呼吸になったり，Dさんのように過食になったり，逆に拒食して極端に体重を減らすこともあります。ほかにも頭痛やめまい，吐き気・悪心，腹痛や下痢などの消化器症状，動悸や胸痛などの胸部症状のため保健室をしばしば利用し，内科をよく受診することもあります。

> **例5**　**1年生女子学生のEさん**　両親の仲が悪く，父はアルコール依存で入院歴があり，母親はそんな父親の悪口をEさんにいつも言って暮らしていた。高校時代からちょっとしたことで過呼吸を起こすようになり，大学ではしばしば保健室にかつぎこまれベッドで休養したが，少し良くなると無断で帰ってしまう。普段から頭痛と吐き気に襲われることがあり，内科や脳外科で精密検査もしたが，特別に悪いところはない。過呼吸が起きなくなると，不安になってやたらと食べる過食発作（ブリミア）に陥った。

　このEさんやDさんのように過呼吸や過食など発作的な症状を出すことがあります。またある身体症状が別の症状に移行していく傾向も見られます。内科や脳外科でさまざまな精密検査をしても，Eさんのように特別な問題・異常は見出せないことがほとんどです。一つひとつの症状は単なるストレスから来る症状と違いはなく，ボーダーライン特有の症状があるわけではありません。

3　周りを振り回す人たち

③ 精神的な症状

　精神面での問題を見ると，いつも不快ですっきりしない不全感や不安で虚しく孤独な気分を抱えていることが多いです。うつ病で感じる抑うつ感とは微妙に異なるようです。またB君のようにいつも怒っていたり，Aさん，Cさんのように気分の変動が激しくて情緒不安定なことも特徴です。稀に妄想ではないかと思える症状を見せる人もいますが，統合失調症（第11章）のように長続きはしません。そのため1回会っただけではこのような精神症状に気づかないことが多いです。

④ 行動上の問題

　Cさんのように大声でわめいて周囲を困らせたり，Eさんのようにふらりと無断で帰ったり，Dさんのようにいらいらしたときに過食し，後に後悔して無理やり吐いたり，逆に骨が透けて見えるまで拒食するなど食行動の異常が見られます。拒食症や過食症の人がボーダーラインを背景にしていることは多いのですが，ボーダーラインでない人もいます。またいらいらするとリストカットする自傷行為，ストレスを酒でまぎらわしてアルコール依存に陥ったり，シンナー，覚醒剤などの薬物依存に蝕まれる人も稀にいます。親からの仕送り半年分を3日で使い切るなど，ひどい浪費癖をもっている人もいました。またAさんのように飛び降りようとしたり，医者からもらった薬を全部飲んでしまう大量服薬など，自分を傷つけたり自殺を試みることもあります。

⑤ 対人関係上の問題

　①〜④までの問題はボーダーラインでない人でもあり，リストカットを頻繁にするからボーダーラインというわけではありません。ボーダーラインの特徴は対人関係において周囲を振り回すことです。B君，Dさんのように，褒めてくれる人，優しく対応してくれる人にはとことん甘えますが，少しでも文句を言ったり厳しく対応すると，手のひらを返したようにボロクソにけなし，徹底的に攻撃するなど両極端な態度を示します。またAさん，Cさんのように周囲を慌てさせたり，心配させて，相手を振り回して相手を操ろうとしているかのように見える行動をとる人もいます。他人の自分への評価にはきわめて敏感ですが，自分自身を振り返ることは苦手で，周囲から自分勝手でわがままと言われることが多いようです。しかし女性では魅惑的な態度をとったり，甘え上手なこともあってモテて，しょっちゅう相手を変え奔放な性的関係を続ける女性もいます。一方男性では，普段は落ち着いて真面

目な人が，陰では執拗に女性につきまとうストーカー[*]であった，という例もあります。

6 カウンセラーとの関係

　この対人関係の問題は深く関わる教職員やカウンセラーとの間に顕著に出ます。そのためB君，Dさん，次のF君のように，カウンセラーに困惑や怒り，徒労感を生みます。

例6　**1年生男子学生F君**　突然相談室に来室し「友人がいないし，周りが冷たいから転部したい」と相談してきた。一方的に長々と話すが，親切に聞いていくと「学科に先生のような親切な先生がいればよかった」とえらく褒めてきた。転部について検討するため学科の担当教員にも問い合わせたところ，「何かをしたいというより単に学科でうまくいかず，友人ができず，特に冷たくされているわけではないのに，自分が邪魔者扱いされていると思い込んでいて転部したいのでは？」とのことだった。次回の面接は無断キャンセルして，数週間後に突然，予約もなしに来室したが，すでに別の面接でいっぱいだったため仕方なく次週に予約を取ろうとすると「先生は困ったことがあったらいつでも来なさいと言った！　先生はいつでも困った学生のために尽くすのが本分ではないのか！」と食ってかかってきた。

　このように親切に対応すれば褒めたたえてくれますが，少しでも思い通りにならないと一転して，相手をボロクソになじるなど両極端な態度を示します。このため長期間関わっていくのが難しく，良い人間関係（カウンセラー・クライアント関係）を築くのが非常に困難です。

　以上のような身体症状，精神症状，行動上の問題，そして最も特徴的な対人関係

---

[*] ストーカー (stalker)：ある特定の人に対してアパートの前で見張ったり，後をつけたり，無言電話をしつこくして，拒んだり転居したり電話番号を変えても，執拗につけ回し，実際暴力行為に及ぶこともある異常な行為をする人。被害者は甚え大きな心理的な傷を追う（精神的レイプと言われる／第5章参照）。相手は以前付き合った彼女の場合も，1回言葉を交わした程度の関係のこともあるが，被害者にしてみるとまったく身に覚えのないことでつきまとわれる。仕事や学業は普通にして一見目立たず，真面目そうな人物であることも多い。常識を逸脱した執拗さ，残虐さ，陰湿な人格をもち，相手を支配し，意のままにしようとする欲望をもっていて，ストーカーの多くはボーダーラインと言われるが，本人が相談に来ないため病理はわかりづらく対応が非常に難しい。

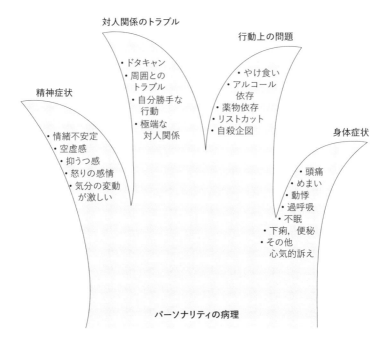

図1　ボーダーラインの病理（福田，1997）

のトラブルが広範囲にわたり，衝動的に出現したり，変化しながらも，同じようなレベルで長期間にわたり続くことが特徴です。不安定という点では一定しているので「安定した不安定性」と言う専門家もいます。背景には次に挙げるパーソナリティの病理があり，図示すると図1のように表すことができます。

III　どのようなパーソナリティの病理をもっているのか？

「ボーダーライン」とは元来，妄想や幻覚などの症状に支配される統合失調症（第11章）のような精神病ではなく，不安障害（第6章）や強迫性障害（第7章）のように不安感や強迫観念で自分が深刻に悩む神経症でもない，その境界，ボーダーラインの病態をもつという意味で名づけられました。その後の研究で，その背景に独特なパーソナリティの病理があると認識されるようになりました。

1 分裂

　Aさん，B君，F君のように他人への対応・態度が正から負に一変するため，まるで1人の人間のなかに両極端の2人の人間がいるような気えします。またCさんのように，泣き叫んで醜態をさらす人格と，表彰されるほど優秀な人格が一人のなかに存在しています。さらに自分自身を世界で一番優れていて賢く（実際，知的に高く優秀なことも多い）何でもできると過信する一方，世の中で一番くだらない人間で存在する価値がないと矮小化するなど自己評価も両極端です。これらは「分裂（splitting）」という心理機制から来ると言われ，ボーダーラインの障害の基本的な問題と考えられています。長くボーダーラインに対応しているカウンセラーでも，その態度の急変に面食らうことがあります。本人は事実としてはこの両極端な自分を知っているようですが，そのためにいろいろなトラブルを起こしているという認識は乏しいようです。

2 適切な心理的距離が取れない

　相手と適切な心理的な距離を取ることが苦手です。人はその性格と社会的な位置から，どのくらいの距離を取って人と付き合っていくのか，という適切な心理的距離がだいたい決まっていますが，ボーダーラインの人はこれが保てないようです。初対面の人にプライベートなことをいきなり話したり，厚かましい要求をしてくる背景にはこのような問題があると考えられます。

3 他人の立場に立てない，共感できない

　他人の自分に対する態度には敏感な一方，他人が自分の行動によってどういう気持ちになるのか，他人の立場に立って物事を考えること，すなわち共感することが苦手です。相手が困惑しようがどうしようが自分の都合，欲求のまま勝手な行動に走ります。これも「分裂」のためでしょう。

4 衝動性と自傷行為

　ちょっとしたことで怒りを爆発させたり，泣き叫んだり，過食に走ったり，やたらと浪費するなど，少しの刺激が極端な行動に短絡的に結びついてしまい衝動的です。Aさん，Cさんのように，他人には「何で？」と思うような些細な理由で飛び降りようとしたり，手首を切るなど自傷行為に及ぶこともあります。耐える力が弱い，刺激をこころにためておく力が低いためと考えられています。

5 見捨てられる不安が強い

慢性的な虚無感，抑うつ感，不快感，満たされない思いが強いのも特徴的です。「分裂」している自我は脆いため，一人になる，見捨てられることをひどく恐れ，つねに誰かにかまわれたいという欲求が強く，そのため空白の時間が怖くて待つことができません。一人でいられないためサークルに入ったり，友人を多くつくってつねに誰かと一緒にいてかまわれるようにしています。反面かまってもらえそうもない，操れそうもない相手にははじめから近づかない，あるいは捨てられる前に自分からいきなり関係を断ち切ってしまうこともあります。

6 相手を操ろうとする傾向——投影性同一視

相手を自分の思うままに操ろうという傾向が強いです。F君はカウンセラーが自分に必要なときは，他の人の面接を放り出して自分の話を聞くのが当然だと心底から思っていました。ある先生から聞いた例では，大学を休んでいるボーダーラインと思われる学生の求めに応じて，アパートまで行って相談に乗ったところ，どんどん要求をエスカレートさせ「試験問題を教えろ！　断わったら電車に身を投げる！」と脅迫され大変だったそうです。ボーダーラインの女性に対して親切で優しい男性が，いつでも飛んできてトラブルの後始末をしていく光景はしばしば目にします。このように二者関係で相手を操ろうとする傾向は，三者関係ではもう少し複雑になります。B君やF君がそうでしたが，面接した相談員を褒める一方，はじめに相談に乗ってくれた先生を責めて，相談員が先生を悪く受け取るように仕向けて，両者を混乱させるような行動を取ります。これは心理学用語で「投影性同一視」と呼ばれるボーダーラインに特徴的な心理機制によるものです。

このようにボーダーラインの学生は，他人からかまわれ，評価されることで自己の問題を補おうとしていますが，結局はうまくいかず，安定して自立したパーソナリティ＝自我の確立に失敗している人たちと言えるでしょう。

> **コラム**
>
> ### 映画『17歳のカルテ』
>
> 『17歳のカルテ』という映画をご存知でしょうか？ 1999年のアメリカの映画で，アンジェリーナ・ジョリーがアカデミー助演女優賞を取ってブレイクした映画です。ここにはリストカット，大量服薬，過食と嘔吐，自殺などさまざまな問題行動を起こす女性たちが思春期病棟で治療を受ける姿が描かれています。解説ではウィノナ・ライダー演じるスザンナがボーダーラインとなっていますが，実際にはアンジェリーナ・ジョリー演じるリサが，その奔放な行動から治療者のみならず，病棟の仲間たちを時には優しく，時には辛辣に攻撃して振り回して大混乱に巻き込んでいくボーダーラインの本質をよく表現しています（プログラムを買ったら，リストカットを象徴する赤く塗ったガーゼが巻かれていたのには笑ってしまいました……）。
>
> ※『17歳のカルテ（原題：Girl, Interrupted）』(1999，アメリカ) 監督：ジェームズ・マンゴールド，出演：ウィノナ・ライダー，アンジェリーナ・ジョリーほか／原作：スザンナ・ケイセン『思春期病棟の少女たち』

7 発達心理上の問題

最も基本的な障害である「分裂」という心理機制は，もともと1～3歳の早期幼児期には誰にでも見られるもので，この時期に親自身の問題もあって基本的な信頼関係が構築できなかったため，分裂した自我がうまく統合されず育ってしまったと説明されています。しかし崩壊した家庭や幼児期に酷い扱いを受けて育ってもボーダーラインにはならず，特に問題なく大人になる人も数多くいて，この理論が証明されたわけではありません。

8 ボーダーラインと発達障害

第2章で述べた，アスペルガー症候群やADHDなど，生まれつきの問題である発達障害とボーラーラインとの関係も議論があります（福田，1999）。ボーダーラインが含まれるパーソナリティ障害全体について，アメリカ精神医学会の診断基準DSM-5の定義は以下の通りです。

A. その人の属する文化から期待されるものより著しく偏った，内的体験および行動の持続的様式。この様式は以下の領域の2つ（またはそれ以上）の領域に表れる。

1) 認知（つまり，自己，他者，および出来事を知覚し解釈する仕方）
   2) 感情性（つまり，情動反応の範囲，強さ，不安定さ，および適切さ）
   3) 対人関係機能
   4) 衝動の制御
B. その持続的様式は柔軟性がなく，個人的および社会的状況の幅広い範囲に広がっている。
C. その持続的様式が，臨床的に意味のある苦痛，または社会的，職業的，または他の重要な領域における機能の障害を引き起こしている。
D. その様式は安定し，長期間続いており，その始まりは少なくとも青年期または成人期早期にまでさかのぼることができる。

　これらの項目はそのまま発達障害にも当てはまります。実際の行動でも他人に共感できない，相手との距離が適切に取れずに他人とトラブルを起こすことは，アスペルガー症候群の「心の理論」の障害と共通していますし，ボーダーラインの衝動的な行動はADHDの衝動行動とそっくりです。児童精神科医が発達障害と診断したケースが，長じて成人の専門家にパーソナリティ障害と診断されることはよくあります（衣笠，2004；小野，2017）。実際，両者を厳密に判別することは難しく，ボーダーラインは精神分析的な視点からの概念ですが，児童精神医学や行動分析の立場から見ると発達障害の年長例になってしまいます。それぞれの立場や視点の整合性がない，要は継ぎ接ぎだらけである現在の精神医学の問題が背景にあります。そのためこころの病気には流行り廃りがあり，筆者が研修医だった1980〜1990年代はボーダーラインが全盛で上記の診断基準もできたのですが，その後は解離と多重人格が流行ってビリー・ミリガンは24人に増え（※ダニエル・キイス（1981）24人のビリー・ミリガン．早川書房），1995年の阪神淡路大震災と地下鉄サリン事件が起きるとPTSDに焦点が当たり，2000年代後半からは発達障害ブームが起き現在まで続いています。アメリカ精神医学会のパーソナリティ障害の診断基準自体は，1994年のDSM-IVから2013年のDSM-5までほとんど変わっていません。インフルエンザじゃあるまいし，そんなに安易にこころの病気が変化するわけもないのですが……。
　実際の相談では，ボーダーラインと思われる事例でも発達と能力の偏りを診る視点をもつこと，反対に発達障害と思われた事例でも，周囲に混乱を巻き起こしている場合はボーダーラインへの対応や知見を知っておくこと，この2つのアプローチ両方ともが役立つと思っています。

IV｜どのように対応すればよいのか？

　ボーダーラインに対応することはとても大変です。特に対人関係にその病理が出るため，学生相談やカウンセリングで最も重要な相談員と学生の関係，カウンセラーとクライアントの関係を築くこと自体が困難です。安定した関係さえ結べれば治療の90％はうまくいったと言えるという専門家もいます。筆者自身ボーダーラインへの対応は失敗だらけで，今でも頭ではわかっていても，振り回されて冷静さを失うことがありますが，学生相談での対応のポイントを述べようと思います。

1 相手の病理に気づくこと

　まず彼らの起こすトラブルがボーダーラインという問題／病気から起きていると早く気づくことが第一の課題でしょう。ふざけていたり，わがままだからでなく，こころの病気によって引き起こされている問題行動だと思えれば，ある程度冷静に考えられますし，以下に述べる対応の基礎になります。もっとも「私はボーダーラインです」と言って相談に来る学生はいませんし，精神病の人と違って1回の相談や短期間の付き合いでは特に問題なく，情感たっぷりに話します。表面上の大学への適応も一見良く，自分に問題があると気づかず，病識が乏しいことも多く，ボーダーラインと気づくのはとても難しいことです。

　大学生，青年期は元来，精神的・情緒的に不安定になりやすい時期で，失恋，試験，就職，進級の失敗などいろいろな葛藤から一時的に不安定になって混乱するとボーダーラインと似た状態となるため，ある程度の期間関わらないとボーダーラインと気づくのは難しいでしょう。また反対にセラピストとトラブルを起こしがちなケースはボーダーラインと診断される傾向がありますが，実際には多動・衝動型ADHD（第2章）や躁病（第9章）のことがあります。ボーダーラインという病名は「トラブルメーカー」というレッテル貼りにすぎないことがあるので注意が必要です。

2 初回面接

　初回面接のときにいくつか参考になる点を述べると，はじめからやけに愛想よく，内面や幼児体験などカウンセラーが関心をもちそうなことを積極的に話したり，同情を覚えそうな発言を強調したり，カウンセラーに依存してくるなど心理的に近づ

こうとしすぎる傾向があります。また問題の解決を自分が責任をもって主体的にするのでなく，あなた任せの態度を取ることもあります。虚しさや怒りを含んだ満たされない不安，不快な気分などをいつもたたえていることも参考になるでしょう。とはいえ初回面接だけではそれとわからず，それまでのあるいは今後の行動，特に対人関係，カウンセラーとの関係を客観的に俯瞰して継時的に見ないとなかなかわからないです。

③ 人格水準[**]を知る

次の課題はだいたいの人格の水準，重症度のレベルを察知することです。ボーダーラインの相談に限らないことですが，どのくらいの心的距離を取り，こちらのもっているどのチャンネルで相手と付き合い，面接を進めていくのかを決めることはとても重要です。はじめの評価を間違えて，ボーダーラインを軽い問題と思って心的距離が近い対応を取ると，後にとても苦労します。

こう言うと難しいことのようですが，要はごく普通の常識が通じる水準（正常，あるいは神経症水準）か，精神的な病気で医学的治療も必要か（精神病水準），その境界で心的距離に気をつけた対応が必要か（境界水準），という3つのどれに当てはまるかがわかれば十分です。

この人格水準を知ることはその後の方針に大きく影響します。たとえば正常や神経症水準の人，すなわち健康度の高いほとんどの学生に対してなら，来談者中心療法でクライアントの自主性，その内にもっている健全・健康な自我を引き出すような対応や，カウンセラーが自己開示し個人的な主観・体験を話し，それを用いて面接を深めていく技法，またエンカウンター・グループのようにクライアント同士が集団のなかで自己開示して，心的距離を近づけて体験を共有していくような技法など，カウンセラーのもっている技法，性格，持ち味によって，個人でも集団でも，心的に近づいた技法でも，症状・問題中心にアプローチする技法でもいろいろな技法が使えます。

しかし境界水準のボーダーラインの人に対して心理的な距離を近づける技法を取ると，クライアントが混乱してさまざまな問題行動が悪化し，それにカウンセラー

[**] 人格水準：精神分析からの考え方で，人格水準は，防衛機制，自我同一性，現実検討力という3つの指標で計られる。健常，あるいは神経症水準では抑圧など成熟した防衛機制を用いるのに対し，より悪い境界水準や精神病水準では分裂や否認など原始的な防衛機制を用いることが大きな相違である。また他人の心の立場に立てる共感性があるかどうかも参考になる。

が耐えきれずに相談自体が継続できなくなります。そうなると彼らの「見捨てられ不安」が現実になり病理と混乱を深めるだけに終わります。特にエンカウンター・グループなどの集団療法はカウンセラーだけでなく，他の参加メンバーにも多大な迷惑をかけるため，慎重に参加者を選ぶべきです。ボーダーラインに対しては以下に述べるより慎重な枠組みが必要になります。

4 ボーダーラインと継続して付き合う枠組み

　彼らに対しては過剰に親切にしたり同情することは避け，心理的距離をやや遠めにおいて対応を一貫します。たとえば面接の頻度，時間，場所などは一定にして明示し，緊急時，たとえばパニックを起こしたとき，自殺企図のときなどは誰がどう対応するかも決め，どこまでを相談室で対応しどこからは医療機関で対応するかなど，相談室やカウンセラーの役割と限界を明確にします。いろいろなトラブルを起こして巻き込まれてしまうと冷静な判断ができず，彼らの病理を正しく見極めることが難しくなるため，第三者からの助言も受け，混乱を冷静に眺めてそれをヒントに相手の病理に気づくなど，カウンセラーを支える体制が重要です。

　したがって1人のカウンセラーだけの対応には限界があり，定期的な面接以外で関わる可能性のある受付，インテイカーや室長，他のカウンセラー，あるいはスーパーバイザーなど相談室というシステム全体で対応することが重要です。相手によって違うことを言ったり，こちらの連携を混乱させることもあるので，信頼し合っているチームとして対応します。誰がリーダーで決定権をもつか，関わる受付，インテイカー，カウンセラー，校医，それぞれの役割を明確にし，一貫した対応を続けていくようにします。

　また，こころの内面を扱う精神療法は外部の精神科医療機関に任せ，学生相談室は大学生活での問題に限定して対応していく，反対に学生相談室はこころの内面に対応し，薬物療法や問題行動への対応は医療機関に任せるなど，学内外の機関が連携して対応できると理想的です。医療機関と連携すると負担や責任を医療機関にある程度委ねることができ，それが相談室での対応や面接に余裕を生み関わりつづけやすくなります。ただし彼らは両者の微妙な言動や対応の差を実に巧みについて，治療者間のチームプレイを壊そうとします。もともと関係が円滑でない治療者間で行うと，お互いの関係が破綻して大混乱に陥ってしまうこともあるので，治療者同士が信頼し合える関係があり，情報交換を密に行い，お互い矛盾のない一貫した対応を長く続ける必要があります。

治療で重要なのはこの長く付き合うという継続性で，どういう関係であれ，「見捨てられずに関係を続けられた」という体験はボーダーラインにとって大きな財産になります。1回の面接で話した内容よりも，むしろカウンセラーや相談室全体が長く付き合いつづけたという事実が重要なのです。

5 カウンセラーにとってのボーダーライン
　カウンセラー，あるいは精神科医や教員もそうかもしれませんが，本来もっている，もっているべき資質に，相手の役に立つことを喜びに感じ，少しでも相手の役に立とうとすることがあります。これは本来大事な資質なのですが，これをそのままストレートにボーダーラインにぶつけて，たとえばアパートまで訪れて相談に乗り，安易に彼の世界に踏み込むと混乱が増すだけです。
　真面目で熱心で，相手のためになんとかしてあげたいという気持ちが強く，普通の相談には向いている"良い"カウンセラーが，ボーダーラインの落とし穴にはまりやすく，しばしば痛い目に遭います。ベテランであれば自分の限界や，2人の関係を遠くから見る余裕があるのですが，初心者で熱意が高く，意気と志に燃えている人がボーダーラインの罠にはまると，とても傷ついて「私は役に立てない，駄目なカウンセラーだ」と罪悪感にかられたり，自信を失くして辞めてしまうことさえあります。

V 現代社会とボーダーライン

　個人の病理から離れて，現代社会とボーダーラインの関係について考えてみましょう。私たちはこの複雑な社会で生きていくために，状況に合わせたいくつかの自己＝ペルソナをもつ必要があります。大学生も家族，クラスの友人，指導教員，サークル，バイト先などいろいろな局面に合わせた自己を出して，それぞれ微妙に対応を変えて付き合います。したがってボーダーラインに見られるような自我の「分裂」は，この社会を生きていくために，ある程度，必要なことです。またネットでブログを立ち上げたり，SNSである一面だけを出してバーチャル世界だけで他人と関わっていくことが可能になるなど，現代社会はコミュニケーション手段の発達でお互いが一見深い関係をもっているように見えても，実は都合の良い自分の一部だけを出して生きられる社会になっています。ボーダーラインは現代社会にきわめて親和的な問題と言えます。

実際，ボーダーラインと思われるのは，以前から時代の最先端を行く人たちや芸術家に多く，たとえば第一次大戦後のエコール・ド・パリのアーティストたちのなかには，極端な対人関係，揺れ動く自己評価，酒に溺れた怠惰な生活，自殺企図などボーダーラインとしか思えない行動を取っている人もいました。しかし彼らが新たな大地を開拓し，さまざまな創造を行って社会や文化の進歩に貢献し，枠から出られない常識人や凡人に真似のできない素晴らしい業績を上げているのも確かです。そう考えると，ボーダーラインは現代社会には必然的に存在し，必要な人たちかもしれません。

おわりに

　ボーダーライン（境界例）と言われる問題について，その身体症状，精神症状，行動上の問題，特にカウンセラーとの関係にどう現れるか，どのような病理をもっていて，学生相談ではどのような対応をしたらよいかなどを述べました。彼らは周囲に混乱を巻き起こし，付き合っていくのが大変な人たちですが，魅力的で創造的な人もいます。カウンセラーや相談員など学生相談室だけではなく，教職員も彼らやその病理を理解して冷静に対応したいと思います。

† **文献**
福田真也（1997）パーソナリティの障害．In：白倉克行 編：職場のメンタルヘルス．南山堂，pp.89-94．
福田真也（1999）人格障害と広汎性発達障害の関連について――始めは人格障害と思われたAsperger
　症候群の2症例の検討から．臨床精神医学 28-11；1541-1548．
衣笠隆幸（2004）境界パーソナリティ障害と発達障害――重ね着症候群について．精神科治療学 19-6；
　693-699．
小野和哉（2017）発達障害とパーソナリティ障害．最新精神医学 22-3；235-243．

‡ **参考資料**
オットー・カーンバーグ［松浪克文，福本修 訳］（1993）境界例の力動的精神療法．金剛出版．
オットー・カーンバーグ［西園昌久 訳］（1996）重症パーソナリティ障害――精神療法的方略．岩崎
　学術出版社．
ジェームス・F・マスターソン［成田善弘，笠原嘉 訳］（1979）青年期境界例の治療．金剛出版．
西園昌久 編（1989）パーソナリティの障害．こころの科学 28．
清水将之（1996）思春期のこころ（NHKブックス774）．日本放送出版協会．

4
病められない，止められない人たち

依存と嗜癖

はじめに

　ある特定の行動や習慣，薬物に対して執着しはまってしまうことを嗜癖や依存といいます。その結果，身体や精神に変調をきたしたり，周囲とさまざまなトラブルを起こして日常生活や就学に重大な支障をきたす状態を嗜癖行動障害（州崎，2004）や依存症といいます。何らかの物質への依存として典型的なものにアルコール依存，薬物依存があります。一方，特定の行動にはまって抜け出せなくなることをプロセス依存と呼び，ギャンブル依存，買い物依存，ネット・ゲーム依存があります。またリストカット，過食と嘔吐を繰り返す過食症＝ブリミアもこのひとつと考えると理解しやすいでしょう。嗜癖のなかでも習慣の対象が何らかの物質の場合を依存といいますが，「嗜癖」は馴染みが薄く，一般には「依存」が広く用いられているため，ここではギャンブル依存，買い物依存のように，「依存」で統一することにします。

　依存には男女差があり，男性に多いものとして薬物依存，アルコール依存，ネット・ゲーム依存などがあります。一方，女性に多いのがリストカット，過食，大量服薬，ホスト依存，買い物依存などです。男女を問わず見られるものにギャンブル依存があり，日本ではパチンコ依存症が多いです。

　依存はすでに大きな社会問題になっていて，ギャンブル依存症が疑われる成人は全国で約320万人に上ると推計されています（国立病院機構久里浜医療センター研究班の平成29（2017）年の全国調査）。さらに統合型リゾート（IR）推進法の成立により2020年以降にカジノの開業が予定されているため，ギャンブル依存症への対策が急務となっています。

　しかしリストカットと過食を除けば大学の相談室や保健室をこの問題で訪れる学生はほとんどなく，「病気」として十分には認識されていません。また依存を病気として積極的に治療しようという医療機関も少なく，国立病院機構久里浜医療センター

などごく一部を除けば治療の場が乏しいのが現状です。この章では大学生で問題になるプロセス依存からリストカット，過食症，ネット・ゲーム依存を取り上げます。

I｜リストカット——おさえておきたいこと

　リストカット（以後，リスカと略）は出血を伴う派手な行為なので，周囲の親や教員に対して大きな反響を及ぼします。なかには自殺未遂として緊急対応を要するケースや，ボーダーライン（第3章）で対人関係を混乱に巻き込む対応が難しいケースも稀にありますが，リスカを繰り返しつつも日常生活は続け，緊急対応を要しない人がほとんどです。どれくらいの人がリスカしているかという疫学調査は，本邦では山口ほか（2004）が行っており，リスカに限定した自傷行為の生涯経験率は，高校生女子14.3％，大学生男子3.1％，同女子3.5％と，とても多くの人がリスカしていると報告しています。ごく普通に授業を受け生活を送っている多くの女子学生があっけらかんとリスカをして相談室を訪れます。

① なぜリストカットをするのか
　彼女たちにリスカをする理由を聞いてみると，「周囲の気を引こうと思って」「友達が切っていたので真似して」「イライラしたので何となく」「リスカすると嫌なことが忘れられる」「落ち込んだ気分を変えるために」「やる気を出そうと思って」などと言い，死ぬ意思については「死にたくて切っているわけじゃない」「リスカは生きるために必要」などと否定することが多いです。とはいえ「何となく死にたくなって」と死ぬことを意図していた場合もありますし，また「どうしてリスカしたのか思い出せない」「知らないうちに切っていた」など解離状態にあって注意を要する場合も稀にあります。

（1）ストレスや葛藤を鎮めるため
　特にリスカを始めた当初がそうなのですが，今感じているストレスや葛藤状況，不安，緊張感，怒りを鎮めるためにリスカをするケースが多いです。「切るとすっきりする」「血がたらーっと流れると生きている実感がわく」「痛みで目が覚める」「血を見て安心する」など，リスカによる痛みや出血を見ることによって，そのときの不快気分を解消します。ストレス解消には，カラオケや飲酒，甘いものを食べるなど容認されるもの，他人への暴力や万引きなどの反社会的な行動もありますが，

リスカはその中間で，一人でできることや，非日常性を帯びて非社会的でやや劇的な行動である点が好まれるようです。

(2) メッセージとして
　リスカをする人のなかには傷跡をひけらかしたり，体中に多数のピアスをあけている人もいます。日本ではタトゥーはそれほど一般的ではありません。あるケースでは線上に切るのでなく，「かなしい」という文字を掘り込んで，比喩でなくダイレクトにメッセージを表現していました。リスカは周りに大きな影響を与えるため，自分の存在や問題を周囲にアピールすることができます。たとえば離婚寸前の両親への抗議であったり，友達からのいじめを止めさせるためであったり，部活の辛さを表現したりします。とはいえ切った本人はそのメッセージの意味に気づいていない場合が多いようです。このメッセージに対し周囲が驚いて何らかの反応を示して「結果」が得られると，リスカによって周囲をコントロールすることに成功したことになり，ますます切ることになります。ただしメッセージとしての意図とは反対に，かえって周囲との葛藤が増したり，否定されることでより悪い方向に行くことも多く，そうするとますます切ってしまう悪循環に陥るため，どちらにしてもリスカは続きます。

(3) 嗜癖や依存のひとつ
　リスカを続けていくと，特別なストレスや葛藤状況，メッセージを訴える必要がなくなっても嗜癖となって慢性化していき，ちょっとしたことで，あるいは特別なきっかけがなくても切るようになります。また，リスカは過食などの他の依存を伴ったり移行したりすることがよくあります。

(4) 解離とリストカット
　解離とは，今の体験と過去，あるいは自分が体験している感覚，知覚，感情，身体が統合を失って，今の自分が意識されない，感じられない，自分がなくなったように感じられる状態をいいます。軽度であれば生き生きとして感じられない，スクリーンを通しているかのように感じるといった離人症，重度では普段とは別の人格が出てくる多重人格（解離性同一性障害）になります。リスカも解離しているときに行うことがあり，「ぼーっとしていた」「生きている感じがしないで切っていた」「他人事のように切っていた」「切ったときのことは覚えていない」と話す人もいま

す。多重人格で，ある特定の人格のときにリスカをして，元の人格に戻ったときにまったく覚えていない人もいます。解離は重症度の目安にもなります。

　一方，切る痛みによって解離から回復する人もいて，現実感を取り戻すためにリスカをする人もいます。そうした場合，リスカを無理に止めると現実が取り戻せず，かえって混乱したり，より危険な自殺行為を行う可能性があります。

II｜リストカット——さまざまな事例

　まず自殺の前駆症状としてリスカをしていた重い病理をもつケースを紹介します。

例1　**3年間にわたってリスカや大量服薬を繰り返したうえに縊死した大学3年生女子Aさん**　Aさんは大学入学直後からリスカに加え，大量に服薬したり大酒を飲んで騒ぐなどのトラブルを繰り返していた。また夜中に友達に電話して当たり散らすなど相手の都合をわきまえない自分本位な行動が続き，ついに精神科に入院し「境界性パーソナリティ障害」と診断された。最近1年は「死にたい」という意思をもらして手首を切ったり，飛び降り自殺を企てるなどきわめて危険性が高かったが，リスカは日常的で，周囲は「またか」と慣れてしまっていた。自殺する直前1カ月は春休みで友達とも連絡を取らず，また通院が中断した危険な状況だったと思われたが危機介入できず，ある日自室で縊死しているのを偶然訪れた友人が見つけた。

例2　**高校卒業直後に大量服薬により自殺した女子高生Bさん**　Bさんは中学生のときにちょっとしたことから初めてリスカし，その後もリスカと大量服薬を繰り返し，それをホームページで報告してネットでも有名になっていた。精神科にも通院したり一時は入院治療も受けていたが，スノーボードやカラオケに行ったり友達や彼氏もいて，それなりに生活をエンジョイしているようだった。高校卒業を控えて自殺をほのめかしていたが，卒業直後に大量服薬し死亡した。剖検したところ心臓の障害があって，おそらく身体的な衰弱が死につながったようだ。この方は『卒業式まで死にません』の作者"南条あや"として有名です。

次に，自殺未遂もあって要注意のケースを紹介します。

例3 他人からのちょっとした刺激ですぐ解離してリスカする大学3年生女子Cさん　リスカを繰り返すCさんを友人が心配して保健室に連れてきたが，カウンセリングや医療には拒否的で，何度目かの来室でなんとか説得して精神科を受診してもらい，学内の相談室でもカウンセリングを始めた。話を聞くと幼小児期の虐待が疑われたため過去の体験を詳しく聞いていったが，そのためなのか解離が悪化し，飛び降り自殺を企て保護者を呼んだこともあった。それ以後は無理に蒸し返さないようにして，就学や友達関係など今の問題への助言に留めた。友達からの無理な依頼を断われなかったり，他人が嫌がる面倒なことを引き受け，その負荷に耐えられないとリスカするパターンが続いている。自分で自分を守ることができないことが根本的な問題と思われる。

例4 ちょっとしたことで解離し，ある特定人格のときにリスカする高校3年生女子Dさん　はじめは不登校で精神科を受診したが，実は以前からリスカを繰り返していた。カウンセラーによる心理療法開始後から解離して，ある特定の人格のときにリスカや問題行動を起こす。診断は解離性同一性障害（多重人格）で，解離の推移に十分注意して抑える人格を支えつつ対応している。リスカや過呼吸など他の問題が生じたときは保護者を呼び，入院も想定しながら外来治療を続けている。

　以上が，自殺したり，自殺を試みるなど重篤なケースです。対応が困難なためあえて多く記載しましたが，実際にはこのように危険性が高いケースは少なく，リスカを繰り返しながらも大学生活は続けていて，何かのきっかけで相談室や保健室を訪れる次のようなケースが圧倒的に多いです。

例5 リスカすると気持ちがすっきりする大学1年生女子Eさん　リスカをすると気持ちが安定するので，中学3年生のときに初めてリスカをし，その後も毎日のようにしている。相談室で詳しく聞いたが，大学や家庭での日常生活に大きな問題はなかった。親にはリスカに過剰に反応しないように説明し，家族を安心させつつ，本人へのカウンセリングを続けている。その後も勉学やサークルに充実した学校生活を送っているが，それでも浅いリスカは続いて

いる。リスカで死のうとは思ってはおらず「切るとすっきりするのでやってしまう」とあっけらかんと言う。緊急性はないため通常のカウンセリングでじっくり付き合っている。

> **コラム**
>
> ### DSH (Deliberate Self-Harm Syndrome)
>
> リストカット，大量服薬（OD：Over Dose），過食などを主な問題とする「故意に自分の健康を害する症候群（DSH）」という疾患概念を提唱する研究者もいます。実際リスカを繰り返す人が大量服薬して救急車で運ばれたり，同時に過食していることはよくあります。こういった人たちのなかには後にアルコール依存やシンナーなどの薬物依存に陥るケースもあり，依存症のひとつという側面を実感します。他人に暴力を振るう問題は比較的少ないです。

Ⅲ リストカット──大学での対応

1 相談室や保健室での基本方針

　共感してよく話を聞き，対応を一緒に考えるという基本姿勢（福田，2006）は他の相談と変わりありません。医師や保健師でないと傷に慣れていないでしょうが，まずは慌てないことです。時間が経って激しく出血していなければ緊急性はありません。そのうえで傷口を確認しその深さや長さ，形状などを把握します。また音楽科の学生など，人前で腕を見せることのある学生は太ももなど手首以外の場所を切ることがあるので注意します。消毒などの処置が必要な場合は保健室で看護スタッフにお願いします。落ち着いて話せるようになったら，切ったときの状況を聞いていきますが，「なぜリスカしたの！」と問い詰めずに，なるべく冷静に事実を客観的に聞いていきます。すなわち，いつ，どこで，道具は何を用いて，痛みはどうだったか，切る前には何をしていたのか，酒は飲んでいたのか，どんな気持ちで何を考えて切ったのか，切ったことを覚えているか，何度目かなどを聞いて，危険度を評価して基本方針を決めます。危険度の評価とその対応は，第5章の自殺の危険度の評価と基本方針を参照してください。危険と判断した場合は保護者への連絡や医療

機関への受診を要しますが，ほとんどのケースは相談室だけでの対応になります。その際はリスカをするに至った経緯や痛みや苦悩に対して，たとえば「辛そうだよね，私も辛いわ」などと伝え，「（リスカを話してくれて）ありがとう，でもいずれは切るのでなく，嫌なことは口で言ってすっきりするといいね」と決して奨励していないことも伝えます。

② 相談室での面接が始まったら

「リスカは良いこととは思わない」ということはもちろん大前提なのですが，リスカを否定すると，自分がすべて否定されたように受け取られてしまいます。リスカによって今抱えている問題に何とか対応しようとしている努力，リスカがストレス解消に役立っていること，すなわちリスカのポジティブな側面を評価します。実際，リスカを無理にやめさせると，かえってより危険な自殺企図を促す可能性があり，やめるよう強く迫ることは避けるべきです。

葛藤を相談できる数少ない信頼できる相手になること，相談室が安心して話せる場になることが第一歩です。もしも他の安全な方法に置き換えることが可能なら，それを提案するのもよいでしょう。たとえば「冷たい氷を握る」「新聞紙を切り裂く」「卵の殻を取っておいて壁にぶつける」「赤いマジックで腕を塗る」など，攻撃的ですが安全な方法を提示してみます。

とはいえ多くの場合，安全な方法に置き換えることは難しく，リスカは当面は続くものとして付き合っていく覚悟が必要です。リスカの要因になっているさまざまな葛藤や不安を一緒に探していくことも重要ですが，習慣化し依存となっている場合は，そもそもの要因がわからなくなっていることも多く，犯人探しに没頭しないほうがよいです。リスカに限定せず「いろいろなことをここで話していく」，あるいは「今，必要なこと，悩みを一緒に考えていく」ためのテーマや現実的な目標をもって相談していくとよいでしょう。友達関係，就学，勉強，将来，進路や就職のことなど，何か現実的なテーマを設定して良い関係を築いていきます。このあたりは通常の相談と何ら変わりありません。

相談室によっては相談の初回面接で契約をかわして「リスカしたらここでの相談は難しく継続はできない」，あるいは「医療機関を紹介するのでそこで治療を受けること」という条件を課していることがあります。もちろん危険性が高い緊急の場合は医療機関での治療を優先し，学内での相談が難しくなることはやむをえないのですが，そのようなケースは多くはなく，またリスカは依存でもあるため，無理に枠

組みを設定しても守れません。リスカしないことを面接の条件にすると，単にリスカする人を相談対象から外すだけになってしまって意味がなく，「相談室ではリスカの相談ができない」と評判を落とすだけです。また禁止することでかえって相談に来なくなったり，別の問題行動に移行したり，手首でなく太ももや体を切るなど問題をより困難にするため，何らかの枠組みを設定するなら，リスカの頻度の上限を決めたり，危険な部位を切ったら保護者にも連絡すると決めたり，出血がひどい場合はすぐに医療機関に行くなど危険を減らせる条件に留めて，相談を継続していくほうがよいでしょう。

③ 積極的・洞察的な心理療法について

　過去に親からや虐待や学校でのいじめなどのつらい体験があり，それがリストカットにつながっていると思われるケースの場合，その体験を思い出させてこころの適切な場に置き直す，こころの内面に隠された過去の体験を外に出す内省的な技法が必要なこともあります。しかしそれらの技法はリスカで保たれているこころの安定を揺さぶって，短期的にはリスカが悪化したり，解離が深まったり，より危険性の高い自殺を試みる可能性があります。いずれどこかでそのような課題への取り組みが必要になるのかもしれませんが，学生相談で行うことには慎重であるべきです。

④ 親との面接

　リスカには家族の病理が絡んでいることが多いのですが，親を呼ぶことは嫌がりますし，緊急性がない場合はあえて親を呼ぶ必要はありません。ただ何かの機会でリスカを知った場合，驚いて本人を責めたり，無理にやめさせようとする親もいる一方，ほとんど無関心な親もいて，家族病理が垣間見えます。親と関わる場合，どのように説明してどう親と関わっていくかはケースバイケースですが熟慮を要します。緊急性がない場合は「慌てない」「リストカットを責めたり無理に止めると，手首でなく上腕や太ももなど見えないところを切ったり，大量服薬など別の自傷行為をすることがある」「しばらくはリスカと付き合っていくことが必要でしょう」「リスカを機会に子どもとの会話を増やしたり，何を悩んでいるか一緒に考えてあげてください」などと助言しますが，学内の相談機関で家族の病理と深く関わっていくことはなかなか難しいです。

5 教員への支持

　リスカをする学生にとって鬼門の時期が春から夏の衣替えの時期です。薄着で半袖になると傷跡が目につくようになるので，長袖で隠したり，「冷房に弱くて」と言ってパーカーを着たり，手首の代わりに太ももなど目立たない場所を切ったりします。このように多くの場合リスカを隠そうとしますが，稀に堂々と傷口をひけらかす人もいます。リスカは傷跡が明瞭で派手な行為ですので，気づいた教員は引き気味になったり，過剰に反応して「治療に専念したほうがよい」とか「実験に差し支えるから」といった理由で授業や実習への出席を拒むことがあります。しかし他の問題行動がなく授業や実習を邪魔することがなく，危険性が少ない場合は，授業や実習は継続したほうがよいでしょう。空いている時間が増えるとかえってリスカはひどくなります。とはいえリスカの学生を受け持つ教員の不安に対処して，それほど心配はないこと，何かあればすぐに対応することを保証して安心してもらうことも重要です。

IV ｜ 過食症──冷蔵庫に鍵をかけても……

　いらいらしたり，暇になったとき，あるいは特に契機がなくてもわーっと一気に大量に食べるのが止まらず，後悔して吐いてしまうパターンを繰り返すのが過食症です。食事を拒みひどく痩せてしまい栄養失調から命にも関わる拒食症（第7章）と併せて摂食障害といいますが，体重はあまり減らずに外見の変化は目立ちません。女性に多い病気で，心身症とされていますが，繰り返す過食やその心理は依存や嗜癖と共通し，また他の依存症に移行する人もいるため，この章で取り上げます。

例6　**22歳の大学4年生のFさん**　Fさんは勉強もでき，友達付き合いもよく彼氏もいて，卒後の就職先も決まり充実したキャンパスライフを送っていますが，人に言えない悩みがあります。それは寝る前になると，わーっと食べるやけ食いと，「太った」という後悔から，自分で手を喉に突っ込んで吐いてしまうことです。
　そもそも3年生の頃，就活でいらいらしたときにふとしたことで過食してしまい，すっきりして味をしめたのがきっかけで，その後も彼氏との口げんかなど嫌なことがあった後に過食と嘔吐を繰り返すようになり，そのうち特にストレスがなくても過食するようになりました。手に吐きだこはあるし，

胃酸のせいで歯が傷んでいるのですが，表面上の明るさで周囲をごまかし，鈍い彼氏も気づきません。卒研も順調で，気まぐれなところもありますが，明るく後輩の面倒見もよく，周囲の評価はとても高く，誰もFさんがこんなことで悩んでいるとは知りません。

過食と嘔吐は，キャンパス，飲み会，彼氏の部屋など他人と一緒のときにはないのですが，マンションに帰って一人になると際限なく食べて冷蔵庫を空にしてしまいます。思いきって冷蔵庫に鍵をかけましたが，近くのコンビニまで菓子パンを走って買いに行き食べてしまいます。体重は45〜53kgの間の変動はありますが，それほど痩せることはなく生理もあります。

1 特徴

人によりますが，勉強，バイト，サークル，趣味などには熱心に取り組み，明るく元気で周りはまったく気がつきません。拒食症と違って自分でも過食や嘔吐はおかしいことに気づいているので，お菓子は買わない，冷蔵庫に鍵をかけるなどの努力はしますが，コンビニは24時間営業でどこにでもあり，いつでも食べ物を手に入れられ，"食べる"という行為は最も容易なストレス解消法であり，また習慣になると特別なきっかけがなくとも起き，止めることはとても難しいです。相談や治療への抵抗感はなく気軽に相談室や保健室，メンタルクリニックを受診しますが，根気は乏しく，治療が続かないことが多いです。また経過中，食べ物のカロリーをきちんと計算してダイエットを始め，拒食症になる，リストカットなどの他の問題行動も伴う，ホストクラブにはまるなど別の依存に移行する人もいます。

2 治療

外来診療では1週間の生活・食事記録表をつけてもらい，いつ，何をどれくらい食べたかを記載してもらい，過食と嘔吐の現実を目の前に示してブレーキをかけるようにして，抗うつ薬などの薬物療法も併用します。しかし，彼女たちは気まぐれで予約を守らないことも多く，治療の継続が課題です。

3 大学での配慮

大学で配慮できることはあまりありません。過食は止まらなくとも，勉強や部活は難なくこなして良い成績を取ったり，大会でも成果をあげたり，私生活でも遊んだり彼氏と楽しめたり，難民支援のボランティアに行って大学や社会に貢献してい

る人も多く，社会適応が良いことも治療が成り立ちにくい要因でしょう。相談室に1回は来ても続かないことが多いのですが，健康診断か何かの機会で校内で会ったときは「いつでも困ったらおいで！」と軽く声かけをするようにしています。

V ネット・ゲーム依存──ヴァーチャル世界の住人

　授業後の教員の仕事のひとつが，コンセントにさしっぱなしで充電中のスマホの回収です。大学生は授業でも電車でも，いつでもどこでもスマホをいじってLINEをしたり，Webを見たり，ゲームをしています。手軽に社会に情報を発信できるようになったのはよいのですが，個人と社会との垣根が低くなったあまり，自分だけでなく友達のプライベートな情報や画像をネットに流して，後で酷い目に遭う問題が起きています。筆者も相談場面をネットで実況中継されて大変な思いをしたことがあります。

　そのようなトラブルに加え，病的なまでにネットやスマホにはまってしまう依存が問題になっています。スマホへの依存がどれだけ病的なのか，対応が必要なのか，筆者自身まだ回答をもっていませんが，インターネットやゲームにはまってやめられなくなるネット・ゲーム依存は「自分の意思で利用をコントロールできない」「つねにそのことを考えてしまう」「人にやめるように言われても，やめられない」「現実から逃避したい心理状況などから，過度に利用してしまう」など依存症という病気に当てはまります（Mihara et al., 2017）。お隣の韓国ではすでに大問題となり積極的な治療の対象になっていますが，日本では病気として治療している機関はごく少なく，WHOなどの国際機関でも病気とするかについてのコンセンサスが得られていません。なお，よく誤解されますが，ネット・ゲーム依存はコミュニケーション障害がある人だけに起きるのでなく，ごく普通に話して他人と関わっている人にも起きます。

1 どのような問題が生じるのか

　ネット・ゲーム依存に最も熱心に取り組んでいる国立病院機構久里浜医療センターネット依存治療部門（TIAR）の臨床心理士・三原聡子氏は，以下を聞き取るよう求めています。

- 本人が訴える症状
  ①ネットをしていないときでも，ネットのことばかり考えている。
  ②ネット以外に楽しいことはない。
  ③ネットがないと暇で暇で仕方がない。
  ④週末になると「これでゆっくり休める」でなくて，「これで心おきなくネットができる」と思う。
  ⑤もうネットでやることもないのに，ついネットを開いてしまう。
  ⑥ブログが気になってつい1日に何度も見てしまう。
  ⑦家族にネットのことを言われると，とてもいらいらする。
  ⑧明け方までネットをやって昼頃に目が覚める。
  ⑨ネットをしていると食べる時間がもったいない。
  ⑩現実の異性に興味がない。
  ⑪ネットの人間関係の方が現実の人間関係よりも大切だと思う。
  ⑫他人との関係はネットだけ。
  ⑬ネットをするのは癖みたいなもの。

- 家族が訴える症状
  ①誕生日やクリスマス，進学祝いに何が欲しいか尋ねると，必ずPC関係のものを要求するようになった。
  ②今まで貯めていた貯金を崩してカスタマイズされたPCを購入したいと言い出した。
  ③ネットの使用中にやめるよう声をかけたら"人が違ったような目つき"をして怒鳴り返してきた。取り上げたら暴力をふるった，または暴れて部屋をめちゃくちゃにした。
  ④しばらくネットを取り上げていたら，そのうち無気力になり，それが何日も続いた。
  ⑤昨夜何時までネットをやっていたのかを聞くと嘘をつくようになった。または風呂やトイレ，布団のなかに隠れてネットをしているのを見たことがある。
  ⑥小遣いが入るとすぐにコンビニに行き，ウェブマネーに換えるようになった。または部屋からウェブマネーの領収書をたくさん見つけた。
  ⑦タンス預金または貯金箱の金がなくなった。

多くはネット上のゲームにはまる問題ですが，ゲーム以外でもskype／チャット，ニコニコ動画やYou Tubeなどの動画を一日中見ていたり，Twitterで1日に1,000ツイートしたり，LINE，ブログ，オンライン小説の閲覧・投稿がやめられないなど生活に多大な支障をきたします。

　ネット依存に伴う健康上の問題（河邉ほか，2017）として身体面では視力低下，運動不足や栄養の偏りによる糖尿病，高血圧などのメタボリックシンドローム，動かないことによるエコノミークラス症候群や腰痛などがあり，精神面では昼夜逆転や睡眠障害，ネット以外のことへの意欲の低下，学業面では遅刻，授業中のスマホ使用や居眠り，図書館での過剰なネット利用で他の人が使えない，成績が落ちて留年・退学する，経済面ではゲームでの浪費による借金，ネットショッピングや株取引で浪費して破産する，対人関係では家庭内での暴言や暴力，友達関係が壊れる，出会い系サイトを閲覧してのトラブルなどがあります。

　ネット依存が重度になった結果としてリアルな人間関係を失い，ひきこもることもあります（第8章）。なかにはオンライン上で知り合った人と出会うためにオフ会に過剰に参加する「人間関係依存」になりトラブルを起こす人もいます。

コラム

情報をシャットアウトすることの重要性

　この忙しい社会，膨大な情報がスマホやパソコンなどのツールから入ってきます。しかしその情報の90％はジャンク＝誰にとっても役に立たない情報，9％は他の誰かに役立つかもしれないが，あなたにとってはどうでもよい情報で，残りの1％だけがあなたに必要な情報です。また多くは嘲笑，蔑み，羨望・嫉妬，自慢といったネガティブな情報なので，ものすごく疲れます。自分に何が必要か，何を求めているか，何が好きかを自覚して能動的に接しないと，情報の腐海に呑みこまれてしまいます。人間の情報処理能力が進化して向上したわけではないので対応できる情報量は昔に比べて増えてはいません。いかに必要な情報だけをチョイスし，他の無駄な情報をシャットアウトするか，情報を得ることよりも上手に捨てる・無視する・遮断する能力が重要な時代になってしまいました。

② 韓国の状況

　韓国では1999年，金大中大統領がIT産業振興を経済再生の中核政策に掲げて「サイバーコリア21」計画を策定し，1990年代後期から2000年代初期にかけて短期間で一気にインターネットの普及が進みました。そのため韓国は早くからネット依存が顕在化し大きな社会問題となり，その対策に追われています（表1）。

　Rescue School（レスキュースクール）とは，ネット依存の中学生・高校生に対する11泊12日の課外学習で，夏休みや冬休みに開催されます。1回の人数は30名以下で，現在韓国の16カ所で行われていて，予算の大半は国が負担しています。スタッフは専門職とメンターと呼ばれる大学生からなり，だいたい参加者2～3名に1名のスタッフが配置されます。参加者は精神科から紹介されるケースがほとんどで，プログラムはスポーツ，演劇，映画作成，カウンセリングなどを組み合わせた多様なメニューで，他人との対話や対社会力を向上させることでネットとうまく付き合う力を身につけることを目標としています。

表1　韓国のネット依存の歴史

1999年	ネット依存が社会問題化
2001年	ネット会社からの予算でネット依存カウンセリング・センターを設立
2004～2005年	National Youth Commissionがネット依存対策の政策を作成しはじめる
2005年	韓国青少年教育院とNational Youth Commissionなどを中心に各大学が重複障害への治療方針，個人療法，グループセラピーや家族療法を作成
2007年	Rescue School開始
2008年	国がK-Scaleを用いて全国調査を行い，嗜癖傾向の若者への早期介入制度開始
2011年	11月より16歳以下の子どもに対するシャットダウン制度が施行されているが，ゲーム業界の反発も大きく維持か廃止かが議論になっている（シャットダウン制度：16歳未満は深夜0時から朝6時までオンラインゲームへのアクセス禁止）。

③ ネット依存の予防と対応

　こころの病気の診断基準はWHOのICD-10やアメリカ精神医学会のDSM-5が用いられますが，ネット依存の診断基準や項目はなく，まだ検討中であり病気としては公認されていません。しかし韓国に限らず日本でも依存者への治療・予防が必要になったと言う専門家もいます。ネットやゲーム，スマホとの付き合い方についての教育を行う，使用時間の記録をつけそれをもとに家庭でルールをつくり使える時間を決める，短期間に深刻化するため早期発見のために学校では遅刻，授業中の居

眠り，成績低下，不登校などの問題の背景に過剰なネットの利用やゲームへの依存がないかを見定める，スマホで電話以外の機能を使うと100円課金がかかるアプリや時間を限定するためのアラームやフィルターの使用，などが検討されています。小遣い禁止など何らかのペナルティを設定する，スマホをとりあげる，パソコンをネットに接続できないようにするといった強硬な手段もありますが，家庭内暴力に発展するなどかえってトラブルが増す可能性もあり慎重に行うほうがよいでしょう。

またアルコール依存の断酒会のような自助会，つまりグループに参加して集団のなかで依存から回復した人の体験談を聞くなど，当事者の相互作用による治療が有効ではないかと思われ，韓国のRescue Schoolもそのような集団療法のひとつと考えられます。ただし日本でそのようなグループや自助会をサポートしている治療機関は国立病院機構久里浜医療センターなどごくわずかです。

コラム

ギャンブル依存と買い物依存

ギャンブル依存では，帰りの電車賃までつぎ込んでスッテンテンになり，家まで5時間歩くはめになった会社員がいます。よく夏の暑い盛りに幼い子を車に入れたままパチンコに熱中して，子は熱中症で死んでしまった，というニュースがありますが，これもギャンブル依存のひとつ，パチンコ依存の方が起こす問題です。買い物依存では，クレジットカードを手に入れたとたん家具からブランド物まで次々にカードで買いまくり，ついに銀行口座の残高はマイナスになって，公共料金が払えなくなり電気を止められた暗い部屋で，豪華なブランド品に囲まれながらローソクで暮らすはめになった笑えない人もいます。

---

4 課題

大きな問題は，はまっている本人自身は問題意識が乏しいことです。筆者のもとにもネットゲームやスマホに，子ども，夫，妻など家族がはまって困っているという相談がありますが，本人が受診することはめったにありません。まずは依存のために生活に支障が出ていること，解決すべき問題であると認識し，本人が相談や受診してもらうことが最初の課題となります。一方，病気として公的に認められていないこともあって，治療できる医療機関がごく少ないという課題があります。

おわりに

　人は誰でも楽しいことや快感を求めます．それが恋人と楽しく過ごす，好きな作家の小説を読む，テレビのワイドショーを見る，美味しいものを食べるなど健全なもの，ゲームやネット，飲酒など違法ではないが程度が問題なもの，リスカや違法薬物など病的なものなどさまざまですが，得られる快感には差がありません．それだけにやめること，治療が難しい問題です．麻薬やアルコールは生理学的な必需品ではないため完全にやめることを目標にできますが，過食症は食べることを全面的に禁止はできませんし，大学生にネットやスマホを全面的に禁止することも不可能でしょう．彼らと関わると，快楽を追い求める人の本性を垣間見ることになり，考えさせられることが多いです．

† **文献**

福田真也（2006）自殺・自傷への対応．臨床心理学 6-2；185-193．
河邉憲太郎ほか（2017）青少年におけるインターネット依存の有病率と精神的健康状態との関連．精神神経学雑誌119-9；613-620．
松本俊彦ほか（2005）嗜癖としての自傷行為．精神療法 31-3；329-332．
Mihara S et al.（2017）Cross-sectional and longitudinal epidemiological studies of Internet gaming disorder：A systematic review of the literature. Psychiatry and Clinical Neurosciences 71；425-444.
洲崎寛（2004）嗜癖行動障害の臨床概念をめぐって．精神神経学雑誌106-10；1307-1313．
山口亜希子ほか（2004）大学生における自傷行為の経験率．精神医学 46-5；473-479．

‡ **参考資料**

● 書籍

アリシア・クラーク［上田勢子 訳］（2005）なぜ自分を傷つけるの？──リストカット症候群（10代のセルフケア）．大月書店．
樋口進（2013）ネット依存症（PHP新書）．PHP研究所．
兼本浩祐ほか（2012）特集 衝動制御の障害の鑑別と治療．精神科治療学 27-6．
スティーブン・レベンクロン［森川那智子 訳］（2005）CUTTING──リストカットする少女たち．集英社．
中村うさぎ（2003）浪費バカ一代──ショッピングの女王2．文藝春秋．
南条あや（2004）卒業式まで死にません．新潮社．
バレント・W・ウォルシュほか［松本俊彦ほか訳］（2005）自傷行為──実証的研究と治療指針．金剛出版．

● Web

独立行政法人国立病院機構久里浜医療センター ネット依存治療部門（TIAR）．インターネット嗜癖（依存）について（http://www.kurihama-med.jp/tiar/tiar_01.html）

5
傷つき喪った人たち

トラウマによる問題とPTSD

はじめに

　大学生にはさまざまなストレスがあります。試験に落ちた，単位が取れない，留年した，就活がうまくいかない，彼女・彼氏と喧嘩した・振られた，LINEが既読にならない，電車が事故で遅れたなどのため，イライラ，不安，抑うつ，気力が落ちるなどこころの乱れや，頭痛，肩こり，腰痛，目の疲れ，動悸，息切れ，胃痛，食欲低下，便秘，下痢，不眠など体の症状，また大酒を飲む，タバコの量が多くなる，ミスが増える，周囲にあたりちらすなど行動の問題を起こします。このストレスの原因をストレッサー，その結果起きるこころや体，行動の問題をストレス反応といい，病名としては「適応障害」とされます。同じストレッサーでも本人の特性，特にどう受け取るかという認知，友人や家族など個人を支える人間関係などによって，ストレス反応は一人ひとり変わってきます。

　生きていく以上，ストレスは避けがたいですが，認知を適切にしてうまく受け流したり，周囲に相談することで通常のストレスには対処できます。また症状が出てもストレッサーが大きくなく，なくなってしまえば，ストレス反応は軽減していきます。

　しかし阪神淡路大震災や東日本大震災のような大災害，あるいは地下鉄サリン事件や過激派のテロ事件など重大な事故，事件，トラブルに巻き込まれてこころに深い傷＝トラウマ（trauma）を負って，心理的，生活上，さまざまな問題を抱えるケースが増えてきています。事件の種類や状況にかかわらず，深刻な場合は心的外傷後ストレス障害（PTSD：Post-Traumatic Stress Disorder）という病気になり専門家による治療が必要になります。またそこまで至らなくとも周囲の理解と温かいケアが必要です。この問題は「Ⅰ　大学生になってから受けたこころの傷の問題」と，「Ⅱ　過去，幼小児期に受けたこころの傷の問題」に分けることができます。

Ⅰ 大学生になってから受けたこころの傷の問題

1 事例と対応

　大学生になってから，さまざまなトラブルによってこころの傷を受けた場合は，被害そのものへの現実的な支援と心理的な支援の両方を考える必要があります。まず短期間に回復した急性ストレス障害（Acute Stress Disorder）のケースとその対応例を挙げます。

例1　**飛び降り自殺者が目前に落ちてきてショックを受けたAさん**　元来，健康な女子学生Aさんが早朝のランニングで13階建てのマンションの横を走り抜けたようとしたとき，上から叫び声が聞こえたのでふと見上げると，屋上から飛び降りた男性が彼女の上に落ちてきた。幸いにも手にかすめた程度で彼女に怪我はなかった。Aさんはあわてて覗きこみ，講習で習った人工呼吸を試みようとしたが，すでに頭も割れてぐちゃぐちゃで手の施しようがなかった。近くの新聞販売店に飛び込み警察を呼んだが，身元確認に手間取り長時間待たされ，夜遅くまで警察で事情聴取を受けた。翌日までは緊張していたせいか何ともなかったが，3日目から寝ようとすると自殺者の悲惨な情景が目に浮かんで跳び起きてしまい眠れず，いったん寝ても悪夢にうなされるようになった。一人暮らしで夜が怖く，また昼も一息つくとそのときの情景が浮かんでびくっとして，緊張して気を抜くことができない。居合わせたのは運が悪かったと思い込もうとしているが，眠れず食欲もなくなり焦燥して相談室を訪れた。

（Aさんへの対応）

　話を聞き，カウンセラーは実際少しでもずれていたら彼女も大怪我，悪くすれば命を落とす危険があった深刻な事件で，彼女が示した症状が出ても無理のないことを説明した。不眠，不安に対しては近医を紹介し精神安定剤を処方してもらった。家族には余計な心配をかけたくないと言うが，今は誰かにそばにいてもらったほうがよいと説得し，実家から母親を呼んで付き添ってもらうことにした。母親がそばにいるので事件の情景が浮かんで恐怖を覚えても「怖い」と訴えることができ，徐々に安心して眠れるようになり，1カ月ほど経つと事件の記憶は残っているものの安心して学生生活を送れるよ

うになり，母親が実家に戻っても大丈夫なほどに回復した。

　このように大変な状況ではありましたが，偶発的な事件であり，元来健康で家族のサポートも得られたので1カ月ほどで後遺症を残さずに良くなりました。これは急性ストレス障害といって，強いストレスに対して誰でも起きうる反応で，もう少し軽い出来事の場合は適応障害として，私たちの日常でも起きています。しかし危険性が高かったり，実際に何らかの怪我を負うようなより深刻な状況では，長期間苦しむ心的外傷後ストレス障害（PTSD）になってしまうことがあります。

例2　**運転中の事故で同乗していた両親を死なせてしまったB君**　大学2年生男子のB君は元気な生活を送っていたが，夏休みが始まったばかりのある日，旅行に出かける両親を駅まで送ろうと両親を乗せて運転中，対向車線をはみ出してきた乗用車と正面衝突し，同乗していた両親と相手の運転手が死亡してしまった。B君はエアバックのおかげで両足の骨折ですみ，1カ月ほどの入院生活で退院できた。事故は相手の責任だが，列車の時間に間に合わせるために彼も急いでかなりのスピードを出していた。B君は一人っ子で兄弟姉妹はおらず，また親戚は遠方にいて当座の生活資金は援助してくれるが，それ以上の援助を望むのは難しい状況だった。保険金がおりるのには時間がかかるので，とりあえず後期の学費の相談のため学生課窓口を訪れたところ，学生課の勧めで相談室を訪れた。

　本人は大学生活を続ける意欲はある。しかしあまりのことにまだ信じられない気もする一方，「僕がいけなかったんです」と自分を責めてしまう。「これからどうしていったらよいかわからない」と内容は深刻だが，どこかに感情を置いたかのように淡々と話すのが印象的だった。

（B君への対応）

　経済的，現実的な支援を学生課と協力して行い，面接ではいろいろな思いを話せるように対応した。はじめは骨折の痛みで眠れなかったが，痛みが取れてからは，寝ようとすると事故直前の対向車とぶつかる情景が何度も浮かんできて眠れない，昼間もいつも気が張って疲れると訴えた。何度か会っていくうちに"ぼーっ"として抜けたような状態からは脱してきたが，今度は「自分があんなにスピードを出さずに，もっと慎重に運転していればよかった」「あの旅行を止めておけばよかった」「タクシーで行けばよかった」とさ

まざまな「if」を想定して自責的になり，両親を死なせてしまった罪悪感に苛まれ，一時は自殺も考えるほど落ち込んだ。近医で抗うつ薬や精神安定剤を処方してもらいつつ，少しでも罪悪感が軽くなるように支えていたが，何年も悩みつづけた。

　B君の場合は，彼自身が重傷を負い，また両親を死なせてしまったこともあってより深刻でその後も長期間にわたって問題が続くPTSDになってしまいました。PTSDは自分自身に生命の危険が及ぶような重大な事件に遭遇した場合，その原因にかかわらず発症する可能性がある病気なのですが，自分自身には直接危険が及ばなくとも，ごく身近な人が亡くなる，特に自殺された場合にも深刻なこころの傷を負うことがあります。

例3　**付き合っていた彼女に自殺されたC君**　進路相談に訪れた3年生の男子学生C君は，「実は付き合っていたOLの彼女が電車に飛び込んで自殺してしまった」と話した。彼女はあるクリニックで治療を受けていたが，リストカットや処方薬を大量に飲んで救急車で運ばれるなどの騒ぎを何度も起こしていた。いずれもすぐに死ぬほどのことはなかったので，C君も「またか」という感じで，それほど深刻には受けとっていなかった。残された日記の最後のページに"今までありがとう，でももっと話を聞いてほしかった"と書かれていて，ひどくショックを受けた。面接を続けていくなかで，内容はとても深刻なのだが，彼自身は妙に冷静なのが印象的だった。
（C君への対応）
　はじめは冷静だったC君も，面接が深まるうちにだんだん感情があふれるようになって，「彼女が何度目かに手首を切ったとき，『もういいかげんにしてくれよ。今度やったら別れるからな』と怒ったのがいけなかったのか，最近は元気なので安心していて何か見落としたのか，もっと違う接し方をしていれば（自殺を）防げたかも」と，しきりに自分を責めるようになった。自殺した彼女には何らかのこころの病気があったと思われたので，彼には「彼女の自殺はあなたが言葉で何を言ったかはそれほど大きな意味はなかったと思うよ」「本当にあなたが嫌だったらそんなことは日記に書かないと思うよ」と罪悪感を和らげる助言をしていった。

5　傷つき喪った人たち

このように自分や他人の生命が脅かされるような状況がこころの傷＝トラウマになるのですが，たとえ生命の危険がなくても，次に挙げるように自分自身の尊厳が侵される場合もトラウマを負ってさまざまな症状を示すことがあります。

例4 卒研担当教員から性的関係を迫られたDさん　（ただし筆者が経験した例でなく，別の大学の女性カウンセラーから聞いたケースです）
　3年生の女子学生Dさんが，2月の春休み，腹痛や頻尿を訴え保健室を訪れた。男性校医が診察したが身体的な異常所見はなく精神的なものと判断し，女性のカウンセラーを紹介した。カウンセラーが会って話を聞くと，実は親身に指導してもらっていた卒研担当のW先生に呼び出されて教授室に行くと，いきなり性的関係を強要され，従わないと卒業はできないとほのめかされたという。その場はトイレに行きたいと嘘を言って部屋から逃れたが，その後も同じような誘いがしつこく続いた。気持ちが真っ暗になったが，指導を受けなければ卒業できないため友人や親にも言えなかった。その後，春休みで大学には行かないようにしていたが，どんな男性も汚らしい気がして不信感を感じるようになった。
（Dさんへの対応）
　カウンセラーからハラスメント委員会に伝えて対処してもらったらどうかと助言したが，Dさんは「ほかの人にはこのことは一切知られたくない」と断った。そこで理解のある学科長に個別に相談し，指導教員を代えてもらい，W先生とは顔を合わせなくてすむようにした。しかしDさん自身は男性への不信感に加え，自身の女性性への嫌悪感も出てしまい思い悩むようになった。カウンセラーは「あなたが悪いのでなく，相手が悪い」と一貫して伝え，彼女に大学へのマイナスの感情も含めて何でも話してもらうようにして，一進一退を繰り返すも最終的には卒業できた。

同じように見知らぬ人からストーカーに遭っても同様の問題が起きます。

例5 アルバイト先で知り合った男性にストーカー行為をされたEさん　3年生の女子学生Eさんはバイト先の居酒屋に一人で来ていた30歳くらいの男性から，バイト後にスナックに飲みに行こうと誘われた。彼は御膳をひっくり返し服を汚した際に，Eさんが服を拭いてあげて少し話したくらいの間柄だった。そ

の場は断ったが，その後，どこで調べたのか彼女の携帯にしつこく電話をかけて誘ってくる。はじめは客なので丁寧に断っていたが，あまりにしつこいので無視していると，ある夜，店を出た先の電柱で待っていてしつこく誘ってきた。その場は逃げるように去って，その後男性は店に来なくなったが，最寄駅で見張っている彼の姿を見かけた。それからは携帯が鳴っても，駅を降りても彼がいるかと思うと恐怖を覚えて居酒屋のアルバイトは辞めてしまった。大学が遅くなり夜に自宅に帰るときは，どこにいても見張られている気がして怖くて，びくびくしながら暮らしている。
(Eさんへの対応)
　カウンセラーは念のため警察の女性の犯罪被害者のための相談窓口での相談も勧めて，面接では「そんな客に出会ったのはあなたの責任ではなかった」「それほどしつこく追いかけられたら，いつも不安に思うのも無理はない」と伝え，恐怖感を和らげるため近医から精神安定剤も処方してもらった。その後徐々に落ち着いてきて，生活で特に大きな問題はなくなったが，今でも夜間に一人で外出するのは怖くて，必ず家族か友人に付き添ってもらうようにしている。

②　どのような体験がトラウマになるのか

　個人の対処能力を超える苛酷な体験をしたときに受けるこころの傷を「トラウマ」といい，その後の生活全般に多大な影響を与えます。トラウマをもたらす出来事としては，戦争体験，傷害や強姦や誘拐などの犯罪被害，地震や洪水，噴火などの大災害に遭うなど日常では稀な大事件に巻きこまれた場合とされますが，日常でもAさん，B君のようにひどい事故・事件に遭ったり，DさんやEさんのようにセクハラやストーカー被害にあったり，次の「Ⅱ 過去，幼小児期に受けたこころの傷の問題」で述べるように虐待された場合，また自分自身に対しての被害だけでなく，C君のように友人や家族が自殺や事故で急死してしまった場合などがあります。

③　症状

　このようにいろいろな問題がトラウマとなるのですが，原因となった事件・事故の内容にかかわらず，表面に出てくる症状は共通して心的外傷後ストレス障害（PTSD）になることがあります。実際の症状や問題は個人差が大きくPTSDという用語が独り歩きしてしまった弊害もありますが，トラウマによる問題の理解に役立

つので症状を見ていきましょう．

　全体としては，辛い出来事が忘れられずに何度も思い出して恐怖を覚える反応と，生きているという実感や外界への関心が減って孤立してしまう反応，という正反対の2つの症状があります．恐怖を覚える反応としては，AさんやB君のように，事件の最も辛かったときの記憶が映像として「冷凍保存されたよう」にふいに頭に浮かんできます．これを「フラッシュバック」といい，たいていは鮮明な視覚としての記憶像です．またそれに併せてひどく驚いたり，急に泣いたり，取り乱してしまったり，Eさんのように外出するときにストーカーが現れるのではないかと思って，つねに気を許すことができず，緊張してピリピリしてしまうなど，過剰に緊張した状態で安らぐことができません．

　一方，反対に感情が鈍くなったり，外界への興味や関心が減り孤立してしまうこともあります．B君やC君のように面接では自殺した彼女や悲惨な事故のことを「妙に冷静」に淡々と話し，「あれは事実だったのか，夢のなかみたいに感じる」と言います．感情が麻痺した状態は事件や被害に限らず，何事に対しても起き，以前なら楽しめたことが楽しめなくなるなど喜怒哀楽の感情が乏しくなります．このため友人とも情緒的に関われず，恋人と別れたり友人を失くしたりして孤立してしまいます．

　これらに加えて寝つけなくなったり，夜中に目が覚める不眠，手の震え，頭痛，胃痛，腹痛，吐き気，めまい，動悸，息苦しさなどの身体症状もしばしば訴えます．以上の症状は事件直後だけでなく，数カ月，場合によっては数年間も続きます．

　さらに，気分が落ち込んでやる気がなくなる，死にたくなるなど抑うつ症状に悩んだり，自分の体を傷つける自傷行為に及んだり，辛さをアルコールや睡眠薬でまぎらわして依存症に陥る人もいます．このようにトラウマに悩む人はいろいろな問題を抱える可能性があり，PTSDにこだわらずにその辛さを理解すべきでしょう．またB君やC君のように必要以上に自責感や罪悪感に苛まれたり，Dさんのように自分自身の女性性に自信を失ってしまうこともあります．これについては次の「II 過去，幼小児期に受けたこころの傷の問題」で詳述します．

4　病理を考えるうえでの自我の防衛機制

　このような症状が出てくるのはなぜでしょうか．これは「こころ＝自我の防衛機制」と考えると理解しやすいでしょう．防衛機制とは何らかの不安，ストレスや葛藤状況などから，自我を守るために（半ば）無意識的に働く心の機能をいいます．非常に大きな心理的ストレスを受けた場合，その衝撃をまともに受けると自我＝こ

ころ全体が壊れてしまうため，感情を感じる情緒的な部分をいったん切り離してダメージを防ぐようにします。そのため事件のことを他人事のように冷静に語ったり，夢を見ているかのように感じますが，事件以外のことに対しても同様に対処してしまい，本来は情緒的に応えられることに対しても感情が麻痺してしまうと考えられます。一方，このようにして自我を守ろうとしても，トラウマを生んだ事件の記憶，特にその視覚像は強い恐怖感とともにしっかり保存されているため，眠る前に少し意識が朦朧として防衛機制が緩んだり，あるいは親しい人との間で緊張や警戒を解いたときに，その記憶がよみがえって驚いたり恐怖を覚えてしまうことになります。

5 支援──現実的な支援と心理的なサポート

このようにトラウマによって傷ついた人をどう援助していくのか，これには現実的な支援と心理的なサポート（カウンセリング）の両方が必要です。

(1) 現実の生活を立て直すための現実的な支援──安らげる環境をつくる

まず相談時点で何らかの被害や問題が続いているならば，それに対処することが最優先課題です。これは相談室や保健室の役割を越えるため，学内外の部署と連携していきます。Dさんのようにセクハラについては全学的な取り組みが必要で，多くの大学ではハラスメント委員会や相談窓口を設けています（第12章参照）。Eさんのようにストーカーや犯罪に巻き込まれている場合は警察に連絡して対応してもらいます。警察も最近はストーカーや性犯罪などの相談窓口に女性警察官を配置し，女性のための相談電話を開設していますので，それらを利用するよう助言します。また講義での配慮は教務部や学科と行い，B君のように学費納入が困難であれば奨学金や学費免除・延納の手続きを学生部に依頼します。また事件直後はショックのために欠席したり，レポートや発表ができなくなったり，自分の問題を他人に伝えて対応する力が損なわれるため，本人に代わって担当教員に事情を説明して配慮を求めていきます。

さらに家族や友人のサポートを積極的に求めるようにします。トラウマを負うと「家族には心配かけたくない」「こんな悩みを彼（彼女）に言っても迷惑だ」「どうせ理解されない」と言って，他人から援助を受けることを躊躇しますが，実際はAさんのように家族や身近な親友に思いを話したり，泣いたり，怒ったり，一緒にいてもらうことがとても大きな助けになるため，その橋渡し役も重要です。

このように現実的な生活を立て直すための援助が重要ですが，強い不安や恐怖，

不眠などには薬物療法も有効なので医療機関を受診するよう勧めます。特に自殺念慮や自傷行為がある場合は速やかに受診させるべきでしょう。ただ医療だけでは学生が十分に話をする時間が取れないことも多く，また薬物療法も対症的ですので，心理的なサポートは相談室で並行して行っていくべきです。また反対にトラウマを負ったことが原因で上記のような身体・心理的な症状を示すこともあるため，他の相談でもトラウマがあったかどうかには注意します。

(2) 相談室でのカウンセリングのポイント

　心理的な援助，カウンセリングは非常に重要なのですが，いくつか配慮すべきことがあります。トラウマを負った人にとって，事件や事故について話すこと自体が苦痛で，新たな外傷体験を生むことがあります。何も語らずそっとしておき，傷が癒えるのを待つほうがよい場合もあります。心理療法やカウンセリングを受けない，話さないほうがよい場合もあることを，面接前に十分に配慮すべきです。またDさんのように性的な被害の場合，異性のセラピストには話しづらいという点も考慮すべきです。

　面接の基本的な姿勢は心理相談の原則を忠実に行うことです。すなわち嘆き，悲しみ，怒り，恐怖，自責感，後悔の念，孤独感などの感情を語れるようにし，カウンセラーは批判，誘導せずじっくりと聞いていきます。カール・ロジャースの面接における基本的な態度，すなわち「無条件の肯定的配慮ないし積極的関心」「共感的理解」「純粋性」が最も活かされるのが，トラウマを抱えたケースに対しての面接だと思います。

　それに加えて今起きているさまざまな問題が，強い衝撃を受けた人に生じる正常な反応で，回復には一定の時間がかかることや，彼らが感じている罪悪感や自責感には根拠がなく，悪いのは事件や加害者であってあなたに責任がない，ということを繰り返し伝えます。次の「Ⅱ 過去，幼小児期に受けたこころの傷の問題」で紹介するケースの場合に顕著に現れるのですが，トラウマを受けると自責的になって強い罪悪感をもって自分を責める傾向があります。それを軽減するため，たとえば「あなたは悪くない」「あなたに責任はない」「これだけのことに遭遇したら，このような状態になるのも無理はない」と伝えつづけます。

　なお，EMDR（Eye Movement Desensitization and Reprocessing：眼球を急速に動かしながら外傷時の体験を思い出させ記憶を再構成させる技法）やデブリーフィング（事件や事故を直後から集団で語り合う技法）は，事件の想起によってかえって

傷が深まる懸念が強く，筆者は推奨しません。B君のように自ら進んで事故のことを話していく場合は聞いても差し支えないのですが，事件の話題を避けたい人に対して無理に事件当時の記憶を呼び戻すことはしないほうがよいと筆者は思っています。

　以上をまとめてポイントを述べると，面接で安心して語れて癒されるための場所（面接室）と時間（面接時間）と人（カウンセラー自身）を保証し，提示しつづけることです。
　これは愛する人を失った場合に行うグリーフカウンセリングやグリーフセラピーときわめて似ています。愛する人を失った人が回復するまでに通る「悲哀の課題」[*]に対しては次のような基本姿勢が重要なのですが，傷ついた人に対しても同じ姿勢が望ましいでしょう。

①喪失の事実を現実のものとして受け取れるように援助する
②もろもろの感情を認め，表現することを援助する
③悲哀に十分な時間が必要であることを配慮する
④悲哀のときにいろいろな症状が出ることを説明する
⑤悲哀には個人差があり，その人なりの問題の現れ方を尊重する
⑥援助を続けていく

(3) 同じ体験をした人同士によるセルフヘルプグループ
　一対一によるカウンセリング以外にも，同じ被害を受けた人同士が集まって集団で語り支えていくセルフヘルプグループがあります。アメリカではこのような取り組みがさかんで，犯罪被害者グループや被虐待児のグループがあります。また日本でも自殺遺族同士のグループ（「小さな風の会」など）があり，現実的，心理的にお互いの支え合いによる効果があります。今後は，これらのセルフヘルプグループをつくるお手伝いや場所を提供する橋渡しをすることも専門家の役割のひとつになるでしょう。

---

[*] 悲哀の課題（mourning work）：人は愛する人を失ったときに一定に経過をたどり，回復までに一定の課題があり，それを悲哀の過程・課題または喪の過程という。キューブラー・ロスの名著『死ぬ瞬間——死にゆく人々との対話』でも，末期ガンなど自分自身の死を受け入れる際も同じような経過が現れると論じられており，こころに傷（トラウマ）を負った際に起きるプロセスと共通と思われる。映画『息子の部屋』（2001，イタリア／監督・主演：ナンニ・モレッティ）はこれを描写した名作である。

Ⅱ 過去，幼小児期に受けたこころの傷の問題

1 事例と対応

　幼小児期に親からの虐待，レイプなどの性的被害，学校でのひどい"いじめ"などを受けた場合のトラウマの問題です。「Ⅰ 大学生になってから受けたこころの傷の問題」と同様の症状に加え，人格や自我そのものに傷をもたらし，自己評価が低下して，自己愛や自尊心を失ってしまう問題がより大きくなります。ただし現在の症状や病理と，過去の被害との関連を直接確かめることが難しいという課題があります。

例6 **小学校のときに被害を受けたFさん**　4年生の女子学生Fさんが講義中，過呼吸発作を起こして保健室に運ばれた。その後も眠れない，頭痛がする，食欲がないなどの不定愁訴が続いているため，内科の校医が「何か悩みがあるなら相談してみたら？」と相談を勧めた。カウンセラーが何度か会い，過去を確認していくうち次のようなことを話した。

　小学校5年のとき，学校からの帰宅途中に見知らぬ若い男にいきなり襲われ，ナイフを突きつけられながらレイプされた。恐ろしくて逆らうことができず，されるがままになり，「話すと殺す」と言われたため，当初は誰にも相談できなかった。ある日，思いあまって母親に相談したが，格式にうるさい家だったため「世間体が悪いから黙っていなさい」と言われて母親の前で泣くこともできなかった。10年以上経つが，今も眠ろうとすると襲われた光景が突然生々しくよみがえり跳び起きてしまったり，黒い蜘蛛が体中をはい回る悪夢を見て跳び起きることがある。自分がすごく汚れている気がして，入浴すると，2時間くらい洗ってきれいにしないと気がすまないが，洗っても洗っても自分が汚れているという感じは拭えない。

　大学では非常に真面目で礼儀正しい学生で，講義も皆勤で，教授に言われたことはきちんと守り，成績も優秀で，教授から翻訳の手伝いを頼まれるほどである。しかし何かを頼まれると嫌なことでも体調が悪いときでも断ることができず，また体調が悪くなる悪循環に陥っている。このような性格や美人であり男性にはモテるため，言い寄ってくる男性も多く付き合うこともあるが，いざ関係を求められても襲われたときの光景が浮かんできて応じられ

ず，別れるパターンが続いている。
(Fさんへの対応)
　面接でも淡々とあまり感情を交えずに過去の体験を話す。非常に冷静で感情をどこかに置いた感じを受ける。身体症状は一進一退で，保健室を使い，内科で薬をもらいながら進学を続けているが，過去の体験がいつもこころに引っかかって何をしても楽しめない。表面で付き合う友人は多いが，事件について話すことは絶対にしないので心底から話せる友達はおらず，いつも孤立している。面接でも「(レイプも)逆らえなかったから仕方ないんです」と妙に悟ったように話す。カウンセラーは「そんなことはない，あなたに責任はないし，今のあなたの人間性もすばらしいよ」と伝えつづけているが，症状は続いている。

家庭環境や親の養育の問題，特に虐待でトラウマを抱えてしまった学生もいます。

例7　**アルコール依存の親に虐待を受けていたGさん**　1年生の女子学生Gさんはリストカットを繰り返していたため，保健室からの紹介で相談室を訪れた。何度目かの面接で自分の生い立ちについて語りだした。
　父親は仕事はきちんとして外面は良いが，家では態度が豹変して彼女が物心ついた頃から，酒を飲んで暴れたり，物を投げたりして，特に母親に暴力を振るい，家族は怯えながら暮らしていた。逆らっても仕方ないので父親の怒りが収まるまで母親とじっと我慢して過ごした。父親は兄にも暴力を振るっていたが，兄が家を出てから彼女に暴力を振るうこともあった。大学入学を機に家を出て下宿をし，サークルにも入り楽しい大学生活を送れるようになったが，強引な男子から無理な仕事を頼まれても断れない，また付き合うよう強引に誘われると断れずに性的関係をもってしまう。そのうちちょっとしたトラブルがあると知らず知らずにリストカットするようになった。切るとすっきりして我に返るが，自分でもよくわからないうちに切ってしまい，だんだん傷が深くなってきた。
(Gさんへの対応)
　傷を保健室で処置し，医療機関で薬物療法を受けつつ，相談室での面接を行った。相談では以上の体験を淡々と，まるで他人事のように話すのが特徴的だった。その後も同様の問題が続いたが，相談では嫌な感じや辛いことを

なるべく言葉で表現するように促していき，少しずつでも嫌なことは断るように励ましていった。

2 症状と病理

過去の事件によるトラウマでも「Ⅰ 大学生になってから受けたこころの傷の問題」と同じように，さまざまな心理的，精神的問題・症状を示します。Fさんは被害の記憶を想起したり夢に見たりするフラッシュバック，その際の驚愕反応，また不眠や頭痛などのさまざまな身体症状を訴えますし，Gさんではリストカットを繰り返す問題行動を示します。加えて2人とも他人からの依頼や無理な誘いを断れずに受動的に従ってしまい，自分を主張したり守ったりする力が低下し，自己評価が下がり自尊心や自己効力感が失われています。日常での人間関係では頼みを断れない程度ですむのですが，付き合う男性との間や親しい関係になるとその問題が顕著になり，Fさんのように性的関係を求められると過去のレイプ体験がよみがえるフラッシュバックが生じて要求に応えることができなくなったり，Gさんのように一方的にされるがままになってしまいます。過去の被害や虐待に対して何もできなかった無力な自己像があり，現在の対人関係でも自分をコントロールすることができず，ますます自信を失い，自己評価が下がるという悪循環に陥っています。

特にGさんのように家族からの虐待の場合は，愛着[**]の障害として見ることができます。映画『愛を乞う人』(1998，日本／監督：平山秀幸，主演：原田美枝子)には虐待を受けて育った女性の半生が描かれ，愛着の重要性がよくわかります。

3 支援──自尊心の回復

FさんやGさんのような学生には，現実的な支援と心理的な支援（川谷，1998；岡野，1998）の両方が必要ですが，そのなかでも特に配慮すべきなのは，自分自身を肯定的に評価し，無力感から解放され，自己効力感と自尊心を回復できるようにしていくことでしょう。彼女らは自分に価値がないように感じたり，逆らえなかった自分が悪いと自責的になりやすいため，その罪悪感を軽減するように，繰り返し

[**] 愛着（attachment）：愛着とはジョン・ボウルビィたちが提唱した概念。乳幼児期に乳児と保育者との間で深くて親密な情緒的結びつきができ，自分が愛されているという確信が育つことが重要な発達課題で，これを核に自己愛や自我同一性，他人への信頼感などが醸成され，安定した人格と人間関係ができる。この相互関係を愛着と呼び，子どもが親に甘えたり，依存したり，後追いしたりという子どもの側からの働きかけと，親がそれに応えて子どもを抱いたり，あやしたり，かまったり，微笑んだりする親からの対応の両方が合致して形成されると言われる。

「辛かったよね」「あなたは悪くなかった」「被害に遭ったのはあなたに責任はなかった」「これだけのことに遭遇したら，このような状態になるのも無理のないことだ」，また「あなたは生きる価値も，存在する価値も十分にあるし，今のあなたはそのままで素晴らしい」ということを言葉を変え，いろいろな表現，あるいは態度で，繰り返し伝えつづけることです。その際，彼女たちは相手の言葉のなかに自分や自己の行いを否定する言葉を無理やり探して自責的になり，強い罪悪感を覚える認知の歪みをもつ傾向があるため，面接での発言には十分注意することです。たとえば「そんなところを通ったあなたも不注意でしたね」「なぜ逆らえなかったんですか」などは禁句です。

映画『グッド・ウィル・ハンティング——旅立ち』(1998, アメリカ／監督：ガス・ヴァン・サント，出演：ロビン・ウィリアムズ，マット・デイモンほか) の主人公数学の天才のウィル (マット・デイモン) は継父から受けた虐待のため自己愛が乏しく暴力事件を繰り返し，恋人スカイリーとも「捨てられるかもしれない」という不安から，わざと冷たくして関係を自ら壊してしまいます。このようなトラウマを負ったウィルにセラピストのショーン (ロビン・ウィリアムズ) は，ウィルの屁理屈や問題行動は相手にせず，その心の傷に対して何度も「君は悪くなかったんだ，君のせいではないんだ」と伝えつづけて，彼の回復を助けていきます。

4 カウンセラー自身をサポートすること

一方，カウンセラーの立場に視点を移すと，被害や受けた体験そのものにはカウンセラーは何もできず，また悲惨な体験なだけに，ケースとかかわる際は非常に無力な思いにかられ，話を聞きつづけることがとても辛くなります。それから逃れるため，つい「気をしっかりおもちなさい」とか，Fさんのようなレイプの被害者に「早く忘れたほうがよいですよ」「あなたがどんな気持ちかよくわかります（実際その辛さを完全に理解できるものではない）」「あなたが早く立ち直ることが，親や友達を喜ばせることですよ」「人生はこれからですから元気を出しなさい」など，その場限りの安易な言葉をかけてしまいがちです。しかしこれらの言葉はかえって相手を傷つけ，無力感を助長するだけです。

カウンセラーの対応を振り返るためにも，また消耗して燃え尽きないためにも，カウンセラー自身が自分を守る必要があります。スーパーバイザーや信頼できる同僚や先輩に語ったり愚痴ったりすることが大切です。筆者もトラウマをもったケースと関わるカウンセラーの辛さを電話で長時間ひたすら聞いてあげて，後で「随分

ほっとした」と感謝されたことがありました。

Ⅲ｜パーソナリティに問題をもつケースと過去のトラウマの関係

　拒食症や過食症などの摂食障害で重い病態をもつ場合や，アルコール依存や薬物依存などの嗜癖問題，あるいは周囲をトラブルに巻き込んで安定した対人関係が築けないボーダーライン（第3章）などパーナリティの問題をもつ人が，面接のなかで過去のトラウマ，特に親の養育の問題（虐待）について語る場合の注意点を述べます。

1 虐待と現在の障害

　精神分析的な発達心理学では幼児期に大きなトラウマを負った場合の人格への影響が大きなテーマになっています。心的外傷の専門家ジュディス・L・ハーマンは境界性パーソナリティ障害（第3章）や嗜癖行動，摂食障害のほとんどは過去の虐待体験が原因であり，境界性パーソナリティ障害のケースの81％に虐待体験がある，とまで論じています。日本でもアダルトチルドレン[***]という用語が流行り，元来アルコール依存の親に育てられた子どもの問題であったのが，あらゆる心理的問題に広げられ，個人の病理のすべてを過去の虐待や親の養育態度のせいにする専門家もいます。また「母源病」という用語を広める識者もいます。

　しかし，過去の虐待と現在のパーソナリティ障害や行動上の問題との関係を調べた研究の多くは，単にケースが虐待を受けたと訴えていたというだけで，きちんと対象を選んで虐待されたケースを継時的に追って，その後の人格や行動上の問題を評価し，幼児期に虐待体験を受けると長じてからパーソナリティ障害になる可能性が高いという因果関係を実証した研究はありません。

　FさんもGさんもパーソナリティ障害で問題になる，他人に攻撃性を向けたり混乱させたりするような対人関係上の問題ではなく，どちらかというと自分自身を攻

[***] アダルトチルドレン（adult children）：親がアルコール依存症で，幼児期に虐待や厳格過ぎるしつけを受けたり，夫婦間の不和のなかで精神的，肉体的にダメージを受けながら育ち，トラウマを抱え込んだまま大人になってしまった人々。アダルトチルドレンは周囲が自分に何を期待しているかに過敏で，その通りに振る舞わなければ気がすまなかったり，他人の承認を渇望する，感情を素直に表現できないといった心理にとらわれやすいと言われ，人間関係をうまく結べず，親と同じ不安定な家庭をつくりやすいとも言われる。しかしこの概念があらゆる心理障害に拡大されたり本人の病理を転化するために利用されるため，筆者を含む多くの精神科医はこの概念に懐疑的である。

撃して，過度に自責的になったり，もたなくてもよい罪悪感をもっていました。カウンセラーとしての対応もパーソナリティ障害のように距離を置くよりも，一緒に共感していくスタンスが必要でした。

もちろんパーソナリティ障害やボーダーライン，嗜癖問題，摂食障害のケースと関わると幼小児期に親の対応に問題があった，虐待を受けていたと思われるケースはいます。実際に親に会ってみると「この親なら大変だったろうな」と感じたり，親がアルコール依存症で家族への暴力など問題行動を起こしていた人がいることも確かです。しかしボーダーラインのケースがボロクソに言い，子どものときにひどい仕打ちをされたと訴える母親と面接してみると，意外とまともで今も本人を大事にしていて，ひどい仕打ちというのも，「車にひかれそうになったときにそれを避けるため急に手を引いて痛い思いをさせた」という行動で，親への非難は本人のケースの認知や評価の歪みにすぎないと思われることもあります。

問題をすべて過去の養育や虐待のせいにすると，しばしば，今ケースが抱えている問題や病理から目をそむけたり，自身がすべきこと，負うべき責任を親や他人，社会のせいにして自己責任を放棄し，問題の解決に向かわないことがあります。

② 偽りの記憶

こうした議論が進んでいるアメリカでは，ケースが述べた「親の虐待」を鵜呑みにして，カウンセラーが親への訴訟を促したが，実際はどう客観的に判断しても，時間的・空間的にケースが言う親からの虐待の事実はありえないことがわかり，カウンセラーが逆に親に訴えられるなど「偽りの記憶」の問題（飛鳥井，1998）が生じています。実際にはなかった虐待を心理療法のなかで誘導して「あった」という記憶を植えつけることは可能です。「心的現実」と実際の現実を混同したり，心理療法の枠組みを越えて治療者が親を責めるように本人をけしかけることは，ケースにとっても望ましいことではないでしょう。ケースの言うことに共感することと，その内容を事実として認めることはまったく別の次元の話です。まして学生の場合，今も親と子が同居したり，親が学費や生活費を負担していることが普通で，ケースの親への訴えを鵜呑みにして一緒になって親に責任を転化し，親子関係を悪化させるような対応は厳に謹みたいと思います。もしも本当に親の養育態度にひどい問題があり，親自身に対して積極的な介入が必要な場合は，学外の機関にリファーすべきで，学生相談の枠組みではあくまで学生本人の「今ここ」での問題を中心に対応していくべきでしょう。

おわりに

　大震災が続き，その被災者や犯罪の被害者のこころの傷＝トラウマやPTSDが話題になり，その病理の理解と対応はますます重要になっています．しかしこの問題の理解と対応にはさまざまな課題があります．警察や病院などの学外機関は学生にとって敷居が高く，トラウマを抱えるケースの相談の場として大学の相談室や保健室の存在は非常に大きいと思います．トラウマの問題は，本人が恥ずかしい，話しづらいなどと感じることもあって，自ら積極的に被害を話すことが少なく，こころの傷がわからないままであることが多いため，相談員はまずそうした問題に気づき，トラウマに配慮した対応が求められます．相談に携わるカウンセラーや保健師など専門家だけでなく，大学の教職員すべてがこの問題を理解して，よりよい対応ができることを期待したいと思います．

† **文献**
飛鳥井望（1998）外傷理論をめぐる最近の論争――蘇った記憶と偽りの記憶について．精神療法 24；324-331．
川谷大治（1998）精神科診療所で心的外傷の治療は可能か．精神療法 24；349-352．
岡野憲一郎（1998）PTSDの治療（個人，集団療法）．精神科治療学 13；825-831．
下坂幸三（1998）心的外傷理論の拡大化に反対する．精神療法 24；332-339．

‡ **参考資料**
● 書籍
アメリカ国立子どもトラウマティックストレスネットワーク，アメリカ国立PTSDセンター［兵庫県こころのケアセンター 訳］（2011）災害時のこころのケア――サイコロジカル・ファーストエイド実施の手引き第2版．医学書院．
外傷ストレス関連障害に関する研究会，金吉晴 編（2006）心的トラウマの理解とケア第2版．じほう．
河原理子（1999）犯罪被害者いま人権を考える（平凡社新書021）．平凡社．
小西聖子 編（1998）犯罪被害者遺族――トラウマとサポート．東京書籍．
エリザベス・キューブラー・ロス［鈴木晶 訳］（2001）死ぬ瞬間――死とその過程について（中公文庫）．中央公論新社．
村上春樹（1999）アンダーグラウンド（講談社文庫）．講談社．
西日本新聞社社会部「犯罪被害者」取材班（1999）犯罪被害者の人権を考える．西日本新聞社．
留学生震災文集編集委員会（1995）留学生たちの震災の体験談「忘れない…あの日」"Never to forget"――神戸からの声／Voice from KOBE――July17.
ウィリアム・J・ウォーデン［鳴澤實 監訳］（1993）グリーフカウンセリング――悲しみを癒すためのハンドブック．川島書店．

●Web

兵庫県こころのケアセンター．サイコロジカル・ファーストエイド実施の手引き第2版（http://www.j-hits.org/psychological/）

厚生労働省こころの耳――働く人のメンタルヘルスポータルサイト．ストレスとは（http://kokoro.mhlw.go.jp/nowhow/003.html）

日本トラウマティック・ストレス学会（http://www.jstss.org/）

6
不安な人たち

パニック障害, アゴラフォビア, 社交不安障害

はじめに

　大学生も気楽なようでいろいろな不安があります。試験に落ちて留年しないか？　彼氏／彼女に振られないか？　就職できるか？　などさまざまですが，誰でもある程度の不安は感じながら何とかやっていくのが人生でしょう。しかしなかには周囲から見ればそれほど不安に思う状況でなくても，あるいはまったく何もないのに強い不安を感じてしまい，日々の暮らしに差し障りが出てきてしまう人たちがいて，大学生では最もポピュラーな相談のひとつです。精神医学ではこれらの問題を「神経症」と総称していたのですが，現在はその病態生理がより詳細にわかってきたため，いくつかに分けて理解し対応するようになってきました。この章では突然，強い不安に襲われる「パニック障害」，ある特定の状況で不安になる「アゴラフォビア (agoraphobia)」，人前で不安になる「社交不安障害 (Social Anxiety Disorder : SAD)」など，不安に悩む大学生を紹介することにしましょう。

I ｜ 不安とは何か？——不安と恐怖

　よく「○○が不安だ」と人は言います。「彼女に振られないか」とか「試験に落ちたら」とか「就職できるか」は誰でもありますね。しかし次はどうでしょうか。「犬」「蝶々」「尖ったもの」など特定の生物やモノ，また「高いところ」や「汚いものや場所」「狭い場所」「人前で話す」など特定の状況を，病的なほど恐れ悩んでしまい日常生活にも差し障りが生じると，「動物恐怖症」「先端恐怖症」「高所恐怖症」「不潔恐怖症」「閉所恐怖症」「対人恐怖症」「社交不安障害」という病名がつきます。また自分が病気ではないかと恐れて必要もない受診や検査を繰り返すと「心気症」と呼ばれます。

精神医学ではこのようにはっきりとした対象を恐れるものを「恐怖」，それが日常生活に差し障りがあると「恐怖症」と名づけます。一方，特定のモノや状況でなく，自分の内から生じてくる，はっきりとした対象のない不快な感情を「不安」といい，それが日常生活に差し障りが出るほどになると「不安障害」という病名がつきます。さらに症状の現れ方で分類され，ずっと慢性的に不安が続くと「全般性不安障害」，突然発作的に起きる「不安発作」が繰り返されると「パニック障害」となります。これらの人に共通するのは，たとえ今は問題がなく，不安に怯えなくてもよい状況でも「もし将来○○になったら困るだろうなあ」と先を読んで不安に怯える「予期不安」があることです。不安に悩む患者さんの多くは実際の不安以上に，この予期不安をより苦痛に感じます。

　これら不安と関係の深い病気は，次の第7章で述べる強迫性障害などと併せて，以前は「神経症」と総称されていましたが，病態生理など背景がより詳細にわかってきたため区別するようになりました。

　これらの不安に悩む人は，後から冷静に考えれば，電車やエレベーターや蝶々が，あるいは人前が特別に危険な状況でないことを理解はしています。しかしいったん不安になると，それを自分ではどうしようもできず，不安に振り回されてしまいます。

II　なぜ不安になるのか？

　なにゆえ「不安」という不愉快な感情があるのでしょうか。最初に挙げたように「彼女に振られないか」「試験に落ちたらどうしよう」「就職できるか」など根拠のある場合は，不安を感じることによって，「彼女にルイ・ヴィトンのバッグをプレゼントする」「もっと勉強する」「ロールプレイで面接に磨きをかける」など不安を減らす有益な行動につなげれば，「不安」も役に立つ感情ということになります。また「蛇」や「高所」への恐怖も，毒蛇から早く逃げたり，高いところに行くのを避けたりすれば，噛まれたり落ちたりする危険がなくなるので，それなりに意味があるのでしょう。おそらく有史以前，人類が単純な生活をしていたときは，このように不安を感じることで，蛇や高所など実際に危険な状況を回避した人がより長生きして子孫を繁栄させたので，今も不安を感じつづけているのでしょう。

　しかし現代社会は満員電車やエレベーターに乗ったり，高層ビルで働かなければいけませんし，掃除機や抗菌グッズで身の回りは清潔にしなければいけませんし，人前で発表しないと単位が取れませんし，病気を事前に見つけるため健康診断も受

けないといけないなど，以前にはなかった道具や状況があふれていて，この急速な変化に人のこころがついていけず，不安の病気が目立ってきたのでしょう。では具体的に不安に悩む大学生を見ていきましょう。

Ⅲ 大学生の事例

例1 **パニック障害のAさん**　大学3年生のAさんは，商店街を歩いているとき急に胸が締めつけられ息苦しくなり，脈が速くなって思わず倒れこんでしまった。もうこのまま死んでしまうのではという恐怖に襲われたため，近くにいた人に助けを求めて救急車を呼んでもらった。しかし，20分後に救急病院に着いたときにはもうすっかり落ち着いていた。念のため心電図と胸部レントゲン写真をとってみても特に異常はなく，その場は帰されたが，その後も歩いているときだけでなく，自宅にいるときも特にきっかけなく同じような発作が起きるようになった。そのたびに家族に救急車を呼んでもらったが，病院に着く頃には回復して，検査も異常がないパターンが続き，そのうち家族も「またか」と思ってあまり気にかけてくれなくなった。何度目かの救急外来で担当医から「パニック障害でしょうから精神科を受診するように」と勧められた。

例2 **アゴラフォビアと過敏性大腸炎（心身症）のBさん**　大学1年生のBさんは夏休みのある日，あわてて電車に飛び乗ったら，トイレに行きたくなったが，折り悪く特急電車で次の停車駅まで20分くらいあり，我慢の限界で冷や汗まで出てしまった。それ以来，電車に乗ると急にお腹が痛くなって「大きいほう」に行きたくなる。ドアが開くまでに出ちゃうんじゃないかと思うと気が重く，電車に乗るのが不安になった。仕方ないのでどこへ行くときも特急は避け，各駅停車に乗るようにしている。そのうち電車に限らず，バスやエレベーターでも扉が閉まると，また漏らすんじゃないかと不安でたまらずお腹も痛くなる。夏休みがあけて後期が始まったが，授業中もお腹が痛くなりトイレに必ず行きたくなる。とても90分ももたないので，だんだん授業に出ることができなくなり相談室を訪れた。

例3 **「半知りの恐怖」のC君**　大学1年生のC君はもともと人付き合いが得意なほうではなかったが，6月のある日，同じ学科で顔と名前を知っているR君と

偶然に電車のなかで出会ったとき，「挨拶しようかな，そんなに親しいわけじゃないしな，無視したら悪いからな，どうしようかな」と思い悩んでしまった．結局，なるべく視線を合わせないようにして車両を移った．C君は同じ高校出身ですごく親しいS君とは普通に話せるし，留学生会館ではじめて会ったカナダからの留学生T君とも英語で気軽に声をかけて話すことができ，一人でいるときは特に問題がない．

例4 社交不安障害のDさん　大学3年生のDさんはゼミで発表する前の日になると，うまくプレゼンテーションできるか，失敗して恥をかかないか，とひどく心配になって眠れなくなった．最初の頃は準備を完璧にしておけば何とか発表をこなせたが，4年生になってからの卒研の発表ではどんなに準備をきちんとしても，いざ人前で発表すると緊張して，ドキドキして，冷や汗が出て，手が震え，しどろもどろになってしまい，準備したことの半分も言えない．また顔も真っ赤になって慌てていることがみんなにばれていると思うと余計緊張してしまい，ゼミに出ること自体が苦痛で休みがちになった．発表がない授業はまったく問題なくこなせていて，成績も学年で3番なのだが，ゼミでの発表ができないため卒業が危うくなってしまい，思い切って相談室を訪れた．

IV 不安の病気のまとめ

1 パニック障害とアゴラフォビア

　まず例1のAさんですが，突然，動悸や息苦しさ，窒息感が出現して，もう心臓が止まって死んでしまうのではないかという強い恐怖もあって救急車を呼んでしまいます．しかし心臓や肺には異常なく，その発作も数分から数十分とそれほど長く続かないため，病院に着いたときにはもう治まっています．このように体に異常がないのにパニック発作を繰り返し，さらに，いつまた発作が起きるかという"予期不安"に怯えてしまう病気を「パニック障害」といいます．Aさんの発作は特に決まった状況ではなく予想できない状態で起きていましたが，Bさんのようにある特定の状況で起きるアゴラフォビアを伴うことがよくあります．

　例2のBさんの場合，最初のときは実際にお腹の調子が悪かったのですが，それ以後はお腹をこわしていなくても，電車に乗り，特に扉が閉まって逃げようにも逃

げられない状況になると，必ず不安になってお腹の調子が悪くなりました。このように逃れられなかったり，逃げたら恥をかく（と本人が思っている）状況，電車以外でもバスや飛行機などの乗り物，エレベーター，あるいは歯医者や美容院，大学生なら授業で教室に入って講義が始まり扉が閉まると不安になる病気を「アゴラフォビア」と呼びます。「アゴラフォビア」という用語の「アゴラ」とはもともとギリシャ語で広場／公共パブリックのことです。日本語で広場恐怖，外出恐怖，空間恐怖などと訳されたのですが，あまり適切な訳語とは言い難いため，最近はそのまま「アゴラフォビア」と使うことが多いようです。

　パニック障害とアゴラフォビアはしばしば同居し，強い不安感に加え多かれ少なかれ身体症状を伴います。Aさんのように脈が速く打つ動悸，胸が締めつけられる感じ，窒息感，あるいは過呼吸など心臓や呼吸器系の症状が多く，場合によってはBさんのように，お腹が痛くなってトイレに行きたくなったり，実際に下痢になったりします。ほかにも気持ち悪くなって吐き気がしたり，おしっこが我慢できなくなったり，やたらと汗をかいたり，めまいがしたりなど，消化器系，泌尿器系，自律神経系の症状を訴える人もいます。このように身体の症状がメインに出てしまうことも多いため，しばしば内科を受診しますが，身体自体にはあまり異常がなく，心臓神経症，過敏性大腸炎，過敏性膀胱炎，果ては自律神経失調症と診断され，胃腸薬や精神安定剤をもらうくらいですまされてしまうことがほとんどです。

　だいたい人口の数％の人がこの病気に悩んでいます。アゴラフォビアは性別ではやや女性に，発症年齢は20歳前後から30歳くらいまでに比較的多く，大学生には多く見られる病気です。

コラム

えっ，ハイキングもだめなの!?

　Eさんは混んだ電車やエレベーターに悩むアゴラフォビアですが，気分を変えようと友人に誘われてハイキングに出かけました。山なら狭いところはないし空も広くて，いつもの不安に悩まされずにリフレッシュできると楽しみにしていましたが，いざ山に登りはじめると，登山道の両側には草がぼうぼうに生え，稜線に上がれば両側が崖で横に逃げられません。降りてきた人とすれ違うときは身をよじって避けなければならなくなり，だんだん苦しくなってきました。そのうちドキドキして冷や汗が出て，

ハイキングどころではなくなり，結局，途中で戻ってきてしまいました。考えてみると確かに登山道は横に出ることができない区切られた閉鎖空間で，エレベーターや電車，美容院，歯医者と同じく身動きが取りにくく他人の目にさらされる場所です。癒やされるはずのハイキングでもこうなのですから，アゴラフォビアの方の日々は大変です。

2 社交不安障害，対人恐怖症

例3のC君の悩みは，少し引っ込み思案な方にはよくあることかもしれません。筆者自身も，それほど親しくないけれど全然知らない関係ではないような中間状況（ある人は「半知りの恐怖」と名づけています）の場合にどう振る舞っていいか悩むことがあります。このように悩むのは日本人に多いとされますが，カロリーナ・コルホネンの『マッティは今日も憂鬱――フィンランド人の不思議』を読むと，北欧のフィンランド人も同じような人たちで親近感が湧きます。おもしろいのは外国人留学生などコミュニケーションが難しい相手と話すとき，あるいは海外に行って現地の人に英語で道を聞くような，より大変な状況の場合はかえって緊張せず，堂々と話せてしまうことです。

C君の場合は，悩んでいても大学生活にはそれほどの支障はなかったのですが，Dさんの場合はゼミの発表ができないと卒業に関わるので重大な問題です。彼女は何とかしなければと焦れば焦るほど，ますます緊張してあがってしまう悪循環に陥ってしまい，専門家による治療が必要でした。Dさんの問題は，以前は「対人恐怖症」あるいは「赤面恐怖」と呼ばれていましたが，今は「社交不安障害」と呼ばれています。他人の前で注目されたり評価される状況に不安を感じ，恥をかくのではないかと恐れ，それを他人に気づかれることも苦痛に思い，そのような状況になると想像する予期不安に悩み，そうした状況から逃げようとしたり実際に逃げてしまう病気です。

状況としては，Dさんのようにゼミや授業など，あるいは会議での発表や黒板に字を書くときが多く，ほかにも人前で電話をかける，公共のトイレに行く，指導教員など目上の人と話すときに問題が起きる人もいます。さらに，食堂やレストランなど人前での食事に恐怖を覚える場合は特に「会食恐怖」と呼びます。ちなみに昼食を隠れるように食べるかまったく食べられない人たちを「昼飯難民」と筆者は名づけています。

社交不安障害の症状はパニック障害とほぼ同じで，Dさんのように動悸，冷や汗，

手足の震え，息苦しさ，顔が赤くなる，トイレに行きたくなる，お腹が痛くなるなどで，やはりいずれも体自体には異常はなく，状況から解放されると症状がなくなります。ただし社交不安障害で問題なのは，人前で他人と比較されることなので，自分に対して自信がもてなくなって劣等感に悩んだり，人前に出ることが苦痛になる度合いがより強いことです。

　これも男女に限らずかなり多く，全人口の10％くらいの方が悩んでいるという調査結果もあります。しかも発症年齢がだいたい10代後半から20代前半の高校生・大学生の時期に重なるため，大学生の相談ではかなり多いです。

　Dさんは相談室での相談の結果，悩みつつも何とか卒論は提出でき就職したのですが，卒後は，なんとある化粧品会社の営業職として活躍しています。もちろんカウンセリングで乗り越えられたからでもあるのですが，人前に出ることが悩みの人はかえって営業職や窓口での販売業務を選択することがあります。どうせどんな仕事についても人前に出る機会を完全に避けることが難しいのなら，いっそはじめからそういう仕事を選ぼう，と開き直ったからかもしれませんが，興味深いことです。

　似たような問題で自分の容貌や視線，臭いが周囲に迷惑をかけているに違いないと思い，他人との関わりに支障をきたす思春期妄想症（醜形恐怖，視線恐怖，自己臭）という病態もあります。これは第7章の"強迫"と関連が深いのでそこで取り上げます。

V　大学の相談でのポイント

　「不安」に関係する病気は古くから知られていただけに，心理学や精神医学の専門家がさまざまな理論や治療技法を生み出してきました。フロイトが創始した精神分析，学習理論にもとづくエクスポージャー法や系統的脱感作法などの行動療法，日本独自の森田療法などがありますが，大学での相談ではどのようにすればよいのでしょうか。筆者は学内の相談室で，以下のように対応しています。

(1) 死ぬ病気ではなく，これ以上ひどい状況になることは少ない治りうる病気であること，この病気に悩む人はほかにも大勢いることなど，症状や問題を客観的・医学的に丁寧に説明します。自分だけがこの悩みをもっていると思っている人が意外と多く，同じ悩みをもつ人が大勢いると知るだけでもすごく安心しますし，症状や問題を客観的にとらえるとかなり楽になります。

(2) 苦悩を理解し，その対応法を尊重します。また現実に対処できる対策を提案します。たとえばＢさんのように特急電車を避けて各駅停車だけにするのは時間がかかるし大変だろうけれど，そうやって何とか対応している努力を評価します。たいていの人は「なんでこんなことに悩んで，こんな対応をしているのか」と情けない気分でいるので，その苦労を察したうえで，彼らなりの対応について尊重してあげることがずいぶんと救いになるようです。
(3) 自分が意識するほど他人はあなたを意識してはいないことを告げます。特に社交不安障害の方は自意識過剰です。誰でもそうですが，自分を最も意識している人は自分自身です。それは他人も同じで，「あなたが自分を意識するほど，他人はあなたを見ていない」ことを明確にします。
(4) 理想の自分と実際の自分の差を指摘して，理想を下げるお手伝いをします。これも社交不安障害の場合の方に目立ちますが，「あがらずにもっと上手く発表できるのが当然だ」というとても高い理想をもっている人が多く，実際とのギャップが大きいため，ますます自信を失っています。実際には「そんなにうまく発表できなくても，最低限のことが伝えられれば卒研として十分に評価される」と理想を下げてあげるお手伝いをしますが，これはなかなか難しいかもしれません。
(5) あなたのことをわかってもらえる味方を増やすように勧めます。誰かに理解されているという体験は大きな助けになります。もちろんカウンセラーがその一人になるのですが，たいてい悩みを親や友達に必死に隠して一人で悩んでいる方が多いようです。隠そうとすればするほどドツボにはまって不安が増す傾向があるため，少しでも悩みを知って理解してくれる味方を増やすように勧めます。母親は意外と理解してくれることが多いですし，親しい友人のなかにも理解してくれる人はたいていいるものです。理解してくれた人の前ではあまり緊張しないですむため，症状が軽くなったり出なくなります。また仮に症状が出たとしても，何とかしてもらえると思うと気分が楽になります。

　以上が基本的なポイントです。もちろんこうしたからといって症状がすぐになくなるわけではなく，ある程度の症状の場合は薬物療法の併用が望ましいため，適切な医療機関への受診を勧めることも重要でしょう。これ以外にも筆者は，社交不安障害の方を集めてあえて集団状況に参加させて人前で発言をしてもらう集団精神療法を試みた（福田，1994）ことがあります。

おわりに

　不安は普遍的なもので，悩まない大学生はいません。不安をメインにする相談もとても多いです。悩まない人から見ると、いったいなぜそんなことで悩んでいるのか理解しがたいこともあります。とはいえ，理解されないことがますます不安を増す結果につながってしまうため，不安に悩む学生と関わる教職員，友人はそれを理解して，温かく対応したいと思います。

† 文献
福田真也（1994）対人恐怖症への集団精神療法──認知行動療法の課題遂行を通じて．精神療法 20-1；52-59．

‡ 参考資料
● 書籍
フロイト．S［懸田克躬ほか 訳］（1971）フロイト著作集1──精神分析入門．人文書院．
カロリーナ・コルホネン［柳澤はるか 訳］（2017）マッティは今日も憂鬱──フィンランド人の不思議．方丈社．
アイザック・メイヤー・マークス［大谷義夫 訳］（1996）恐れと共に生きる──恐怖・強迫・性障害のセルフヘルプ．青山社．

● Web
NPO法人全国パニック障害の会（http://www.jpdc.or.jp/）

7
こだわる人たち

「強迫」とこころの病気

はじめに

　大学生のこころの悩みや病気はさまざまで，その要因をただひとつのものに求めることは難しいのですが，相談を長年続けていると，その背景にある一定の性格傾向があるように感じられます。それは「こだわり」が強い，あるいは「強迫」という言葉で表せるものです。「強迫」とは，精神医学上，「自分にとって無意味で不合理であると自覚しているにもかかわらずある考えが頭に浮かんだり，行動してしまうのが止められないこと」と定義されるのですが，ここではもう少し広げて，「こだわりが強くて柔軟性に乏しい，堅苦しく融通が利かない，くそ真面目，几帳面，習慣に忠実，律義で何事もきっちり完璧にやろうとする，ルールを厳密に守る，毎回同じパターンで正確に，規則的に秩序立ってきちんと行おうとして，それから外れることに強い抵抗を示す」といった性格傾向，すなわち「とらわれ」と「繰り返し行為」で表現されるとします。

　「強迫」は「こころの病気の母」と言う専門家もいるくらい，さまざまな病気の背景に潜んでいます。そのため他の章で述べた発達障害（住谷, 2017），依存，ひきこもり，単極性うつ病などは簡単に触れ，強迫性障害，拒食症，抜毛症，チック，ためこみ症，醜形恐怖症などを主に述べます。さらに「強迫」をキーワードに考えると日本人は「強迫」と親和性があり，「強迫」には大きなメリットもあることから，「強迫」とカウンセリングの関係についても触れます。

I 「強迫」と関連の深いこころの病気——「強迫」は病気の母

1 強迫性障害

まず,「強迫」そのものが病名になっている,「強迫性障害」について述べましょう。筆者はある大学のキャンパス広報誌に「Dr. オムレットの若者の悩みシリーズ」という大学生のこころの悩みについてのコラムを連載していたのですが,そのなかから強迫性障害を取り上げた回を以下に記します。

> **コラム1**
>
> **木を見て森を見ず**
>
> アパートから30m出たところで,突然「ドアの鍵閉めたっけ」と気になり,戻って確かめると,やっぱり閉まっていて,安心して大学に行く……ってことあるよね。必要もなく,わかっているのに閉めたかどうか不安になり確認せずにいられない,これを「強迫観念」や「強迫行為」と呼ぶけど,皆がきっちり確認しながら「強迫的」に働いたから今の日本の経済的発展があったという説もあるくらい,日本人は「強迫性」をもっているンダ。
> 　でも,ドアの鍵を確認した後,今度は「あれっ,コタツ消したっけ?」とまた舞い戻り,やっぱり消してあって,ほっとして出かけたら,次は「ガスの元栓は?」となり……あげくの果ては大学に遅刻しちゃう人もいる。こうなると,「強迫性障害」という病名のつく立派な病気なンダ。ちょっぴり滑稽なことに,ガスの元栓を確認しに戻って,今度は鍵をかけ忘れたり,試験に忘れちゃいけない学主証を置き忘れてきたり……大事なことが抜け落ちることが多いんだ。注意がある一点に集中しすぎて,肝腎なことがどっかにいってしまう。まさに「木を見て森を見ず」になってしまうんだね。こういう悩みを聞くと,ちゃらんぽらんもいいもんだ,と思ってしまうけど……まぁ～何事もほどほどに,ということだネ。

この不合理であるとわかっていながら,ドアの鍵を閉めたか気になって頭に浮かんできてしまう「強迫観念」,必要がないとわかっていながら鍵の確認に戻ってしまう「強迫行為」に悩むのが強迫性障害の特徴です。この病気と親戚の「不潔恐怖症」と一緒になった例も同じコラムから紹介しましょう。

コラム2

きれいは汚い

　きょうびの大学生はきれいになった，というよりきれい好きだよね。もちろん病原大腸菌O-157がはびこり，ポテトサラダを食べるのも命がけという御時世で衛生状態に気を使うのは当然なんだけど，アパートに帰ったら除菌クリーナーでドアノブを拭いてからドアを開け，何回も手を洗い，果ては1日5時間もシャワーを浴びないときれいになった気がせず，塵ひとつ落ちていない部屋にしないと安心できずに眠れない，という学生さんになると，ちょっとね!!

　きれい好きもここまでになると「不潔恐怖」という病気になります。でも自分の身の周りを特にきれいにしようと頑張りすぎるせいか，時間が足りなくて部屋の隅など他のところは掃除がおろそかになってかえってゴミが溜まってしまったり，1回汚れてしまったところは汚くて触るのが嫌で掃除さえできなくなり……たまに友人が訪れると，ベット上だけはやたらきれいだけど他はゴミの山，何でもない人よりよっぽど汚くなってしまう。極端なきれい好きはかえって汚くなってしまうのヨ，シェークスピアのマクベスじゃないけど「きれいは汚い?!」。

　映画『アビエイター』ではアメリカの大富豪ハワード・ヒューズが女性の触れた洋服は焼いたり，つねに石鹸を持ち歩いていつも手を洗い，ついには何かに触れるときはティッシュペーパーを必ず使い，服を着ることも水に触れることもできないため顔も洗えず髭も剃れない，全裸のままでドアも開けられずにゴミで溢れた部屋に閉じこもってしまう，そんな姿をレオナルド・ディカプリオが演じてたヨ！

※『アビエイター（The Aviator）』（アメリカ，2004）監督：マーティン・スコセッシ，出演：キャサリン・ヘプバーン，ケイト・ブランシェットほか

　これもばかばかしいとわかっていながら，手や部屋が不潔になったという「強迫観念」が振り払えず，手を洗うという「強迫行為」が止められないという病気です。

　滑稽なことに，コラム1では確認のために何度も帰るあまり，最後には肝心のドアの鍵を閉め忘れて泥棒に入られ，コラム2だとベッド上をきれいにしようとするあまり，他の場所がおろそかになって床の上のゴミはちらかし放題になり，とても汚い不潔な部屋になっています。このようにもともとの意図とは反対の結果を生み，日常生活にも大きな影響が出るようになると，「強迫性障害」という病気としての治療が必要になります。

この「強迫性障害」のように「強迫」そのものが問題になる病気もありますが，症状だけ見れば一見「強迫」とは関係のないこころの悩みや病気にも，背景に「強迫」が関係することがあります。

② 拒食症
　「拒食症」は筆者の世代だとカーペンターズというデュオのボーカリストのカレン・カーペンターがこの病気で亡くなったので特に印象が強いのですが，アメリカ，ヨーロッパ諸国，日本や韓国など飽食で栄養失調など起きようがない国で見られる，拒食とやせ，体重減少を主症状とする病気です。

　よくある例では，友達から「最近ちょっと太ったんじゃない!?」と言われたことをきっかけにダイエットを始め，カロリーを計算し食事を制限し，体重や体型に"強迫的"にこだわるようになります。そのうちカロリーの高い肉とかご飯などは一切食べずに，野菜やカロリーメイトだけをわずかな量だけしか摂らず，さらにもっと痩せるため下剤を飲むようになります。おなかは空くので，たまに"わーっ"とやけ食い（binge eating）しますが，でも「太ってしまった」という後悔から，自分で手を喉に突っ込んで吐いてしまいます。そのうち痩せてきますが，どんなに痩せても「まだまだ太ってる」と言い張って（実際，体は骨と皮になってもどういうわけか顔はそこまで痩せて見えないことが多い），ついには160cm，28kgにまでなってしまいます。しかしキャンパスではとても活動的で勉強もきちんとして成績は良く欠席もしません。サークル活動も完璧にこなしますが，最後は栄養不良で倒れて救急車のお世話になりそのまま入院してしまいます。このような方はここ20年間，精神科だけではなく内科（心療内科），小児科，産婦人科で大勢見られますが，いまだに予防や有効な治療法が確立されておらず，臨床家が四苦八苦している病気です。

　先ほど挙げたカレン・カーペンターの伝記を読むと，その「強迫」の様子がよくわかるのですが，70年代に大ヒットを飛ばして世界各地でコンサートツアーをした際，どの曲も一音一音発売されたアルバムの録音とまったく同じになるようコンサートでは強迫的な努力をしました。アドリブでアルバムとは違う勝手な演奏をしたドラマーはすぐクビにするほどで，この完璧主義の息が詰まるようなコンサートを嫌う関係者も多かったそうです。音楽に限らず実生活でも彼らは強迫的で完璧主義でワーカホリックで，兄のリチャードは睡眠薬依存症に，妹のカレンは拒食症に陥りました。

　彼女に限らず拒食症は，痩せが進むとますますその傾向が顕著になり，どんなに

痩せてもまだ「太っている」と言い張り，外食はカロリー表示のあるファミレスしか行かないなど，それこそ強迫的に計算して制限します。「もっと食べなさい」と親が言っても頑として聞き入れず，体重にこだわり，また食事以外のこと，勉強でもサークル活動でも強迫的に徹底的にやってしまう人が多く，どんなに痩せても練習はきっちりやってインカレに出て活躍するといったこともあります。このように拒食症の人たちは「強迫」に固執します。

　元来強迫的な性格の人がこの病気になりやすいのか，痩せがひどくなればなるほど強迫性が顕著になるので，あるいは痩せることが強迫的傾向を助長するかは議論があるのですが，拒食症が「強迫」と関係の深い問題であるのは間違いないでしょう。なお摂食障害のもうひとつの過食症は，第4章を参照してください。

③ 抜毛症

　筆者の外来には円形脱毛症の方も受診しています。ストレスなどのために自然に毛が抜けてしまう病気ですが，なかには自ら意識して，あるいは無意識に毛を抜いて禿げになっている人がいます。抜ける部位は頭の手が届きやすいところ，まつ毛，まゆげなどが多く，強迫的に徹底的にむしり取るため，汚く抜けていたり，出血したり皮膚に傷があることが多いです。一人で部屋にいるとき，勉強しているとき，ちょっとぼ～っとしているときに抜いてしまいます。抜いているときは意識しなくとも，冷静なときは外見が気になるのでカツラをつけたり，メイクで隠したりします。

　はじめは嫌なことの後や，イライラしたときに抜いてしまうのですが，そのうち癖になり何もなくても抜くようになると止められなくなります。また痛みに快感を覚えるタイプの人はリストカット（第4章）に移行したり，耳に限らず，鼻，唇，体，性器などに穴を開けてピアスを付ける人もいて，依存症という側面もあります。

④ チック症とトゥレット症候群（Tourette Syndrome）

　チックの多くは18歳前に発症します。症状には運動チックと音声チックがあり，運動チックはまばたき，顔をすくめる，首を降る，筋肉がビクンと動くなど癖にも見える体のちょっとした動きです。音声チックは咳払いが最も多く，甲高い奇声，「ウンコ」「バカ」などの汚言，「おまんK」など卑猥な言葉を発します。本人は意図してするわけではないのですが，家族や教師が驚いたり叱ったり過剰に反応して問題になります。成長すると次第に治まる人が多いのですが，大学生になっても残る人もいます。

トゥレット症候群（Tourette Syndrome）は汚言と複雑な動きのチックが1年以上継続し，他人には理解できない奇妙な症状で，周囲に受け入れられず自尊心を失ったり，抑うつ的になる人もいます。第2章のアスペルガー症候群を併せ持つ人も多く，発達障害としても位置づけられています。チックを示しながら，スイスイと手術をこなしていく外科医の姿が，神経学者で作家のオリヴァー・サックス『火星の人類学者』に描かれています。チックを"楽しみ"ながら飛行機も操縦し，優秀な外科医として尊敬される姿を見ると，症状に悩む人も励まされるでしょう。

5 ためこみ症

　ためこみが病気なんてあまり思わないですよね。しかし各地でゴミ屋敷が話題になり，道路にまで物が溢れたり，臭いがひどいという近隣住人の訴えで行政が強制的に物を排除しようとして強く抵抗し警察官も出動する騒ぎになった，という事件が目につきます。物を強迫的にためこむ病気と考えると理解しやすいです。

　筆者自身も物を捨てるのが苦手です。「いつか役に立つんじゃないか」「これはあのときあそこで手に入れたっけ」と愛着が湧くと，つい捨てられずに強迫的にためこんで部屋が物で溢れてしまいます。一般的にためる物は雑誌や書籍，コミック，新聞，服，鉄道など趣味のグッズ，果ては領収書，チラシ広告，旅行先で手に入れた歯ブラシセットなどですが，ネットやスマホでもメールや画像がどんどんたまって収拾がつかなくなり，起動速度が遅くなったりダウンすることがあります。

　ある女子学生も物を捨てることができず，プリントや教科書，化粧品，ポーチやディズニーランドのグッズが部屋を埋め尽くして寝る場所にも困って，ついには試験に必要な資料が見つからず単位を落としたり，パスポートが山に埋もれて海外旅行に行けなくなり相談に訪れました。物をためるという行為そのものは病気ではないのですが，この学生のように生活や学業に支障が出るほど強迫的になると「ためこみ症」という立派な病気になります。本人だけでなく，同居している家族にも迷惑を及ぼしトラブルやケンカの原因になります。

6 醜形恐怖症・思春期妄想症

例1　大学1年生のA君　A君は「自分の鼻の形がおかしくて周囲の人は不愉快に思っているに違いない」と悩み，花粉症の季節でもないのにいつもマスクを着けている。英会話の授業でマスクを外してプレゼンしなければならないときは苦痛で休んでしまい，単位を落として困っていると相談室を訪れた。マ

スクを外してもらったが，特に変ではなく，むしろイケメンなので，「そんなに変な鼻じゃないよ」と言っても「昔から鼻の形がおかしいばかりに，振られたり，笑われてきました」と深刻に語る。重ねて相談員が実際，そう感じたので「君はイケメンだと思うよ！」と言っても「先生は専門家ですから気を使って優しくそう言ってくれますが，僕の鼻の形でみんなが不愉快な思いをしているのは確かです！」と決して譲らない。自宅で一人でいるときや空いた図書館で勉強しているときは問題なく，勉強やレポート作成なども問題なくでき成績も良いのだが，ある授業で指名されたとき，マスクを外さないで答えて叱られ，大学が苦痛になってきた。

　第6章で紹介した社交不安では他人からどう思われているかに悩んでいましたが，A君の場合は自分の容貌が他人を不愉快にさせているのではないかと悩んでいます。A君は鼻の形でしたが，ほかにも自分の視線が相手を不愉快にさせていると悩む「自己視線恐怖」，自分の臭いが周囲に撒き散らされていると信じ込む「自己臭症」があります。実際に会ってみると，鼻の形も，視線も，臭いも問題ありません。誰も変だとは思っていないのに，変になっているに違いないという「とらわれ」に確信をもっていて，それを執拗に「強迫的」に訴えます。これがこの病気の特徴で，実際にはないことを信じ込んで，周囲がなんと言っても訂正できない考え，すなわち妄想にとらわれています。日本の10代後半の高校生や大学生での報告が多く「思春期妄想症」と呼ばれています。

　悩む人はこころの問題とは思わず，カウンセラーや精神科医に行くよりも，鼻の形を整形するため美容整形外科を，腋臭など臭いのもとを断つため皮膚科を受診します。A君もその後，美容整形外科を転々としましたが，どこでも問題はないと言われ，どうしてもと食い下がったため，微妙に形を直してもらったものの，それでも納得しませんでした。

　この病気の対応で重要なのは統合失調症（第11章）との鑑別です。統合失調症は他人から見られている，監視されているという妄想に支配され，さまざまな問題行動を起こす病気で，相手が自分を不愉快にさせている「他人→自分」の方向性であるのに対して，思春期妄想症ではどちらかと言うと自分が相手を不愉快にさせているという「自分→他人」の方向性である点が異なります。また統合失調症では休学や退学，あるいは入院を要するなど大学生活に大きな支障をきたしますが，思春期妄想症は鼻の形や臭いに症状は限定されて，生活の他の領域に問題が広がることは

あまりありません。悩みは続きながらも学業は修めて卒業に至る方がほとんどです。
　このように予後がかなり異なるので，両者をきちんと見分けることが重要ですが，難しいケースが多いので医療機関に受診して精神科医の判断を仰いだほうがよいでしょう。

7 ひきこもり

　第8章のひきこもりも，とても強迫的な人たちです。真面目で融通が利かない，すべてに強迫的に対応しようとする，そして1つができないと全部ができない，all or nothing なやり方しかできないので，世の中との関係自体を絶ってひきこもってしまうようです。

8 単極性うつ病

　典型的な単極性うつ病の事例として，第9章の例2に出てくるBさん（50歳）のように，元来の性格が小心で生真面目で，きちんとして，秩序を愛し，凝り性で几帳面で仕事熱心，その一方「強迫」的で，完全主義で，周囲との関係に気を使いすぎるが，でしゃばらないためあまり偉くはなれない，高度成長期の日本社会を陰で支えていた人たちが単極性うつ病になりやすいと言われます。

9 依存と嗜癖

　第4章の依存と嗜癖の問題に関しても，過食症では冷蔵庫を空にするまで強迫的に食べてしまう，ゲーム依存はすべてクリアするまで強迫的にのめり込んで止められないなど，強迫やこだわりと深い関係があります。この本では取り上げませんが，アルコール依存に陥る人も，だらしない人という社会通念とは反対に強迫性をもつことがしばしばあります。

> **コラム**
>
> ### 強迫的だが病気でない人たち
>
> 　強迫的, 完全主義的な人は, 言い換えれば, 自他に厳しい, 要求水準が高い人です。その要求が自分の知力, 体力, 財力, その他の能力や現実と釣り合わず, 理想と現実が乖離している人が問題を生じ, 病気に陥ることになります。しかし要求水準は高くても, 能力や現実がそれに追いついている「超人」も稀にいます。ある女子学生はとても強迫的で, 授業に空きコマをつくれずに目一杯履修しました。彼女は知力と体力が十分にあったので, それをすべてこなして卒業までに220単位を取得してトップの成績で卒業しました。それでも彼女は満足していないのですが……
>
> 　また買い物依存では, ある有名な女優さんの話があります。彼女はブランド品, たとえばヴェルサーチの店に行けば「ここからここまで」と範囲買いをするそうです。つまりその範囲の棚にかかっているブランド品をまとめて買うわけで, だいたい1回の買い物で数百万円ほどかかるそうですが, 彼女はお金があるので何ら問題にならないそうです。

　このように多くの心の悩み, 病気が「強迫」をキーワードに考えられます。とはいえ強迫とこだわりがあっても病気でない人たちもいます。

　このように, たとえどんなに要求水準が高く, どんなに強迫的でも, それに現実の能力, 知力, 体力, 財力が追いついてさえいれば問題にならない, つまり病気ではないことになります。とはいえ, こうした方はごく少数の特別な人たちで, 筆者を含む多くの凡人にはとても無理なことですが, たまにはこのような超人や天才がいて, ノーベル賞をとったり, 大金持ちだったりしているのでしょう。

II｜強迫スペクトラム・強迫症および関連症群（OCRD）

　これらの問題はどのような生理学的な背景をもっていると考えられるのでしょうか。エリック・ホランダーという専門家が1990年代に「強迫スペクトラム」という概念を提示しました（Hollander, 1993, 1998）。強迫スペクトラム障害（Obsessive-Compulsive Spectrum Disorder : OCSD）として, 強迫性障害, 心気症, 身体醜形障害, 拒食症や過食症などの摂食障害, 離人性障害, トゥレット障害, チック, 自閉症, 抜毛癖, 依存症, 病的賭博, 反復的自傷行為, 窃盗癖, 性倒錯, 境界性パーソ

ナリティ障害などを挙げています。これらの障害の主な症状は，たとえばドアノブの確認，手洗い，衝動買い，繰り返すギャンブル，過食など，繰り返される行為の問題であること，その症状が強迫性やこだわりや衝動性で説明でき習慣化していること，発病年齢が主に思春期，青年期であること，長期間同じような問題を繰り返していく経過が共通していること，ある問題が別の障害に移行したり，同時に起きることが多いこと，家族に同じような問題をもつ人が多く遺伝的素因が示唆されること，国や文化による差があまりないこと，などを根拠に何か共通の生理学的基盤があるのではないかとしています。

　筆者としては，無理やりまとめた感もなきにしもあらずだが，とても興味深い理論と思っていました。その後，この理論は精神医学界でも認められ，2013年のアメリカ精神医学会の精神疾患の分類と診断基準DSM-5では，強迫と衝動をメインの問題とする強迫症および関連症群（Obsessive-Compulsive Disorder and Related Disorders : OCRD）として1つのカテゴリーにまとめられました（松永，2011）。画像診断や脳内伝達物質の研究が進み共通の生理学的基盤が解明されつつあります。

III 「強迫」のメリットと日本人の「強迫性」

　「強迫」のデメリットを述べてきましたが，一方，「強迫」にはいろいろなメリットもあります。「お役所仕事」と悪い意味で使われる言葉もありますが，役所に限らず事務作業では前例を世襲して同じパターン・手順で，同じ作業を正確に続けることは重要で，とても楽なことでもあります。また人間は困難な状況になると以前と同じパターンで行動しようとする傾向をもっていて，筆者も熱を出して体調が悪いときは，顔を洗う，歯磨きをする，決まった書類書きをする，といったルーチンの作業はある程度できますが，新しい研究計画を構想したり，はじめての患者さんとの初回面接に臨むことは辛くなります。

　また強迫的にすることで無駄が少なくなり，短時間に多量の作業をこなせて能率を上げることができます。現代社会は無駄を省き規格化し，より短い時間で，より少ないスペースに多量の情報を入れて仕事をこなすことを求めるため，企業は従業員が決まりや時間を守って強迫的に行動することを要求し，強迫的な人ほど高く評価されます。

　次に，何かを収集したり極めることには強迫性が不可欠です。たとえば切手の収集や鉄道研究会では，それこそ強迫的に切手を集めたり，強迫的に時刻表を見たり，

強迫的に電車の写真を撮ることがその分野で大成する道です。研究者も同様で，実験や測定をきっちりと強迫的に正確に続け，文献を強迫的に漏らさず網羅してチェックして論文を書かないと評価されません。

> **コラム**
>
> ### 「鉄ちゃん」は不滅だ！
>
> 　「鉄ちゃん」＝鉄道ファンと強迫との間には深い関係があります。「鉄ちゃん」にもその興味の対象によっていろいろあるのですが，「乗り鉄」はJRと私鉄全線制覇を強迫的に目指します。ちなみにローカル線の10人の乗客の半分は"鉄"です。時刻表にこだわる「スジや」は時刻表をすみからすみまで強迫的に調べ1分でも短く無駄がない乗り換えを目指して階段を駆け上がったり，予想された地点で反対列車とすれ違うと思わずニコリとします。ジオラマ（鉄道模型）にこだわる「模型鉄」は，車両だけでなく信号や架線の1本1本に強迫的にこだわったフィギュア作りに一生をささげています。鉄道写真に命をかける「撮り鉄」はある形式の車両すべてを強迫的にきちんと画像に収めるため，日本中をカメラと三脚を引きずりながら過ごし，駅の端にはカメラを抱えて柵から身を乗り出す姿が見られます。だいたい日本には鉄道関係の雑誌が『鉄道ジャーナル』『鉄道ピクトリアル』『鉄道ファン』『鉄道模型趣味』『Rail Fan』など10誌あまりもあり商業的に成り立っていて，こだわり＝強迫性をもつ「鉄ちゃん」がいかに多いかがわかります。

　日本人は特に「強迫性」が高い，強迫的な国民のようです。きれい好き，自宅に帰ればよく手を洗い，うがいをして，食品などはそれこそ強迫的に管理し，痛んだ物はもちろん賞味期限を1時間でも過ぎたものは惜し気もなく捨ててしまうという日本人の徹底さは海外からの旅行者が日本で驚くことのひとつです。また筆者は学会で九州に行くときは新幹線を利用するのですが，東京から博多までの1174.9km，5時間近くかかる"のぞみ"が各駅に止まる"こだま"を抜きながら1時間に3本，20分おきに時速300kmで1分も狂わず毎日，運行するというのはなんという強迫（！）でしょうか。

　新幹線に限らず日本の得意分野，自動車，時計，ロボット（AIBO），架橋やトンネル掘削などの技術分野は強迫性がきわめて有効な分野です。トヨタ，ソニー，セイコー，パナソニックなど日本の有力企業はいずれも細かい技術をそれこそ強迫的

に開発，応用して発展させてきた企業です。納期にきわめてうるさく，最近は落ちてきたとはいえ品質管理にも厳格で，それこそ強迫的に一定の高い水準を要求し，また消費者も同じように強迫的な水準の品質を要求する，日本こそ「強迫」が花開いた国と言えるのではないでしょうか。

IV 「強迫」とカウンセリング

　最後に「強迫」とカウンセリングの関係を考えてみたいと思います。カウンセリングというのは同じカウンセラーが，同じ曜日，同じ時間，同じ場所で長期間，それこそ「強迫的」に続けるものです。このように時間を枠で区切って予約を入れないと，大勢の方の面接ができないという現実的な理由もあるのですが，それ以上に時間や枠組みを一定に決めて面接を続けること（これを「構造化」と呼びます），これこそが重要な治療機序で，この構造で治すとさえ言えます。
　一方，カウンセリングで扱う内容を考えると「強迫」とは正反対の考え方が必要になります。カウンセリングは，クライアント独自のほかの誰とも共通しない，一見無駄でどうでもよい部分を尊重していく作業です。ひきこもりやうつ病のように強迫的であまりにも画一的すぎて，にっちもさっちもいかなくなった人の相談をするわけですから，「もうそんなに強迫的にきちんとしなくても大丈夫ですよ！」と安心してもらうこと，いい加減にしていいこと，無駄を尊重することが重要です。ですからカウンセリング自体を強迫的にやるのは矛盾したことになります。
　以前関わっていたCさんの例を挙げます。Cさんはきわめて強迫的な性格を背景にうつ病に陥った方でした。うつ病から回復した後，あまりにも強迫的な性格を少し和らげることを目指して筆者が面接を続けました。ちなみに，うつ病の場合，抑うつ感が強くて病状が重いときは心の深層を扱う心理療法はしません。ある程度回復してから，もともともっている性格傾向や物事の見方に焦点を当てた認知療法的な面接をすることが多いです。しかしCさんは元来もっている強迫傾向そのままに，毎週決まった時間に1分と遅刻せず，正月休みで病院が閉まるとき以外は決して休まずに診察に訪れ，1週間にあった出来事を正確に順序よく「強迫的」に話しました。当初は筆者もそれに付き合って教科書通り，「強迫的」に対応して一つひとつ共感して寄り添っていましたが，このまま毎週同じような話を延々と聞いても彼の強迫性は変わりようがないと思い，あるセッションのときにわざと10分遅刻していき，多少ずさんにやっても精神科医，社会人はやっていけるんだ，ということを身をもっ

て示すようにしました．Ｃさんは当初は筆者の行動や指摘に戸惑っていたのですが，ずさんでもやれるモデルに成れたのか，Ｃさんの強迫性は少し和らぎ，その後は重いうつの問題は起こさなくなりました．これはＣさんとの信頼関係が十分できていたためあえて試みた特別な例で，いつもは面接に遅刻することはなく，誰に対してもうまくいくやり方ではないと思いますが，この強迫的な世の中，カウンセリングくらい少しは「強迫」から外れてもいいかな，と実感した事例でした．

おわりに

「強迫」という，こだわりの強い性格傾向をキーワードに，強迫性障害，拒食症，抜毛症，チック，ためこみ症，醜形恐怖症などこころの病気を説明しました．とはいえ「強迫」にも大きなメリットがあり，特に日本は強迫を生かすことで大きく発展したこと，さらにカウンセリングと強迫の関係についても述べました．一言で言ってしまえば，こだわり・強迫は「病気の母」になることもあるし，役立つこともある，要は何事もほどほどで中庸が良い，というごくごく穏当な結論になります．「強迫」は他人から見ると，少し滑稽で「何でそんなにこだわるんだ」と呆れられるのですが，本人は真剣に悩んでいるので，彼らをよく理解したいと思います．

† 文献

Hollander E（1993）Obsessive-compulsive disorders : An overview. Psychiatric Annals 23 ; 355-358.
Hollander E（1998）Treatment of Obsessive-compulsive spectrum disorders with SSRIs. The British Journal of Psychiatry 3173 ; 7-12.
松永寿人（2011）強迫スペクトラム障害の展望――DSM-5改訂における動向を含めて．精神神経学雑誌 113-10 ; 985-991.
住谷さつき（2017）自閉症スペクトラムと強迫症／強迫性障害．最新精神医学 22-3 ; 219-225.

‡ 参考資料
● 書籍
レイ・コールマン［安藤由紀子ほか 訳］（1995）カレン・カーペンター――栄光と悲劇の物語．ベネッセ．
松永寿人ほか（2017）特集 強迫症の理解と治療の新たな展開1・2．精神科治療学 32-3, 32-4.
オリヴァー・サックス［吉田利子 訳］（2001）火星の人類学者――脳神経科医と7人の奇妙な患者（ハヤカワ文庫NF）．早川書房．

8
大学に来ない人たち

不登校と"ひきこもり"

はじめに

　授業に出ることはおろか，キャンパスに来ることもできない大学生の"不登校"の問題が増えています。さらに大学にとどまらず，外出さえあまりせず自室にひきこもってしまう"ひきこもり"も大きな社会問題になっています（福田，1999, 2000）。"ひきこもり"とは，社会・外界から撤退して他の世界とのコミュニケーションを断つ，という行動上の問題をもつ人たちの総称で（近藤，1997），あるひとつの疾患というわけではないのですが，その強迫的な性格傾向や対人関係に共通する問題を感じます。またお隣の韓国では，ネットやゲームにはまってやはり自室にこもってしまうネット依存（第4章）が大問題になっていて，積極的に対策を行っており，日本でのひきこもりとの共通点が多く見られます。

　"ひきこもり"の人たちは自ら進んで学内の相談機関や学外の医療機関を受診することがあまりないため，精神科医などメンタルヘルスの専門家も理解することが難しく対応が遅れているのですが，筆者が支援した事例をもとにまとめてみましょう。

I｜定義と症例

　"ひきこもり"を明確にするため以下の定義とします。

(1) 6カ月以上引き続いて，大学に通学したり会社に就業することはもとより，サークルやバイトなど社会的活動ができず，ほとんど自宅やアパートの自室にいる。その間，散歩や買い物などちょっとした外出はできても，長期間他人や社会と関わることができない。
(2) 重篤な身体的・精神的疾患はない（統合失調症，強迫性障害，摂食障害など）。

また仮に何らかの疾患や症状があっても，それだけではひきこもる理由にならない。
(3) 他大学受験，司法試験など資格試験の準備，小説の執筆など，ひきこもる正当な理由はない。また家庭にも病人の介護で忙しい，経済的に困窮して外出できないなど正当な理由がない。

　まず，大学入学前後から不登校に陥り，ひきこもってしまった例を挙げます。

例1 **母親だけ相談に訪れたＡ君**　本人は相談に来ないで母親が大学の相談室を訪れた。Ａ君は高校2年までは特に問題なく過ごしていたが，高校3年の秋頃から特に理由なく通学しなくなった。成績優秀で出席日数も足りたため推薦で大学に入学が決まったが，4月になってもまったく大学に行かず，自室に閉じこもりテレビを一日中見て過ごしている。見かねた父親が部屋から強引に連れ出そうとしたが，興奮して暴れ，体格も良いため父親を投げ飛ばし肋骨にひびが入るほどだったので，それ以後連れ出すことは諦めている。機嫌の良いときは居間に降りてテレビをぼーっと見ることもあるが，外には一切出ようとしない。両親とは話さないが，姉とはたまに学校のことに触れなければ，テレビや芸能人のことなど，ごく普通に話して，特におかしい様子はない。食事は母親が部屋の前に1日2回お盆を置いておき，食べ終わるとそれを外に出して母親が片づける，という生活が1年以上続いている。

例2 **夜間の診療に訪れたＢ君**　息子が1年以上自宅にひきこもって困っているという電話相談があり母親と面接した。中学校より夏休み明けは登校できないことがあったが，成績は良く推薦で大学に入学できた。連休明けにある科目のレポートがうまく書けなかったことをきっかけに登校できなくなり，そのまま自宅に1年半ほどひきこもってしまい，一度ある総合病院の精神科を受診したが，診察ではごく普通に話したためか「病気ではない」と言われ治療は受けなかった。稀に夜間にコンビニに買い物に行くが，昼間はまったく外出できない。当初は高校の友人と電話で話すこともあったが，最近はほとんど人間関係がない。
　筆者が勤務していた夜間の精神科クリニックを紹介し，そこで診察の末，大学での面接にこぎつけた。ひきこもったきっかけを聞くと，レポートは課

題図書すべてを読まないと書きはじめられず，結局1行も書けずその授業に出られなくなったのが始まりだった。他人の意見に影響されやすく，指導教員が軽い気持ちで「（家が遠いせいでなかなか通学ができないなら）近くにアパートを借りたら？」と言われたことをそのまま受け止め「アパートを借りて一人暮らして自立しないといけない」と信じ込むなど，強迫的で受動的な性格傾向が見られた。大学に戻りたいという希望は強かったため，まず校医と会うためだけに登校して，徐々に出やすい講義にも出るよう促したが，校医以外との人間関係はまったくもてなかった。半年間は就学できたが，ある日些細な行き違いから面接できないことを契機に再びひきこもってしまった。

　以上は大学入学前後から問題が始まっていますが，卒業後，大学院に進学してからひきこもってしまった例もあります。

例3 **大学院修士課程1年生C君**　優秀な成績で卒業し大学院に進学したC君は，修論のテーマを決める際，「学部生とは違い，大学院生なのだからテーマや実験計画をもう自分でやりなさい」と指導教員に言われたが，どう進めてよいかわからず困惑した。一日中研究室に籠もって実験するがうまくいかずに焦ってしまい，そのうち自分は適性がなく，大学院進学も間違いだったと思うようになり，ますます不安が募っていった。5月からは研究室に来られず自室に閉じこもり，黙っているかと思うと急に大きな声を出し，おかしな行動が目につくようになった。後期には大学はおろか，外に一歩も出られなくなり，心配した親が大学の相談室に本人を連れて訪れ，面接となった。

　はじめは黙り込んでいたが，そのうちに「学部生のときは授業は皆勤でノートも取り，言われた通り実験はきちんとやるので教員の覚えもよく何も苦労しなかった。卒研はすべて指導教員の言われるままに行い，自分で考え実験計画を立てるなど選択し決断することはまったくなかったため，大学院に入り何をテーマにどう研究を進めていいか途方にくれてしまった。成績が良い分プライドもあり質問しづらく，聞ける友人もまったくいなかった。一時は研究室に籠もって何とかしようとしたが駄目でひきこもってしまった」とのことだった。研究室は休ませ，近医から精神安定剤を少量もらい，カウンセラーと定期的に面接し，自己の問題を徐々に自覚していき，翌年1月から指導教員にも協力してもらいながら段階的に行動を増やすプログラムを設定し，

徐々に研究室に戻り復帰できた。

　また"ひきこもり"と近縁な問題として、ウォルターズが提唱し、日本では笠原(1999)、湊(1990)が注目したステューデント・アパシー（student apathy）があります。"ひきこもり"が社会からの"全面的な撤退"なのに対して、ステューデント・アパシーは"部分的な撤退"で、講義など本業には出ないが、バイトやサークルなど趣味の活動はでき、本人自身は問題意識をあまり感じず、家族や教員のほうが焦ってしまいます。軽度の"ひきこもり"あるいは部分的な"ひきこもり"とする報告が多いようで、これは、昨今話題になる"ニート"とも重なります。"ニート"とは「非労働力人口のうち、就業、就学、または職業訓練を受けていない15歳から35歳までの未婚者」と内閣府は定義していますが、ステューデント・アパシーと同様の特徴があると感じられます。

例4　**就活を契機にニートになったD君**　特に問題なく大学4年生になったD君は、就職活動、特に面接がうまくいかなかったことを契機に大学を休みがちになった。指導教員からの依頼で大学に復学するかどうかを話し合うため、相談室で筆者と面接した。授業には出ていないがバイトはしていること、サークルでの指導的役割は続けていて、後輩の面倒を見るなど表面上はあまり問題ないこと、また学業上もすでに120単位を取得しており、残りは卒論を提出するだけで「卒業だけはしたら？」と親も指導教員も熱心に勧めていることがわかった。しかし最後の一歩が踏み出せず卒論を提出しないまま中退してしまった。その後しばらくバイトはしていたが、続かなくなり最近は特に何もせず何となく自室で暮らすニートになってしまった。サークルの後輩とは会って遊びに行くこともあるため、ひきこもっているわけではなく、本人もそれほど焦っている様子もないが、親のほうが将来を心配してやきもきしている。

II　"ひきこもり"の特徴

　この問題は学生が大学に来なくなってしまうため、相談に本人自身が来ることが難しく、家族や担当教員からの相談にとどまることが多く、どのような特徴や問題があるのか、どうすればよいのか、なかなかわからないのですが、筆者が関わった事例を中心にひきこもりの人たちの特徴をまとめると以下になります。

1 年齢，性別，ひきこもり先

　ひきこもりはじめる年齢は17〜24歳までが多いのですが，性別では圧倒的に男性，しかも長男に多く見られます。多くの報告でも同様です。ひきこもり先では，自宅の自室とアパートなどが同数で，家族と同居するか単身生活するかにかかわらず，ひきこもっていました。最近は長期間ひきこもって，ついには40歳を超えた"中高年のひきこもり"が社会問題になっています。

2 実態調査

　文部科学省の「児童生徒の問題行動等生徒指導上の諸問題に関する調査」で平成28（2016）年度の小中学生の長期欠席者（30日以上の欠席者）のうち，「不登校」を理由とする児童生徒数は13万4,398人（全児童生徒の1.35%），高校生は4万8,579人（全生徒の1.47%）と報告され，小中学生と高校生における不登校は社会的にもよく知られています。一方，内閣府によると「趣味の用事の時だけ外出する」「近所のコンビニなどには出かける」「自室からほとんど出ない」といった状態が6カ月以上続く人をひきこもりと定義します。また，全国で無作為に抽出した15〜39歳の男女5,000人（有効回答率62.3%）を対象に実施した結果，学校や仕事に行かず，半年以上自宅に閉じこもっている15〜39歳の"ひきこもり"の人が，平成27（2015）年12月現在全国で54万1,000人と推計され，ひきこもり期間が「7年以上」が34.7%と長期化しているとの調査結果を報告しています。どれくらいの大学生がひきこもりになるかの調査（小柳ほか，1994，1995）は少ないのですが，平成29（2017）年度学校基本調査では，大学卒業生56万7,459人中，進学も就職もしていない者は4万4,152人とされています。もちろん進学や就職準備，結婚などの理由が多いでしょうが，このなかには就活で失敗し就職できないまま，あるいは大学を中退したまま自宅にひきこもる学生は多いと思われます。

3 契機

　ひきこもるきっかけはケースによってさまざまで，進級，進学，卒論や就職など重要なことに失敗したことが契機となることもありますが，B君のようにレポートがうまく書けなかったり，履修の仕方がわからず申告できなかったり，知人とのちょっとしたトラブルや大勢の雰囲気に圧倒されたとか，教師や親がちょっと強い言葉で叱ったり激励したなど，親や周囲から見ればそれほど深刻には思えず，十分挽回可能で，いったいなぜ外に出られなくなったのか理解できない程度の挫折体験

を契機にひきこもることが多いようです。また特にきっかけが思い当たらない，周囲はまったく理解できないのにひきこもった，という例もあります。

4 不登校との関係

　筆者の経験では，大学入学以前，高校までに不登校の既往があるものは全体の1/3ほどでした。筆者が経験した例は大学に入学できた例に限られますので一概には言えないのですが，高校から大学入学当初まではすべての講義に出席するなど表面上問題はないのに，あるときから突然ひきこもってしまう例が意外と多く，不登校を繰り返した生徒がそのまま"ひきこもり"に陥ったのは一部でした。とはいえ不登校の既往がない人よりも，ある人のほうが"ひきこもり"に陥る可能性が高いのは確かで，不登校児童・生徒の追跡調査では，不登校の10年後にひきこもっているなど社会適応が悪い人は12〜44％くらいと報告しています。

5 身体症状

　身体症状では，まず不眠や生活リズムの乱れ，すなわち昼間は寝て夕方から夜間に活動的になるケースが圧倒的に多いことが挙げられます。そのほか頭痛，めまい，耳鳴りなどの愁訴は多く，また心身症，特にアトピー性皮膚炎や気管支喘息など免疫と関係する疾患を合併するものが比較的多く見られます。しかし，いずれもその病気だけでひきこもる理由になりえない程度の症状でした。ただアトピー性皮膚炎があり，他人にどう見られるかに過剰に敏感になって，ますます外に出られず，ひきこもりが長引いた例はありました。

コラム

睡眠とこころの病気

　ひきこもりでは生活リズムの乱れが起きますが，ほとんどのこころの病気は眠りに影響が出ますし，お腹が痛いときは眠れないのと同様に体の病気でも眠れないことは多く，睡眠の問題の背景にはしばしば病気が潜んでいます。逆によく眠れているかどうかは，病状の深刻さや回復の度合いのバロメーターで，眠れないと気力も体力も消耗して，ますます悪くなることが多いので，睡眠の改善は治療で最優先することのひとつです。診察ではよく眠れているかを必ず聞き，睡眠リズム表をつけてもらうこともよくあります。

特に睡眠と関係の深い病気がいくつかあります。人にはもともと昼間に活動して夜は休息する体内時計があり，脳の視交叉上核という部位が担当しています。1日の周期をサーカディアンリズムといい，24時間より少し長く，陽の光を浴びて24時間になるようにリセットしています。このメカニズムがうまく働かず，徐々に寝る時間と起きる時間が遅くなっていく睡眠相後退症候群など概日リズム障害の人は昼夜が逆転してしまいます。図1は睡眠相後退症候群の人の睡眠リズムで，概日リズムが25時間と長いため，1日に1時間ずつ睡眠時間が後にずれていることがわかります。

　一方，反対に，寝てはいけない状況で寝てしまう病気にナルコレプシーがあります。授業で学生が寝てしまうのは正常ですが，話している講師が急に寝てしまうのはナルコレプシーの可能性があります。

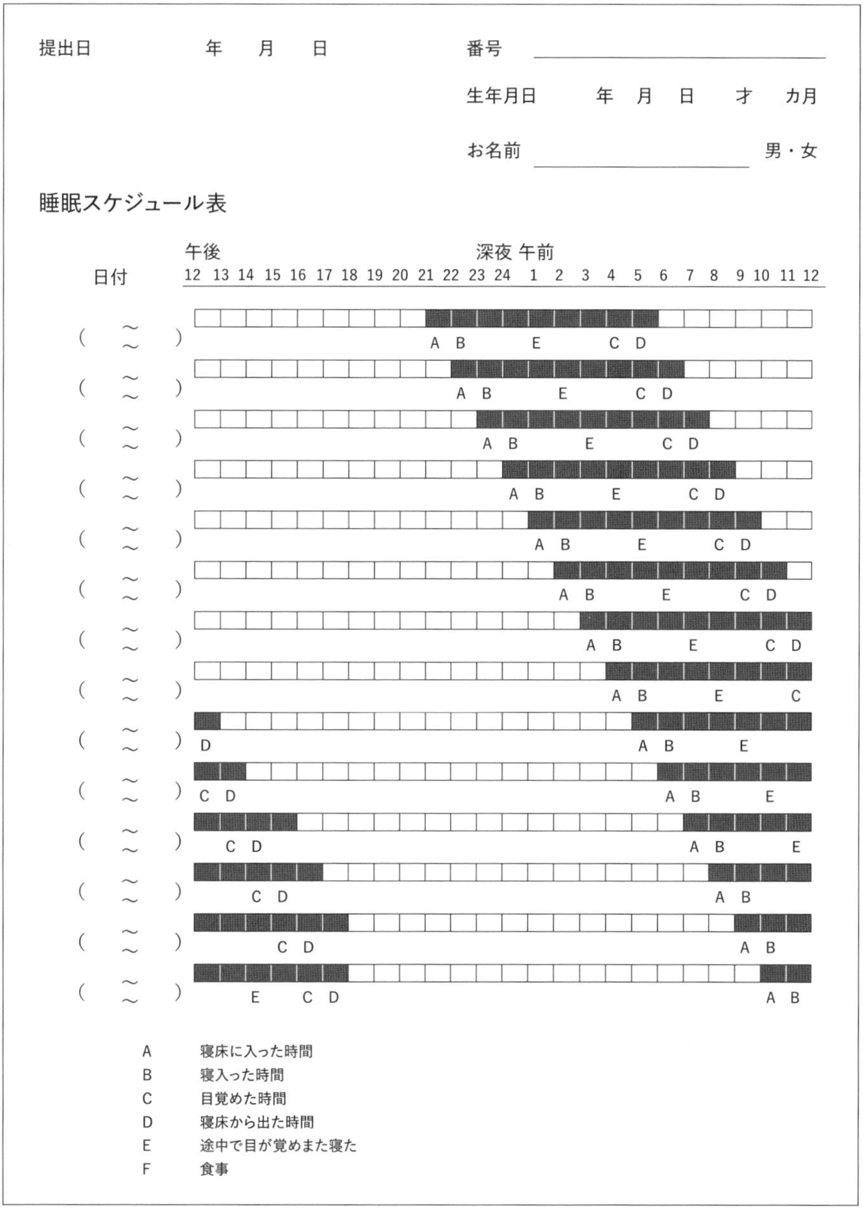

提出日　　　年　月　日　　　番号　_____

　　　　　　　　　　　　　　　生年月日　年　月　日　　才　カ月

　　　　　　　　　　　　　　　お名前　_____　男・女

睡眠スケジュール表

　　　　　　　午後　　　　　　　　　　深夜 午前
　日付　　12 13 14 15 16 17 18 19 20 21 22 23 24 1 2 3 4 5 6 7 8 9 10 11 12

（　〜　）　　　　　　　　　　　　　A B　　　E　　　C D
（　〜　）　　　　　　　　　　　　　　A B　　　E　　　C D
（　〜　）　　　　　　　　　　　　　　　A B　　　E　　　C D
（　〜　）　　　　　　　　　　　　　　　　A B　　　E　　　C D
（　〜　）　　　　　　　　　　　　　　　　　A B　　　E　　　C D
（　〜　）　　　　　　　　　　　　　　　　　　A B　　　E　　　C D
（　〜　）　　　　　　　　　　　　　　　　　　　A B　　　E　　　C D
（　〜　）　　　　　　　　　　　　　　　　　　　　A B　　　E　　　C
（　〜　）D　　　　　　　　　　　　　　　　　A B　　　E
（　〜　）C D　　　　　　　　　　　　　　　　　A B　　　E
（　〜　）　C D　　　　　　　　　　　　　　　　　A B　　　E
（　〜　）　　C D　　　　　　　　　　　　　　　　　A B
（　〜　）　　　C D　　　　　　　　　　　　　　　　　A B
（　〜　）　E　　C D　　　　　　　　　　　　　　　　　A B

　　　A　　寝床に入った時間
　　　B　　寝入った時間
　　　C　　目覚めた時間
　　　D　　寝床から出た時間
　　　E　　途中で目が覚めまた寝た
　　　F　　食事

図1　睡眠相後退症候群の人の睡眠リズム表

8　大学に来ない人たち

6 精神症状

　これは"ひきこもり"の定義から考えても当然ですが，統合失調症の妄想のような思考の異常，幻覚のような知覚の異常はありません。しかし不安感・焦燥感，緊張感はほとんどの方に見られ，抑うつ感，自己不全感，自己卑下，劣等感，自信のなさなども目立ちました。また自殺願望をもつ人も多いのですが，筆者が支援したなかには自殺を試みる方はいませんでした。とはいえ，他の報告では"ひきこもり"の方の自殺の危険性がかなり高いという報告もあるので，注意したほうがよいでしょう。

7 性格と対人関係

　性格で特徴的な点は，完全主義的で強迫的傾向が強いことです。ひきこもる前はむしろ無遅刻無欠席で皆勤，というより休めないことが多く，講義の履修の仕方が特徴的で，「空きコマ」をつくることができず，1限から4限，月曜から土曜までびっしり授業で埋めてしまいます。そして4月から7月の定期試験終了まで完璧に出席しようとします。しかし，前の講義が少しでも長引いて，移動に時間がかかり講義に遅れてしまうと，他の人はぞろぞろ入っている状況でも教室に入ることができません。講義は出るならば1年間を通じてすべて出なければいけないと決めており，1回休むと後は出られなくなります。レポートは教員から言われたすべての文献を全部読んでからでないと書きはじめることができず，適当に手を抜いている普通の学生のように，各章のサマリーだけ読んで残りは飛ばしたり，先輩のレポートを借りて丸写しするということができません。そして提出期日を過ぎると，「こんなレポートも出せない自分は駄目な自分だ」と自己卑下して，講義にも出られなくなり，そのうち登校できなくなります。真面目で融通が利かない，一部ができないと全部ができない，all or nothingな態度を貫こうとしますが，そんなことができるわけはありません。そして，できないとなると世の中との関係自体を絶ってしまい，ついにはひきこもってしまうようです。

　次に対人関係でも問題があります。他人に何かを頼む自己主張が苦手です。ある人は親切な級友がいたにもかかわらず，期末テストの前に「風邪を引いて休んだので，足りないノートをコピーさせて」と頼むことができず，結局テストにその部分が出て，1行も書けずにそのまま不登校になってしまいました。反対に，他人からの言動に反論したり，嫌だと断ることが難しいようです。たとえば例2のB君の指導教員は軽い気持ちで「（遠くて通学が大変だろうから）アパートでも借りたら？」と言っただけで，B君自身も単身生活をする力もアパートを借りるつもりもなかっ

たのに，講義に出席できなくなりました。また一対一に限らず大勢も苦手で，大学に来ているときも，食堂や教室など他人がいる場所で食事がとれない"会食恐怖"のため，しばしば"昼飯難民"となり，相談室の片隅や植え込みの蔭で隠れるように食べたり，まったく昼食をとらない人が多いです。

　反面，自分をわかってほしいという欲求は強く，自分が他人からどう見られているか，どう評価されているかにも敏感で，他人からのちょっとした批判に傷ついてしまいます。このため親友がいることはほとんどなく，異性への性的な欲求はあるにもかかわらず恋人はいません。夜間のコンビニ，ファストフード，レンタルビデオ屋など，店員の対応がマニュアル化されて決断する必要がなく，表面上の人間関係ですむ場には行くことができ，数少ない外界との接点になっています。

　このようにひきこもりの人は自分自身に対して強い劣等感を覚えて，不安焦燥感にさいなまれています。彼らは本来なら普通に登校できたり積極的に他人と関われる，他人から高く評価される，あるいは他人より秀でて当然だ，という高い理想の自我像をもっています。それが叶えられないだけに，かえって自分への要求は高くなるのですが，対人スキルなど現実への適応能力はとても追いつかないため，自己評価はきわめて低くなり，高い理想の自我像と低い自己評価の間が完全に乖離しています。簡単に言えば「こうでなくてはいけない（理想）」と「こうである（現実）」のギャップが大きい状態と言えます。

8 家族の問題

　彼らにとって情緒的な対応が必要な親子関係は最も苦手な人間関係です。食事など実生活上で必要な母親との関係はかろうじて保たれても，父親とのコミュニケーションはとても希薄です。

　また事例にもよるのですが，本人と家族（母親）が同席して面接すると，答えるのは母親ばかりで，促さないと本人は発言しない，声の大きさもまったく対照的で，母親が大きな声ではっきり話すのに比べ本人の声は小さくか弱く，延々と母親が答えることがあります。一方，父親はほとんど話に出てこなかったり，本人との関わりは少ないことが多いです。またそれまでの経過でも些細なことから進路・大学選択など重要なことまで，本人がやるべきこと，決めるべきことを親が決めてしまうなど過干渉な母親もいました。ただし親と面接したケースは少ないですし，このような図式が当てはまらない家庭も多く，また母親が心理的に追い込まれ過剰に反応している可能性もあり，家族に見られる問題は，原因というより結果ととらえたほ

うがよいでしょう。"ひきこもり"を母子関係など家族の問題だけに帰することは問題の解決を難しくするだけだと思います。

9 社会的背景，特に教育システムの問題

　現在の日本の中学・高校では単位制の総合高校や一部の教科を除けば約40人が教室に集められ，同じ進度で一斉に授業が行われています。また学習内容もカリキュラムが全国で統一されています。この無駄は少なく能率的だが融通の利かないシステムが，その流れについていきづらい生徒の不登校を生んでいると指摘されています。しかし学習面でついていけさえすれば，他の能力（たとえば対人関係や社会スキル，物事に柔軟に対応する能力など）は問われることがなく，そこに課題をもつ生徒も高校卒業までは問題が表面化しません。

　一方，大学は締めつけが厳しくなってきたとはいえ，かなり自由で融通が利くシステムです。学習内容は各大学・教員の裁量にかなり任されており，クラスのような単位で集団行動をすることは少なく，どの科目を履修するか，講義への出席の是非，クラブ・サークル活動への参加，昼食をとることでさえ，自分が好きなように，好きな場所で好きな人と，あるいは一人でしてもかまいません。このように自由が得られる反面，主体的に考えて関わること，複雑な物事への対応能力と柔軟性，積極性が要求されます。特に文系の学部では学問の性質もあって入学時からこの傾向が強いと思われます。このようなシステムに対応する能力が欠けていたり，経験がない学生は，強固なシステムから構造の緩いシステムに急に投げ込まれる事態に適応できません。高校までは皆勤でまじめで成績も良かった文系学生が入学直後から大学に行けなくなる背景には，こうした問題があると思います。

　一方，実験や実習のカリキュラムがきっちり組まれている工学部など理系の学生は，3年頃までは基本的学力と講義を熱心に聞く姿勢さえあれば，高校までのやり方の延長で適応できます。しかし4年生あるいは院生になると，自分で研究テーマを選ぶなど主体性や積極性が要求されたり，指導教員とのマンツーマンの密接な人間関係のなかで対人スキルが必要になってくるため，その要求に応えられない例3のC君のような学生は大学に来られなくなったり，ひきこもってしまうことになります。

　人はいつかは主体的に選択し行動せねばならない時期を迎えることになるので，そのための能力，対人スキル＝相互的な人間関係を身につけ，磨く必要があるのですが，今の教育システムにはそのための場が乏しいように感じます。

III 対応

　ほとんどの場合，ひきこもっている本人が自ら進んで相談に訪れることはありません。まずは支援が必要なひきこもりの学生がどこの学部・学科にいるかを知ることが，第一の課題になります。大学によっては，休学者や退学者の増加に対して成績や出席状況から問題をもつ学生をピックアップする制度，すなわち一定の単位を年次にわたって取得できない学生や，長期欠席が続く学生に対して，大学が呼び出したり，指導教員が連絡を取っていくなど，何らかの支援制度を設けています（第12章「Ⅵ 留年と休学」参照）。ここでは学生相談室など学内相談機関での対応について述べることにします。

1 ひきこもることの意義について

　外に出ないで自室に閉じこもる，人と関わらないことにはプラスの意味もあります。何か対人的なトラブルを抱えたときに，ほとぼりをさますために引っ込むことがありますし，そういった問題がなくとも，一定期間他人と関わらずに一人で立ち直るのを待つことが必要な状況もあると思います。そういったときに，第三者が無理に外の世界と関わらせようとすると傷を深めてしまいます。とはいえ，あまりにも長期間，社会からひきこもると弊害のほうが大きくなります。どれくらいの期間ひきこもったら積極的に介入すべきかの明確な基準はないのですが，3〜6カ月以上自室にひきこもっていると，社会適応が困難になり，ますますひきこもりが続く悪循環に陥るという報告が多いです。

2 本人に対しての相談のポイント

　カウンセラーなど相談の専門家と関係を築くこと自体が難しいのですが，何らかの手立てで面接に至った場合に筆者が工夫している点を挙げます。
　基本的な姿勢は面接の基本である受容や共感的理解でよいですが，実際の対応は行動療法的な技法をベースにします。すなわち不登校に陥ったり外に出られなくなる経過を分析して，それを考慮しつつ何らかの行動の処方＝具体的な行動上の助言・指示を提示します。たとえば彼らは「すべての講義は出席してノートを完璧に取る」という高い最終目標しか立てることができず，今の彼らに実現可能な中間的で段階的な目標（出席しやすい講義だけ，休み休みでも出席するなど）を立てることが苦

手なため，ステップバイステップの段階的な行動プログラムをつくって提示していきます。

　具体的には単位が取れそうな講義とそうでない講義を選別して1カ月ごとに出席コマ数を増やしていくようなプログラムをつくったり，レポートの書き方でも「まず表題と目次だけつくる→サマリーをつくる→各章をばらばらにつくる→以上をまとめていく」など段階的に進めていく行動の処方を出しました。また例3の院生のC君の場合は，研究室の理解と協力を得て，研究室に行く日にちを週1回から徐々に増やしていくプログラムを立てました。「第1週はただ顔を出して挨拶だけしてすぐに帰る→第2週は必要な文献を渡してもらい自宅で読む→第3週は試験管を洗うなど他人の実験を手伝う→第4週は自分の実験道具を揃える→第5週は予備実験をする→第6週で本実験をする」など徐々に行動や時間を上げていく処方を出していきました。「低い目標でも実行できたほうが，高い目標を達成できないよりレベルが高い」とはっきりと伝え，うまくできたときは褒め，できないときはその理由を分析して要因を除くようにしました。このように登校を続けていくと，たとえばキャンパスで偶然会った高校時代の知人と再び付き合うようになるなど治癒的な出会いもあって回復することがあります。

③ 本人が相談に来られずに親だけと関わる場合と訪問相談

　親や担当教員だけが相談してきて本人はまったく来室・登校できない場合，どう関わるかは難しい問題です。統合失調症（第11章）のためにひきこもっていることもあるため，医療機関で診察し見極めてもらうことも大事です。またひきこもりに悩む親は大勢いるため，家族会の情報を伝えたり，この本に書かれている情報や保健所でのひきこもりの講演会を伝えるなど心理教育的アプローチも重要です。そうした学外の社会資源情報を集めておくことも学内相談機関の役割でしょう。

　実際，ひきこもってまったく外に出ない，他人と関わろうとしない，状況もよくわからないケースには，学生相談や大学の枠組みで本人にアプローチすることは難しく，できることは限られます。その場合，親との面接を進めていくこともあります。親は何とかして本人を外に引っぱり出そうとして，万策尽きて疲れきっていることが多く，そうした苦悩を汲み，親自身の情緒状態の安定を目指すのが第一になります。長期間ひきこもっていると，「ひきこもり」→「親の不安・焦り」→「過剰な外出刺激」→「劣等感，罪悪感」→「ひきこもりの悪化」という悪循環に陥ってしまい，親が自分自身や配偶者に対して過去の養育態度や教育環境のなかの理由探

しに没頭して，自責的，あるいは両親がお互いを責め合ってしまうことが多いため，この悪循環のシステムを断ち切ることが必要です。ひきこもっている本人は周囲の親の雰囲気の変化には敏感なので，親が安定すると良い影響を与えることもあります。とはいえ長期間ひきこもっているケースではすぐに本人が外に出られるようになることはめったにないので，親との面接では親自身の安定を目指すことで十分と思います。

　自宅への訪問相談もありますが，学生相談の枠組みでは手間や実際上の点からかなり困難でしょう（第12章「VI 留年と休学」参照）。

④ 精神科医療機関での診察について

　まず本人が診察に行けることが大前提なのですが，医療機関に受診した場合，「強迫性障害」「対人恐怖症や社交不安障害」といった不安を主訴とする疾患，あるいは「アスペルガー障害」「自閉スペクトラム症」といった発達障害，「自律神経失調症」「うつ状態」，内科や皮膚科を受診すれば「アトピー性皮膚炎」，または「特に病気でない」などと診断されます。いずれも間違いではないのですが，長期間ひきこもっているという行動上の問題に焦点を当てないと，適切な対応につながらないことが多いです。とはいえ精神科医がまず考えるべきことは"ひきこもり"と同じく青年期に発病し，自閉から他人とのコミュニケーションを断つことがある「統合失調症」，他人との接触に負担を感じて人と会うことを拒む「うつ病」など，こころの病気をきちんと見定めることでしょう。これらの疾患ならば薬物療法が有効です。一方いわゆる"ひきこもり"に対しては，決まった治療法や特効薬があるわけではありません。付随する不眠や不安感に抗不安薬を使ったり，うつ状態に対しては抗うつ薬が対症的に効果のある場合もありますが，"ひきこもり"という行動そのものの治療薬はありません。

⑤ グループや居場所の提供

　一対一の面接場面で緊張が非常に強かったり言語表現が苦手で面接に定期的に来るのが難しいケースには，社会性を身につけたり友人をつくるきっかけにするため，学内でのたまり場・居場所，何らかのグループ（ただしメンバーや予定が組まれているグループではなく，構造が緩く参加が自由なもの）を相談室に設けて，大学に来にくい学生同士がお互いに支え合うセルフヘルプグループをつくる試みをしている大学もあります。無論スタッフの質と量，大学当局の理解と協力が十分にないと

難しいのですが，ひきこもりや不登校の予防に役立つことが報告されています。

地域の精神保健福祉センターや保健所のデイケア，グループ治療をする精神科クリニック，あるいはNPOやひきこもりの家族の会が運営している民間の相談機関などでは，"ひきこもり"に対するさまざまなグループをつくって，彼らへの居場所・たまり場として社会に出るための大きな機能を果たしています。また，ひきこもりの家族会は，親を支えていくのにとても役立っています。しかしこのような社会資源は全国的に展開されているわけでなく，また強引で不適切な対応をするところもあるようです。

6 ネットを通じた新たなコミュニケーションを用いる

まったく外に出られずにひきこもり，生の人間関係が乏しくなっていても，インターネットを通じて外界とコミュニケーションを取れる方もいます。とはいえSNSやLINEで積極的に発言する人はあまりおらず，受動的に眺めるだけの人が多いのですが，ネットを用いたコミュニケーションは自分の好きなときに読み書きできるうえ，話し方の特徴，筆跡など生の個性の出にくいきわめて知的なコミュニケーション媒体であるため，情緒的・心的な接触が少なく侵襲性が低く，抵抗感なく関われるという利点があります。むろんそれは欠点でもあるのですが，対面での面接に適さないケースでもメールなら関われることもあり，ひとつのツールとして役立てるとよいでしょう。

IV 予後

大学に戻れたかどうかだけを予後の指標にするのは異論もありますが，ある大学のフォローアップ調査の結果では，不登校学生44名の1年後の修学状況は復帰したといえる卒業4名，修学中4名の合計8名（18％）で，そのまま不登校が続いている者8名（18％），休学中3名（7％），退学・除籍25名（57％）と，大学に戻れず休みつづけたり，退学した者が計36名（82％）と大半を占めました。一方，44名のうち相談を受け面接できた者10名に限った結果を見ると，卒業・修学が5名，不登校・休学2名，退学・除籍3名と50％は復帰できたことになり，相談・面接にのれた学生は予後が良いので，その重要性がわかります。筆者の経験でも良くなったと言えるケース（復学，卒業，あるいはたとえ退学してもバイトをしているなど）は1/4〜1/3程度です。だいたい2/3は休学継続あるいは退学してひきこもったままだったり，

その後のことがわからなくなっています。

おわりに

"ひきこもり"はメンタルヘルスの専門家の前に姿を現すことがなかなかできないため，対応が困難になっていますが，放置しておけば長期間ひきこもり，社会への復帰が不可能になってしまいます。新入社員が1年も経たないうちに休み"出社拒否"からひきこもりになるなど産業分野でも問題になっていること，ひきこもりが長期間続いて40歳以上の中高年になる事例が増えるなど年齢層が広がり，親が亡くなった後の対応をどうするかが課題となっていること，ひきこもりは全国で数十万人と推定され，しかも年々増加していることを考えると，社会的な取り組みがますます重要になっています。精神科医や教育関係者に限らず，行政など社会全体で取り組み，支援が進展するよう期待したいと思います。

† 文献

福田真也（1999）臨床医が知っておきたいメンタルヘルス――引きこもり．日本医事新報 3942；41-47．
福田真也（2000）ひきこもり．総合臨床 49-12；3018-3022．
福田真也ほか（2013）思春期青年期事例への訪問相談メールとカンファレンスによる支援体制について．精神療法 39-6；916-921．
笠原嘉（1999）アパシーシンドロームとパーソナリティ．精神科治療学 14；739-744．
近藤直司（1997）非精神病性引きこもりの現在．臨床精神医学 26-9；1159-1168．
小柳晴生ほか（1994）香川大学における不登校学生の実態調査の試み．第32回全国大学保健管理研究集会報告書 343-345．
小柳晴生ほか（1995）香川大学における不登校学生の実態調査（第2報）．第33回全国大学保健管理研究集会報告書 487-489．
湊博昭（1990）スチューデント・アパシー．臨床精神医学 19-6；855-860．

‡ 参考資料
● 書籍

稲村博（1989）若者・アパシーの時代――急増する無気力とその背景（NHKブックス571）．日本放送出版協会．
笠原嘉（1988）退却神経症（講談社現代新書901）．講談社．
近藤直司ほか編（1997）引きこもる若者たち．朝日新聞大阪厚生文化事業団．
斎藤環（1998）社会的ひきこもり．PHP研究所．

9
落ち込んだ人たち

"うつ"とうつ病

はじめに

　最もポピュラーなこころの病気と言えるのがうつ病です。"うつ"とは気分や感情が落ち込んで意欲が失せ，いつもはできていたことができなくなる状態をいいますが，WHOによる調査ではうつ病はすべての病気のなかで4番目に生涯有病率の高い病気であり，先進国ではいずれ1位になるだろうと予測され，社会に与える影響の大きさから，最も深刻な病気のひとつです。厚生労働省による統計では，日本のうつ病など気分障害の患者は111.6万人（平成26（2014）年度患者調査）ですが，生涯有病率は6.2％と高く（川上ほか，2007），中高年の世代で発症することが多いため教職員にもよく見られます。しかし最近は抑うつ感があまり目立たず，意欲がなくなって大学を休んでしまう，一見サボっているように見える大学生のうつ病，また一見，病気とは思えない新型うつ病とも呼ばれるケースが増えています。"うつ"とうつ病について，その要因，症状，自殺の予防，さらに大学生のうつ病についてまとめました。

I│対象喪失やトラウマ（心的外傷）による"うつ"

　まず失恋の場合を例に挙げて説明しましょう。

　例1　**失恋したAさん**　長年付き合っていた彼氏が最近ちょっと冷たいなと思っていたら，突然「実はD子と付き合っているんだ」と告げられ振られてしまったAさん。直後は食欲もなく，しばらくは何も食べられなくて5kgも痩せてしまったが，そのうち元彼のことを思い出すとわーっと食べるようになり，かえって太ってしまった。「授業だけは出なくては」と思って学校には行くけ

れど講義の内容は全然頭に入らず，休み時間に元彼の顔を見るのが怖くて，授業が終わるとすぐに帰るようにしている。親友が飲み会に連れていってくれたり，テニスを一緒にしてくれたりして飲んだり体を動かしている間はそのことに熱中できても，アパートに帰って一人で寝床に入るといろいろ考えて眠れない。黙ってD子と付き合っていた彼にも腹が立つし，そんなやつを好きになった自分も情けないし，もう誰も相手にしてくれない気がする。11月の学祭休みは気分転換と気晴らしに親友と温泉に出かけてのんびりしたところ，紅葉もきれいでだいぶ癒された。まだ彼の顔を見るのは辛いけど，しっかりしなくちゃと思うし，見返さないと悔しいし，休み明けから何とかやっている。

このAさんのようになってしまう人は珍しくないでしょう。振られたり失恋したときは食欲が落ち，眠れなくなって，気分が落ち込んで，やる気がなくなり，人生は灰色に思えます。おそらく一番辛い状況のときは"うつ"といってさしつかえない状態で，程度の差はあってもうつ病とよく似ています。このように自分にとって大切な何かを失った場合，両親や配偶者，親友など大事な人を亡くした，別れた，振られた，あるいは悲しいことでなくても，たとえば大学に合格して一人暮らしになって実家から離れた場合などに"うつ"状態になることがあります。また自分の所属する場や組織を失った場合，たとえばリストラされた，定年退職した，あるいは昇進であっても遠方に転勤して親しんでいた地域から離れたときも同様です。さらに将来の希望や予定がかなわずに夢を失うような場合，たとえば入試に失敗した，就職が決まらないなどのときも同じで，自分にとって大事な何か，すなわち"対象"を失ったとき（これを心理学では「対象喪失」と呼びます）"うつ"になります。

また受けるダメージがもっと過酷でトラウマ（心的外傷）を受けた場合，たとえば大地震などの災害で大きな被害を受けた，誘拐やレイプなど重大な犯罪に巻き込まれた，あるいは配偶者から暴力を受けるDVや虐待では，心的外傷後ストレス障害（PTSD）という病気になって，より深刻な"抑うつ"に陥ることが知られています（第5章参照）。

Ⅱ｜こころや体の病気のときの"うつ"

　いろいろなこころの病気のときにも"うつ"になります。たとえば激しいダイエットや体重へのこだわりから，過食や嘔吐を繰り返す拒食症（第7章Ⅰ－②）や過食症（第4章Ⅳ）といった摂食障害も，その経過中にしばしば"うつ"になります。他人を巻き込み大きなトラブルを起こすボーダーライン（第3章）もその症状のひとつは「虚無感を伴う抑うつ」です。幻覚や妄想から奇異な行動を起こす統合失調症（第11章）でも，治療によってある程度回復したときにpost-psychotic depressionという"うつ"状態にしばしば陥ります。このように多くのこころの病気で"うつ"になります。

　体の病気の際にも"うつ"になることがよくあります。たとえば頭の血管が詰まる脳梗塞では急性期の症状が落ち着いた後に，麻痺や失語などの後遺症とともに"うつ"状態に陥りますし，腎不全，糖尿病，高血圧でも，その経過中にしばしば"うつ"に陥ることはよく知られています。「病気を苦にして自殺した」とよく報道されますが，病気そのものに加え"うつ"を併発したことによると考えられます。体の病気による"うつ"は単に病気を悲観して落ち込んだだけではなく，何らかの"うつ"になるメカニズムがあるようです。たとえば風邪を引くとだるくて，意欲がなくなり，気分が落ち込みますが，症状的には"うつ"とよく似ています。これは風邪のウイルスに対抗するため体が産出するインターフェロンの副作用によると言われ，実際C型肝炎に対しインターフェロンを治療に投与した際の"うつ"は大きな問題になっていますし，その他の薬にも"うつ"の副作用をもつものがあります。

　女性ですと生理前に情緒不安定になる月経前症候群のなかに"うつ"を訴える方もいますし，中年になって発汗やのぼせ，動悸といった自律神経症状に悩む更年期障害でも"うつ"を訴える方はとても多いです。出産直後のマタニティブルーでもイライラ感とともに"うつ"的になることがありますし，出産の数カ月後にかかる産後うつ病は軽度の方も含めると10〜20％もの方がなると言われ，「子育てに自信がない」といって子どもと無理心中してしまう人のほとんどは産後うつ病のためと思われます。これら女性特有の"うつ"には女性ホルモンの増減が大きな影響を与えています。

III │ "うつ"のメリット

　このように失恋や失業など社会的原因による"うつ"を反応性抑うつ，体の病気によって起きたものを身体因性（外因性）うつ病，薬の副作用のよるものを薬剤性うつ病などと呼びますが，原因は違っても人は何らかの侵襲を受けると，"うつ"に陥る傾向があることがわかります。なぜ同じ"うつ"症状を示すのか，なぜ辛い状況のときにわざわざもっと辛い症状である"うつ"に陥るのか，よく考えると不思議なことです。ちょっと視点を変えると，"うつ"にも何らかの意味があるかもしれないと思い当たります。

　キューブラー・ロスの「余命数カ月の人がどのような心理経過をたどるか」という有名な研究によると，近い将来の死を告知されると「衝撃→否認→怒り→抑うつ→受容」という過程をたどり，"抑うつ"を経てはじめて受容に至るとしています。このように"うつ"は，どうも強い侵襲から回復するときに必要な状態のようです。おそらく"うつ"には人が侵襲に対して過剰に行動することを控えさせ，嵐が通り過ぎるのを待たせ，その間に自然と回復させるようにする生体の防御作用があるからでしょう。

IV │ 従来からのうつ病

　意外と思われるかもしれませんが，我々精神科医が診るうつ病は今まで述べたようなはっきりとした要因によって起こるものは多くありません。むしろ特別な誘因が思い当たらない，何かがあって"うつ"になっても，それが解消されたところで良くならないことが多いのです。この狭義のうつ病についてはいろいろな分類があるのですが，代表的なものにうつ病だけの「単極性うつ病」，うつ病と正反対の躁病の両方を繰り返す「双極性うつ病＝躁うつ病」があります。

[1] 単極性うつ病
　典型的な単極性うつ病の方は中高年に多いので，ある大学職員Ｂさんの例を紹介しましょう。

例2 **50歳の事務職員Bさん** 大学の事務職員として25年間勤めているBさんは，経理を担当しており，無遅刻，無欠勤で与えられた仕事をきちんと正確に勤勉にこなしてきました。毎朝出勤すると机の上に処理すべき書類をきちんと整理して順番に置き，仕事を始めると一つひとつていねいに間違いなく処理し，昼休みまでほとんど休息を取らず，同僚と必要以上の会話をすることもありません。データ処理のソフトを使いこなすなど新しいことは苦手なのですが，言われたこと，頼まれたことには誠実に対応し，職務は着実にこなしてきました。しかし今年の11月頃からそれまで無遅刻，無欠勤を守ってきたBさんが急に休みがちになりました。出勤した際も元気がなく，心配した上司が「どうしたの？　どこか体が悪いんじゃないの？」と言って，総合病院の内科を受診させ検査しましたが，特に異常は見つかりません。その後も元気のない状態が続いていたため，上司は保健管理センターに相談に行くよう強く勧めましたが，Bさんは「いえ，病院では何ともないと言われましたし，大丈夫です」と取り合いません。ある日，席にBさんの姿が見えないので「あれ，Bさんどこへ行ったんだろう」と皆が思っていたら，事務棟の屋上フェンスを乗り越え飛び降りようとしたBさんを警備員が見つけて取り押さえました。「私なんか何もできないですし，給料をもらうだけ申し訳ないです。いなくなったほうがいいんです」とBさんは言い張り，なおも飛び降りようとしたため，家族を呼び強引に精神科を受診させ，「うつ病」と診断されて緊急入院となりました。

　Bさんのように元来の性格が小心で生真面目で，きちんとして，秩序を愛し，凝り性で几帳面で仕事熱心，その一方で少し強迫的，完全主義的すぎる，周囲との関係に気を遣いすぎるが，でしゃばらないためあまり偉くはなれない人たちがいます。1930年代にうつ病とこの性格の関連を報告した精神科医の下田光造の名を取って"下田の執着性格"と呼ばれる性格の持ち主，おそらく高度成長期の日本社会を陰で支えていた人たちが，この単極性のうつ病になりやすいと考えられています。

2 **双極性のうつ病＝躁うつ病**
　双極性のうつ病＝躁うつ病は，"うつ"のときは単極性のうつ病と症状は変わらないのですが，"躁"のときは"うつ"とは正反対に元気が良すぎて，行動が過剰で余計なことをして破綻してしまいます。この"うつ"病相と"躁"病相がはっきりと

現れるのが従来からの躁うつ病（双極Ⅰ型）で，一方，「軽い躁」と「うつ」が現れて，一見，病気とはわかりにくいタイプを双極Ⅱ型といいます。

　躁うつ病の事例では『どくとるマンボウ航海記』や『楡家の人びと』の作者で平成23（2011）年に亡くなられた北杜夫氏が有名です。精神科医の大先輩にもあたり，自ら「私の功績は躁うつ病という病気を世間に広めたことだ！」と述べているので例として挙げさせていただきます。"躁"のときの北杜夫氏はラジオに首ったけで株の売買に熱を上げ全財産を注ぎ込んだり，「マブセ共和国」という架空の国をつくって元首となり，国旗や紙幣もつくるハジけた行動で周囲を振り回すのですが，"うつ"に陥ると万年寝床にこもって原稿を書くこともできず，夕食では自分の葬式の話ばかりして暗い顔で一日中過ごすという，一人の人物とは思えない状態を行ったり来たりします。この躁うつ病になりやすい人は，単極性のBさんとはちょっと違って，循環気質といって社交的で明るく，お人良しの面倒見がよい性格で，うつ病でないときは仕事をよくこなして出世するため，企業の幹部，あるいは医者のなかでも教授や病院長になるなど社会的にも成功する方が多いです。また躁うつ病は家族のなかにも同じような人がいることが多く，遺伝的要因の強いことが知られています。

　一方，双極Ⅱ型の躁状態はもっと目立ちにくく，本人も周囲も「最近は調子が良いなあ」と思うくらいです。多弁でうざい，浪費が多い，転職を繰り返すなどの問題が見られる人もいますが，それらは病気でない人にもよくあることなので鑑別が難しく，日常生活での支障やトラブルはⅠ型に比べれば相対的に少なく，仕事もそれなりにでき，本人も周囲も病気とは気づきません。

> **コラム**
>
> ### 単極性うつ病と躁うつ病の鑑別について
>
> 　最近，脚光を浴びているうつ病を診断する検査として光トポグラフィー検査があります。近赤外線を前頭部や側頭部に照らす帽子型の装置をかぶり，指示された課題を行っているときの脳血流量の変化を見て，健康，単極性うつ病，躁うつ病，統合失調症の鑑別ができるとして日本で開発され，平成26（2014）年3月から健康保険の適用になりました。盛んに宣伝されていますが，検査でわかるのは脳表面の血流にすぎず，本当に脳機能を反映しているのか，本当に鑑別できるのかなど厳しい批判がなされており，筆者個人も懐疑的です。
> 　そもそも単極性のうつ病と双極性を無理やり分けること自体に筆者は疑問を感じて

います。うつの症状自体は単極性うつ病と躁うつ病で明確な差はありません。研究者アキスカル（Akiskal et al., 1999）は双極スペクトラム（Bipolar Spectrum），つまり双極性障害と単極性うつ病の間にいろいろな病態，グレーゾーンがあることを提唱して，明確に両者を二分することはできないと論じました。その後も議論（仙波，2011）が続いています。

　実際，はじめてうつ状態になった人がその後も「うつ病」だけの単極性うつ病なのか，躁状態にもなる「躁うつ病」かを予想することは困難です。初回のうつ状態の人の相談を受けた際に重要なことは，今の重症度がどれくらいで，どのような認知の歪みがあるか，背景に発達障害が潜んでいないか，自殺の危険性はないか，ということに加えて，今後，躁転する可能性がないか（田中ほか，2009）を頭の片隅に置いておくことだと思っています。

V｜現代型うつ病，新型うつ病

　古典的なうつ病はメランコリー親和型うつ病と呼ばれています。しかし最近の外来診療や相談では新型うつ病，現代型うつ病（福田，2008）と呼ばれるような方が多くなってきました。日本精神神経学会や日本うつ病学会などの学会では正式な疾患名としては認められていませんし，研究者によってディスチミア親和型うつ病，職場結合性うつ病，自己愛型うつ病，逃避型抑うつ，未熟型うつ病などさまざまに呼ばれていますが，共通する特徴は以下の通りです。

(1) 20〜30代など比較的若年者に多い。
(2) 気持ちが悪い，吐き気がする，動悸や胸痛，頭痛など身体症状が多い。内科で内視鏡，心電図，頭部CTなどの検査をしても異常はない。精神症状は，気分の落ち込みはあっても比較的軽いことが多い。
(3) 大学や職場でのちょっとしたミスや指導教員，上司の一言がきっかけで休んでしまい，休むことへの罪悪感はない。一方，プライドはとても高い。
(4) 嫌なあるいは興味のない授業や実習は休んでも，自分の専門で得意な実験，趣味や私生活には積極的に取り組み，あまり問題が出ない。嫌なことから単に逃避しているだけに見える。
(5) 自己中心的に見え，自分の生活やスタイルにこだわる傾向が強い。実験やゼミでも自分のペースを押し通そうとするなど周囲への配慮が乏しく，従来のうつ

病のような病前性格としての几帳面や律儀さ，周囲への遠慮はない。しかし，人付き合い自体は決して悪くなく，親しい友達や恋人とは付き合える。

　要は遊ぶときは元気なのに，本業である授業や実験はすぐに休んでしまう人たちです。この新型うつ病がどのような病態かについては諸説あり，未だコンセンサスはありませんが，対応に困ることは共通しています。

Ⅵ｜発達障害が背景にあるうつ病

　第2章で述べたアスペルガー症候群やADHDの特性をもちながら，気づかれずに入学したり，就活の時期になると，対人関係や認知の特性から困難を生じて，その結果，気分が落ち込んだり，意欲を失って大学に行けなくなったり，眠れなくなるなどうつ症状を示す人がいます。基本的な対応はうつ病への対応でよいのですが，適切な治療をしても回復しない，あるいはうつ症状が軽減しても，学業や就活，日常生活での困難が残る場合，発達障害による能力的な特性や偏りがないかを見極めて対処する必要があります。

Ⅶ｜うつ病のポイント

1 うつ病と季節
　Bさんもそうでしたが，うつ病は10～12月の秋から初冬にかけて発症したり，症状がぶり返すことが多く，真夏や真冬は少ない傾向があります。これには日照時間の減少が関係していると言われ，他の社会的な要因もあるのでしょうが，日本では太平洋側よりも日本海側にうつ病が多く，そのために日本海側のほうが自殺率も高くなっています。日本に限らず海外でも同様で，アメリカでは南部より北部に多いですし，スウェーデンはエジプトよりも100倍くらいうつ病が多いと言われています。

2 うつ病の診断——スクリーニング検査と診察
　ではうつ病はどのように診断するのでしょうか。まず健康診断などのときにうつ病のスクリーニング検査として用いられる質問紙票があり，代表的なものには米国デューク大学のツング教授たちによって開発された自己評価式抑うつ尺度（Self-rating Depression Scale : SDS）があります。とはいえSDSは健康診断などの際に，要注意

の人をピックアップする，自分自身に注意を促すための質問紙票で，これで高い点を示したからといって，必ずうつ病と断定できるわけではありません。訴えや以下に挙げるような症状，また診察での状況から専門家が総合的に判断して診断します。典型的な症状の方は診断は容易ですが，後で述べる身体症状がメインの「仮面うつ病」，あるいは他の要因や病気に続いて起きるものでは診断が難しい場合もあります。

③ うつ病の症状と日内変動

まず精神的な症状があります。大きく分けると，気分や感情の問題（憂うつな気分で何をしても楽しくない，何事にも悲観的になってしまう，しょっちゅう泣きたくなる，生きていても虚しいだけ，何をしても無駄な気がする，ちょっとしたことにも不安になる，いつもは気にしないこともすごく気になってイライラする，気持ちがすっきりしない，自分が他人より劣っている気がする，普通なら感じないことにも責任を感じて自分がいけない気がする，人に会いたくなくなる，異性に対する関心が落ちたなど）があります。この気分の問題に伴う思考の問題（集中できずに考えがまとまらない，記憶力が落ちた気がする，判断や決断ができない，自分は情けない人間だ，他人より劣っていて役に立たないから生きている価値がない，将来に希望がもてない，自分がいないほうが親や友人は楽に違いない，いっそ世の中から消えて死んでしまいたい）などを訴えます。

一方，このように頭のなかで感じる問題だけでなく実生活面での症状，すなわち行動や意欲の問題（無気力で何にも興味が湧かないため何もしたくない・できない，何かをしようとしても億劫で取りかかれない，何か始めても集中できず根気がなく続かない，勉強や仕事の能率が落ちる，いつもは楽しかったり興味をもてたことも楽しめない，何事も決められず仕事や学校を休もうと思っても決断できない，人に会いたくないので外に出ない，自室にひきこもる，スマホ（メール・SNS）もしんどくて使えない）など実生活でも大きな障害が生じます。

この感情や思考の問題と行動の問題は，人によってどちらがメインになるかは異なりますし，回復する際にも同時に戻るのでなく，時期がずれてしまうことがよくあり，それが自殺につながることがあるため注意が必要です。

上記の精神症状に加えて身体症状が伴います。とても辛いのが睡眠の問題で，寝つこうと思っても眠れない入眠困難と，夜中に目が何度も覚めてしまう中途覚醒，朝早く目が覚めてしまう早朝覚醒があります。特に早朝に目が覚めると，朝に症状が悪いうつ病の特徴とあいまってとても辛い状況に陥ります。また睡眠は，抗うつ

薬の効果やどれだけ回復したかの目安になるため特に重要です。そして吐き気や腹部の不快感を覚え，便秘になり食欲が落ち，体重が減ります。一方，特に女性ではイライラして食べすぎて，体重が増える人もいますが，この場合は過食症など他の問題との合併に注意が必要です。全身がけだるい倦怠感，疲れやすい，頭が重い・痛い，肩がこる，目が疲れる，胸が押さえつけられる感じ，めまいや動悸といった自律神経症状を出す人も多いです。他人と関わる気持ちが失われるため異性への関心も薄れて性欲もなくなります。

　そして特徴的なことには，学業の疲れやストレスから来る場合は，どちらかというと朝は元気で，夕方になると疲れて調子が悪くなることが多いのですが，うつ病の場合は朝が「今日も一日始まるのか」と一番悪く，夕方や夜間になると「やっと一日終わった……」と少し楽になる日内変動を示すことです。

④ 身体症状がメインの仮面うつ病

　Bさんのように自殺を企てるなど重症の方は，精神科などうつ病治療の専門の医療機関の受診が必要で，Bさんほど重くはなく抑うつ感や意欲の低下はあっても，眠れない，食欲がない，全身がだるい，といった体の症状をメインに訴える方も多く，ごく普通に内科を受診し，特に身体に異常が見出せないと，今では内科医も抗うつ薬を処方するので，いつの間にか治っている方も多いと思われます。この体の症状がメインのうつ病を「仮面うつ病」と呼びます。

⑤ うつ病と自殺

　うつ病で最も大きな問題は，生きる価値や意味を感じられず，自分の存在価値・自己愛を失い，将来にも絶望してしまい自殺を考えたり，実行することです。基本的にうつ病は治りうる病気なのですが，自殺してしまうと支援ができません。日本では年間2万2,000人の方が自殺しています。年間の死亡者数がおよそ120万人なので，100人のうち2人は自殺で亡くなっていることになり，その多くがうつ病によるものです。"うつ"の相談を受けるときも，自殺を考えているかどうか，自殺の可能性・危険性がどれだけあるかを評価する必要があります。うつ病の方は真面目で律儀なので，死にたい気持ちは正直に言い，相談のなかで死なない約束をしてくれると，例外はありますが守ろうという意識はもってくれることが多いようです。そのため，特に初回面接では自殺をしない約束をするようにします。

　うつ病は治りかけの頃が自殺の危険性が高いと言われます。これは症状のところ

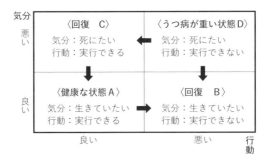

図1　うつ病の回復を気分（上段）と行動（下段）の状態から4分割する
　　　――うつ病の治りかけに自殺が多いのは？

で述べたように，気分と行動は別々に推移することから説明されます。図1を見てください。これは気分の問題と行動の問題をそれぞれ「良い」「悪い」に4分割した図です。各セルの上の行が気分（「死にたい」←→「生きていたい」），下の行に行動の問題（「実行できる」←→「実行できない」）を示してあります。Aが健康な状態，Dがうつ病が最も重い状態になります。うつ病が重いDのときは，死にたい気持ちは強いのですが，それを実行する行動力も落ちているので自殺を実行することもできません。このDの状態から回復するときはD→Aのように一足飛びに良くなるより，D→B→AまたはD→C→Aのように気分と行動がずれて良くなることが多いです。前者のBの状態，すなわち気分が先に回復し生きていたい気持ちは出たものの，行動の問題が残って実行できないときは，たとえ本人が何もできなくても，家族や治療者の助けがあれば，いずれはAの健康な状態に戻ります。しかし問題は後者の場合で，Cの状態では気分が落ち込み死にたい気持ちが残っているのに，行動の問題は改善して実行する力は回復しているため，自殺を実行できることになり，きわめて危険な状況に陥ります。これは発病しはじめの頃も同様ですので，うつ病は治りかけと発病しはじめのときに，特に自殺に注意しなければならないのです。自殺については第10章に詳述しています。

Ⅷ 大学生のうつ病

　大学生のうつ病ではどのような特徴があり，どのような対応が必要なのでしょうか。一昔前までうつ病は中高年で発症し，躁うつ病を除けば子供では稀な病気とされていました。しかし最近は子どもに起きる行動上の問題とうつ病の関連が注目されています。大学生は子どもから大人へ移行する青年期にあたり，Bさんのように典型的なうつ病の方は大学院生ではよく見られますし，意欲や行動が低下して授業に出られなくなる学生のなかにうつ病が見られます。大学生のうつ病を見出して適切に対応するためには，たとえば履修登録，授業や実習，定期試験，就活，指導教員との相性やトラブル，サークルや友達関係，家族の支援や家族歴からの遺伝的背景など，学生を取り巻くさまざまな要因を検討する必要があります。また保健室や相談室など学内機関の整備や，精神科医がいるかなどスタッフの充実，休学して復学する際の制度など，大学の支援体制も大きく関係します。

例3　**うつ病の大学1年生Cさん**　優秀な成績で希望の大学に入学したCさんは，1年生の10月頃から特にきっかけがなく体がだるく，やる気も出ず，気分が何となくすぐれなくなった。食欲もなくお腹が不快な感じだったため内科を受診して胃カメラ検査をしたが異常は見つからなかった。そのうち寝つけなくなり全身が重くてだるく，11月中旬になると起き上がれず，アパートから出ることもできなくなった。夕方になると少しは元気になるため，以前からのコンビニバイトは何とか続け，夜に友達がアパートに立ち寄った際は元気な姿を見せ，両親との夜の電話でも何も伝えなかったため周囲は不調に気づかれなかった。結局，1年生の後期は半分しか単位が取れず，自分は落ちこぼれと思い，いっそ死んでしまおうかと思ったが，実行する元気もなかった。春休みに実家に帰り成績不振を知った両親がCさんを問いただしたところ不調がわかり，心療内科を受診させ「うつ病」と診断され薬物療法を受けた。2年生になり大学に戻ると，通院や服薬を中断してしまったが，前期は出席し単位も取れた。しかし後期の10月になると前年と同じく，だるくてやる気が出ず，欠席も増えたため，心配した指導教員がアパートを訪れそのまま学生相談室に連れていきカウンセラーが面接した。カウンセラーは修学は難しいので休むこと，再び受診するよう強く勧めたが，Cさんは遅れた分を取り戻

すことにこだわり、なかなか休む決断ができなかった。

1 大学生のうつ病の特徴

　大学生では抑うつ感や不安感など気分の問題ではイライラ感が多いのですが、それよりもやる気が起きない、何かをしたくてもできないといった意欲や行動の問題が、全身がだるくて重いなどの身体症状とともに強く出ることが多いようです。また何もできない自分が情けないと思い、自己不全感や劣等感に強く悩んでいます。うつ病の特徴である朝調子が悪くて夕方は軽快する日内変動、また寝つきにくかったり夜中にしばしば目が覚めるといった睡眠の問題も目立ちます。ただし周囲の人が何かの機会に会ったり、電話などで連絡を取ると比較的きちんと応対できて一見元気そうに見えるため、うつ病があることに気づきにくいこともよくあります。教員は単にサボっているだけと思ったり、友達も特に夜間は元気に見えるため深刻には感じられず、また外に出るのも億劫なことから相談室での面接やクリニックへの受診自体が難しく、相談や治療が継続できないことが多いです。またうつ病によって休んで学業が遅れたり留年すると、友人とも疎遠になり、新たに友達を作るのも難しいのでますます孤立して、周囲が状態の悪化に気づかず相談のきっかけを失い、ますます状態が悪くなっていく悪循環に陥ります。

　性格面を見ると理想が高く、やや強迫的で完全主義的で頑固、自分に厳しく、自分の弱みを他人に見せるのを潔しとしない性格の人が多いようです。中高年ではもともともっていた高い理想が体力も落ちて達成できなくなることが発症の引き金になりますが、大学生の場合は高い理想は同じでも、現実に直面して達成できないことに気づき、さらに高い理想を求めてしまい、それができない挫折感が関係するようです。

2 どのようにして相談や治療が必要な人を見分けるか

　元気のない人と接する友人や教職員はどのようにして、相談や治療が必要なうつ病を見分ければよいのでしょうか。一般的に、うつ病は失恋のような特別な原因がなくてもなる、落ち込む期間が長くて重い、日常生活への影響が大きく学校や職場を休むことが多い、好きだったゲームやストレス発散になっていた趣味など楽しいことも楽しめなくなる、親友と話すことさえ辛くなる、体を動かすのが辛くて運動や旅行はおろか外出もせずにひきこもりがちとなる、食欲が落ちる、夕方や夜よりも特に朝に気分が悪い、死にたくなる気持ちが出て実際に自殺を試みることもある

などを目安にして，相談や治療が必要かどうかを見分ければよいのですが，明確にここからがうつ病と線引きできるわけではなく，難しいこともあります。

③ うつ病が相談や治療を受けるまでの難しさ

　職員のBさんも，大学生のCさんも，相談や治療を受けるまでに時間がかかりました。Bさんは「病気ではなく私が悪いから」「どうせ治らない」「こんな私が受診して先生に時間を取ってもらって申し訳ない」といって受診を渋りましたし，Cさんは行動性が低下し億劫になって外へ出る気力も落ち，相談に行くこと自体が難しくなりました。

　また医療にも課題があります。大都市圏ではメンタルクリニックが増え，土曜日や夜間にも気軽に受診できるようになってきましたが，地域によっては精神科医療の敷居が高く受診しづらい雰囲気がまだ残っています。したがって学内の健康相談室や学生相談を充実させていくことが重要です。またうつ病は休むことがとても重要なので，休学した後の復帰体制の充実が求められます。企業には病気休職制度やリハビリ復職制度（短時間勤務から始め徐々に時間・日数を増やしていくシステム）がありますが，大学生でも復学委員会という制度を設けて，こころの問題のある学生の復学に効果を上げている大学もあります（第12章「Ⅵ 留年と休学」参照）。

④ うつ病の対応の大原則は休むことだが……

　うつ病の症状はたとえ治療を受けても数カ月は続くので，少しでも負担を減らすためには休むことが必要になります。うつ病はエンジンがオーバーヒートした状態に例えることができます。そうすると，まず優先するのは「エンジンを冷やすこと」，つまり「休む」ことになります。「休む」といっても一日中動かずに寝ているわけではなく，さまざまな負担や責任を外すことです。今まではやっていなかった新しいこと，旅行や引っ越し，偉い人から人生について語ってもらうなど，いつもと違う状況を強いるのもやめたほうがいいです。慣れ親しんでいる環境で暮らし，そのなかで負担を減らすことが大切です。講義のコマを減らす，発表や課題などは先に延ばす，決断力や判断力が落ち誤った選択をしがちなので重要な選択も可能なら先に延ばす，状態が悪ければ実家に戻る，といったことです。とはいえCさんのようにもともと頑張り屋でプライドが高く，人から遅れることを潔しとしない方は休むこと自体が難しいでしょう。また先延ばしにできない選択もあるので，実際どうするかはケースバイケースです。

9　落ち込んだ人たち

教職員の場合も同じですが，福利厚生や人的資源が豊富ではない職場，管理職，業務のうえで休みにくい方，休むと生活が困窮する（ローン返済があるなど）場合は「休む」こと自体が難しく，「精神科医の腕の見せどころは，いかにうつを休職に追い込まないようにするかだ」と言う精神科医もいます。

5 うつ病と薬物療法
　うつ病には薬物療法が重要です。まず学生相談室や保健管理センターで相談したうえで，適切な精神科や神経科，あるいは心療内科を紹介します。本人に伝えたうえで保護者への連絡や連携も重要です。今はSSRI（選択的セロトニン再取り込み阻害薬），SNRI（セロトニン・ノルアドレナリン再取り込み阻害薬）という抗うつ薬もあり薬物療法の幅が広がりました。とはいえ抗うつ薬は，副作用はすぐに出ても効果が出るまで数週間かかるため，その間どうやってしのぐかが課題ですし，薬の効果が乏しい人もいて薬物療法も万能ではありません。

6 うつ病の学生とどのように接するか
　よく教員の方から「うつ病は励ましてはいけないと言われるが，じゃあ，何をどう言えばいいのかわからない，何も言えなくなる」という相談を受けます。教員は試験やレポート，ゼミなどで励まして勉強させることに慣れ親しんでいるので，いつもと違う対応を求められて困惑するのも当然です。そういうときは次のようにするとよいでしょう。"うつ"の学生に対するときは，いつもより教員がしゃべる時間を減らす，早口ではなくゆっくりと話す，学生の意見をなるべく聴くようにする，自分と違う意見を学生がもっていても頭ごなしに否定したり，こちらの意見を通して無理やり勉強させないようにするなどです。とはいえレポートの締め切りがいつか，単位を取るためにどんな勉強が必要かなど，伝えるべき情報は隠す必要はなく淡々と伝えてかまいません。もちろんあまりにも状態が悪い場合は休むように勧めたほうがよいのですが，止めさせるとかえって状況が悪化すると思うときは，最低限必要と思われる課題や指示は出してよいでしょう。ただし調子が悪くてそれができなかった場合に責めたり怒ったりするのは避けるべきです。
　本当にうつ病だと，休まざるをえなくなったり，たとえ大学に来られても，勉強や課題をこなす力は落ちます。またこの病気は数カ月から年余にわたって続くため，留年したり，単位を落としたり，休学せざるをえないこともしばしばあり，退学しない限り教員が関わる期間は必然的に長くなります。治療そのものは専門家に任せつつ

も，教員として学業を教える立場を根気よく続けていってもらえればと思います。

難しいのはうつ病が回復して復学するときです，指導とは励まして勉強を促すことなので腫れ物に触るような対応は望ましくありません。「うつ病は励ますな神話」にとらわれる必要はなく（井原，2009），ごく普通に接し「さあ頑張ろう」と励ましてもかまいません。ただ復学当初は外見は回復していても，本人や教員が思ったほどは勉強や研究は進まないことがよくあります。健康なときの60％くらいの力と仮定して指示や課題を出し，うまくできなくても強引にやらせないことです。

7 相談室でのカウンセリングや心理療法

"うつ"があまりにも悪い状態のときに，内省を促したり内面を積極的に表現させる心理技法は，自分を見つめすぎることで抑うつ感や罪悪感，自殺したい気持ちをかえって助長させるので避けるべきです。また曖昧な設問で自由に答えるオープンクエスチョンよりも，答えがイエスかノーや数字で悩まずに答えられるクローズドクエスチョンを主体にしたほうがよい場合が多いです。話すのに時間がかかったり，じっくり聴くことが必要で長時間の面接を要する場合もありますが，面接自体が苦痛な場合は短時間に留めたほうがよい場合もあります。

また思考の歪みや行動パターンを変えていく認知行動療法は確かに有効ですが，あまりにも"うつ"が重くて状態が悪いときは課題をこなすことさえ辛いことがあります。筆者は認知行動療法はある程度良くなったとき，再度"うつ"に陥るのを防ぐために役立つ技法だとわりきって用いています。

教職員など働く人に対しては，うつが再発しての再休職を防ぐ，職場でのストレス対処法を身につけることを目指し，作業療法や認知行動療法，社会技能訓練などを組み合わせて集団で行うリハビリテーション・プログラム「リワーク」がとても有効で，筆者も熱心に取り組んでいます。

おわりに

以上，うつ病について精神科医の立場から基本的なことをお話ししました。"うつ"はとても辛いので，ならないほうがよいことは言うまでもありません。しかし"うつ"というのは，何らかのストレスや負荷に対し人がそれをしのぐために出した「休め」というメッセージという側面もあります。"うつ"に逆らうより，そのメッセージに従って嵐の過ぎ去るのを待つ，ちょっと力を抜いてみる，休みをうまく使

いながら，"うつ"をしのいで抱えつつも修学できるよう，"うつ"の学生を支援していってもらえれば幸いです。

† 文献

Akiskal HS et al.(1999)The evolving bipolar spectrum：Prototypes I, II, III and IV. Psychiatric Clinics of North America 22 ; 517-534.
福田真也（2008）現代のうつ病と職場不適応（現代型うつ病と職場復帰への取り組み）．ゆうゆう 55 ; 18-29.
川上憲人ほか（2007）こころの健康についての疫学調査に関する研究．総括・分担研究報告書．平成18年度厚生労働科学研究費補助金（こころの健康科学研究事業）；1-16..
仙波純一（2011）双極スペクトラム概念の問題点を考える．精神神経学雑誌 113-12 ; 1200-1208.
田中輝明ほか（2009）双極スペクトラム障害の診断．精神神経学雑誌 111-6 ; 633-637.

‡ 参考資料

●書籍

細川貂々（2006）ツレがうつになりまして．幻冬舎.
井原裕（2009）激励禁忌神話の終焉．日本評論社.
香山リカ（2007）仕事中だけ「うつ病」なる人たち——30代うつ，甘えと自己愛の心理分析．講談社.
エリザベス・キューブラー・ロス［鈴木晶 訳］死ぬ瞬間（中公文庫）．中央公論新社.
野村総一郎（1996）もう「うつ」にはなりたくない．星和書店.
大野裕（2000）「うつ」を治す（PHP新書111）．PHP研究所.
ローラ・E・ローゼン［冨田香 訳］（1998）あなたの「大切な人」がふさぎ込んだら．講談社.
ノーマン・E・ローゼンタール［太田龍朗 訳］（1992）季節性うつ病（講談社現代新書）．講談社.
斎藤由香（2006）窓際OL トホホな朝ウフフの夜（新潮文庫）．新潮社.
斎藤由香，北杜夫（2014）パパは楽しい躁うつ病（新潮文庫）．新潮社.
ウィリアム・W・K・ツング［福田一彦ほか訳］（1983）日本版SDS使用の手引き．三京房.

●Web

日本うつ病学会．「日本うつ病学会治療ガイドラインⅠ．双極性障害」第2回改訂（2012年3月31日）／「日本うつ病学会治療ガイドラインⅡ．うつ病（DSM-5）／大うつ病性障害」第2回改訂（2016年7月31日）（http://www.secretariat.ne.jp/jsmd/mood_disorder/）
日本認知療法学会（http://jact.umin.jp/）

10
死にたい人と遺された人たち

自　殺

はじめに

　日本では自殺者が平成10（1998）～平成23（2011）年まで年間3万人を超える状況が続き，平成16（2004）～平成18（2006）年の調査でも本気で自殺を考えたことがある者が9.7％，過去1年間に限っても1.2％と，自殺はとても身近な問題です。平成18（2006）年に自殺対策基本法が策定・施行され，その効果もあるのか自殺者数は平成24（2012）年から3万人を割り込みましたが，平成28（2016）年でも2万1,897人と2万2,000人近くの人が自殺で亡くなっています。平成29（2017）年7月の自殺総合対策大綱では2026年までの10年間で自殺者を3割減少させ，1万6,000人以下とする目標を定めています。また自殺は15歳から39歳までの死亡原因の第1位を占め，大学生のメンタルヘルス上，きわめて重要な問題です。

　現在の自殺対策は中高年のうつ病対策が主になっていますが，大学生の自殺はうつ病に限らないこと，家族，周囲の友人や教職員など関係者にも重大な影響を与えるため大学生の実態に合わせた対策が重要です。なお「自殺」という用語は適切でなく「自死」とする意見も強いのですが，現在でも法律，政府の統計や白書は「自殺」を用いていますので，この本でも「自殺」と表記することにします。

　自殺への対策は以下の3つに分けて考えることができます。

(1) プリベンション：自殺を予防するための教育や啓蒙活動，健康診断や相談など
(2) インターベンション：今，自殺を考えたり試みる人への直接的な対応，危機介入
(3) ポストベンション：遺された家族，友人などへの支援

Ⅰ 大学生の自殺の実態──プリベンション

　思春期・青年期と若い成人である15〜39歳の世代では自殺が死因の第1位，身体的には最も健康で死亡者が少ない世代で自殺は突出しています。厚生労働省と警察庁の平成28（2016）年度における自殺の状況によれば，大学生の自殺者数は374人，全大学生数は文部科学省の平成28（2016）年度学校基本調査によると287万3,624人ですので，自殺率は大学生1万人当たり年間1.3人ということになり，少し規模の大きな大学ならば年間1人は自殺していることになります。大学生の死亡のおよそ1/3は自殺によるものです。

　性別を見ると男子大学生の自殺者は294人（男子学生数は162万5,898人で，自殺率は1万人当たり1.8人），女子大学生の自殺者は80人（女子学生数は124万7,726人で，自殺率は1万人あたり0.6人）と男子が高い自殺率を示します。また死なないまでも自殺を試みた自殺未遂の人は自殺者の10倍，さらにその10倍の人は死ぬことをかなり真剣に考えたことがあると言われ，図1のような自殺の危険度のピラミッドを考えることができます。1人の自殺者の背後に大勢の予備軍がいるのです。

　大学での自殺を防ぐためには，きめの細かい対策を地道に行っていくことでしょう。たとえば孤立している人に対しては相談相手や人間関係をもてる場が役立つことから，学生相談室や"何でも相談窓口"のスタッフを充実させる，健康診断の際に相談窓口があることを伝えて，容易にアクセスできるようにする，精神的な病気の人は自殺リスクが高いため早く治療に結びつけられるよう保健室のスタッフが研修し精神的な病気と自殺についてよく知っておく，自殺に詳しい精神科医も相談員に加える，授業で大学生のメンタルヘルスについてのコマを設けて，学生の自殺への対応など啓蒙活動を積極的に行うなどです。

A：自殺する
B：死につながる行為を試みる（自殺未遂）
C：深刻に自殺を考えている（自殺念慮）
D：死にたい，消えてしまいたいと思うことがある

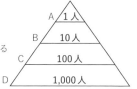

図1　自殺の危険度のピラミッド

> **コラム**
> ### 自殺報道
>
> 　ひとたび自殺が起き，それがマスコミやネットで詳しく報道されると，死の一歩手前にいる人たちのモデルとなり，一線を超えて同じ方法や場所での自殺が続きます。このような続けて起きる自殺を「群発自殺」と呼び，富士の樹海や東尋坊など自殺の名所がしばしば出現します。WHOはそのような自殺を防ぐため「自殺予防メディア関係者の手引」を2000年に作成，2008年に改定し，自殺をどう報道すればよいかの指針を示しました。横浜市立大学の河西千秋氏が翻訳して厚生労働省のHPに掲載しています。自殺をセンセーショナルに伝えない，問題の解決策であるかのように表現しない，自殺の方法について詳細な説明はしない，自殺の場所について詳細な情報を提供しない，見出しの言葉使いや写真・動画の利用には十分注意する，特に有名人の自殺の報道には気をつける，遺された人に対して配慮する，相談できる機関の情報を提供する，ということが述べられています。
>
> ※厚生労働省．WHO自殺予防メディア関係者のための手引き（2008年改訂版日本語版）
> (http://www.mhlw.go.jp/stf/seisakunitsuite/bunya/0000133759.html)

II｜大学生の事例

　中高年の自殺はうつ病が関わっていることが多いのですが，大学生では一人ひとり死を選ぶ要因や経緯が違うように思われます。ケースを挙げて検討してみましょう。

例1 就職を契機に自殺した4年生男子A君　2年生の健康診断で「燃えるものがなく，生きていてもつまらないので死んでもいい」と問診表に書いていたが，特に問題なく4年生になった。就活で「将来のことを考えると，この先，生きていけるか不安で相談する相手もいない」と就職課の担当者にこぼしたことがあったが，ある会社に内定は決まった。その後「自分が仕事をできるか不安になって，どうでもよくなって家でクビを吊ろうとしちゃった」と笑いながら同級生に話すことがあったが，冗談と思われ本気にされなかった。父親は仕事で海外に単身赴任しており，夏休みに母親が赴任先に出かけ留守の家に一人でいたある日，電気コードにタイムスイッチをつけ感電死しているの

を帰国した両親が見つけた。遺書には「人生は生きるに値しない」とあった。

例2 アパートにひきこもった末に自殺した2年生男子B君　元来友人が少なく物静かな学生だったが，1年生の頃は特に問題となることもなかった。2年生になった頃から徐々に登校しなくなり，アパートにひきこもるようになった。サークルも入らず学科でも話す友人もいなかったため，誰も気に留めることがなく，彼から誰かに相談をもちかけることもなかった。夏休みに入っても帰省しないことを不審に思った親がアパートを訪れたところ，首を吊って自殺しているのが見つかった。

例3 大量服薬やリストカットを繰り返し自殺直前に友人に連絡した2年生女子Cさん　Cさんは何か気に入らないことあると鎮痛剤を大量に飲んだり，手首を切って救急車で運ばれるため，精神科に通院しボーダーラインと診断を受けていた。反面，成績も良く表面上は明るくて友達もたくさんいて，特に同じサークルのZさんとは仲が良く，Cさんの悩みをよく聞いてあげていたが，彼女に振り回されるZさんがかえって悩んでいた。2年生になってからもCさんは酒を飲んで大騒ぎを起こすなどの問題が続いたが，大学では元気にしていたため周囲はまたかと思い真剣に取り合わなかった。ある日，突然Zさんの携帯に「バイトをちゃんとやっても誰も認めてくれない，みんな冷たい，もう死ぬね」と電話があったが，まさかと思ってすぐには対応しなかった。しかし気になったZさんが夜になってアパートを訪れるとマンションの踊り場から飛び降りて亡くなっていたCさんを見つけた。後でわかったことだが，Cさんの日記の最後に「Zは冷たい」と書いてあり，Zさんは強いショックを受けた。

例4 精神病の治療を中断して自殺した3年生女子Dさん　Dさんは2年生の頃から幻聴や妄想が出現したため，休学して自宅のそばの精神病院に入院した。退院して復学したが，復学直後は症状がなかったため，本人，家族とも通院を続けて薬物治療を受ける重要性を理解しておらず通院を止めてしまい，数カ月後に再び幻覚や妄想が出現した。するとある日突然，大学の最寄り駅のホームから電車に飛び込み亡くなった。Dさんは翌日の講義の準備もしていたことから，本人に死ぬ意志はなく，何らかの幻聴に左右されふらふらと飛び込

んでしまったらしい。

例5 就職活動で行きづまりアパートで自殺した4年生男子E君　E君は元来，成績優秀で真面目で友達の頼みを何でも引き受け信頼されていた。しかし本当は「断ると，もう信頼されなくなる気がして断れない」という弱さをもっていた。4年生になり就職活動に奔走したが理想は高く有名企業ばかりを選んでエントリーしたためか，なかなか決まらなかった。その不安を紛らわすため，ますますバイトやサークル活動に勤しんでいた。その頃，優しかった祖父が病死して，葬式で帰省したのを機にE君は「いまだに就職が決まらない私はだめ人間で，生きる資格がない」と思いつめるようになり，高架橋の橋げたでぼーっと佇むようになった。しかし彼に相談をもちかける人は多かったが，友達や内定が決まって喜んでいる同棲中の彼女に彼のほうからその辛さを話すことはなかった。彼女が就職の報告のため郷里に帰って一人だったある日，高架橋から飛び降りてE君は亡くなってしまった。後から思えば，周囲に「俺なんかいないほうが楽だよね」と自殺をにおわす言動があったのだが，誰も彼が自殺するとは思わなかった。

III｜自殺の危険度の評価——インターベンション①

　この5人の自殺したケースの共通点を見出すことは難しいのですが，あえて言えば「友達があまりいない，たとえいても死ぬ直前は関係がやや希薄になっていた」「家族との交流は少ない人が多い」「卒業や就職など変わり目の時期に多い」「例外もあるが性格的には真面目な反面，堅くて融通が利かず責任を自分が負いがち，現実と理想のギャップが大きく，自分に自信がもてず自分に良い評価を与えられない人が多い」「ストレスやトラブルを解消するのが下手で，極端な解決法をとりがちの人が多い」「何らかの喪失体験，たとえばE君のように就職が決まらず将来が失われた気になったり，祖父の病死など大事な人や自己の誇りを失うことが契機になることが多い」「後から思えば何らかのサインがあったと思える」「うつ病に限らず，Dさんの統合失調症，Cさんのボーダーラインなど何らかの精神的な病気に罹っている人が比較的多い」「1つだけでなくいくつかの要因が重なったときに死を選択していると思える」「突然自殺するのではなくその前に高いところに行くとか，コードやタイムスイッチを買うなど，何らかの準備行動がある」などを挙げることができます。

表1　自殺の危険度の評価

①自殺企図歴：飛び降りや飛び込みなど致死性の高い自殺を試みた直後は危険度がとても高く、少なくとも3カ月は厳重に注意すべき。また過去に精神疾患の既往がある場合もリスクはとても上がる。
②家族の自殺企図歴：家族に自殺した、あるいは深刻な行為での自殺を試みた方がいる場合も危険度は高い。
③死にたいという意思表示と準備行動など予兆がある：たとえば「生きていてもつまらない」とか「抜け出すには死ぬしかないよ」「生きるのに疲れちゃった」と死に直結する言葉を口ずさんだり、高いところに行ったり、紐を用意するなど準備をしている場合はきわめて危険性が高い。「死にたいと言う人は自殺しない」という通説は誤りで、自殺には予兆があることが多い。

以上に加えて、以下がある場合はリスクが上がる。

④狭義の精神疾患にかかっている：うつ病、統合失調症、アルコール依存や薬物依存、ボーダーラインなどと診断されている、特に入院歴がある場合は危険度が上がる。
⑤近親者や親しい友人を亡くした喪失体験：亡くした直後もそうだが、一周忌などの命日はリスクが上がる。
⑥良い関係をもつ人がいない場合：家族や友人に一人でも相互的な良い関係をもてる人がいるとリスクは下がる。だからこそカウンセラーや教職員はこうした関係を築くよう努力すべき。
⑦自身の健康や安全への無関心、事故傾性：健康に問題があるのに治療しようとしない、医師の助言を無視する、事故を防ぐために必要な対応をしない、実際に事故や怪我が多い場合もリスクは上がる。
⑧環境や生活の変化：失恋や留年などで友人との関係が切れる、卒業と就職、転居、転勤など別れのときなど生活環境の激変、また「学生」という身分の喪失はリスクを上げる。
⑨男性のほうが女性より危険：自殺者の男女比は2～3：1と男性が多い。

とはいえ、このような状況や性格の人が必ず自殺するわけでもないため、自殺を予測することは難しいのですが、以上をまとめて相談室で面接する際の自殺の危険度の評価を表1に挙げます（福田、2006）。

以上のように評価しますが、例外も多く一概には言えません。初回の面接では上記の情報が十分に得られませんし、一方、リストカットや大量服薬などの自傷行為がありつつも長期間面接が続いているケースでは、年度の変わり目や留年がどれほど危険度を上げるかの評価に悩むことも多いです。

表2 相談室での自殺の危険度の評価による基本方針

①自殺の危険性がきわめて高い場合は危機介入
　きわめて危険度＝自殺の可能性が高いと判断した場合は，保護者に連絡し，すみやかに大学に来てもらう，遠くて間に合わなかったり連絡が取れない場合は指導教員や学生部など教職員と協力し，誰かが同伴して救急救命センターや精神科外来など医療機関を受診させる。本人の同意が得られるよう説得するが，たとえ拒否しても受診させる。受診後はドクターの指示に従うが，治療を優先させて大学は休ませる。

②ある程度の危険性がある場合
　精神科受診には抵抗することが多いが，可能な限り受診を強く勧める。傷や身体のダメージによっては外科への受診が必要。親への連絡も拒否することが多いが，必要と判断したら毅然とした態度で連絡する。担当教員や学生部の職員とも連携して対応し，カウンセラーと本人の一対一の関係で抱え込むことは避ける。たとえ受診しないで帰る場合も，必ず次の予約を日にちと時間を明確にして取る。これで，ある程度は歯止めをかけることはできるが確実ではない。

③危険性がそれほど高くない場合
　通常の相談と同様に対応する。同意がなければ家族や教員には無理に連絡はせず，医療機関への受診も強要しない。ただし本人の了承が得られた場合の受診や家族への連絡はつねに考えておく。次回の面接予約は必ず取り，可能な限りあなたが会うようにする。相談室長など責任者には必ず報告しておく。

IV 対応方針──インターベンション②

　相談室での自殺未遂や自殺の危険が高い学生への基本方針を表2にまとめます。
　困難さは「①＞②＞③」の順ですが，実際の頻度は「①＜②＜③」でしょう。①の緊急対応は学生数が多い筆者の勤務していた大学でも年に1～2回と多くはありません。他の業務を犠牲にして行い，強引な対応なのでしばしば本人が抵抗を示し，本人の意向に反して家族を呼んだり，医療機関を強引に受診させることで精神科医やカウンセラーとの信頼関係が失われてしまうことがあり，どうしても必要な場合に限られます。
　もうひとつの問題は③の通常の相談で，たとえばリストカットがありつつも長期間面接を続けているケースが，何かのきっかけで危険度が上がった場合です。どこまで③の通常の面接を続けて，どこで②や①のより強い対応に切り替えるか，その判断と決断はとても難しいです。

また事例1・2・5の場合がそうでしたが，精神科医やカウンセラーなど専門家の相談を受ける前に自殺してしまう人が実際には多く，自殺しようとする人は積極的に自分から相談に行くことが少ないため，身近にいる人が鍵になります。自殺の危険に気づけるのは最も身近にいる家族や友人，教職員で，うまく対応することで自殺を防げる可能性は十分にあります。とはいえ，友人や受講している学生が自殺する危険性があるか，どう対応してよいかは経験のない人にはとても難しいことで，そのような教職員や同級生が相談室や保健室に相談しやすい体制や雰囲気づくりが重要です。今後はネットやSNSを利用した相談体制を検討してもよいでしょう。

コラム

ネット・SNSと自殺

　自殺対策支援センターライフリンク，あしなが育英会，そして多くの学会が自殺対策のためにさまざまな情報を提供しています。また日常生活では言えない辛い思いをいのちの電話などに電話相談したり，ネットに書き込んで温かい返事をもらって自殺を思い留まったり，自殺遺族が辛い体験を語り合って癒される場もあり，ネットやSNS，電話相談は自殺予防と遺族への支援にとても役立っています。しかし，なかには自殺したい人同士が参加して，あるメンバーが自殺するとそれに影響されて自殺してしまう，一人では怖くて自殺を思いとどまっている人がオフ会で集まり，そこで他の人に"力づけられて"自殺したり，他の人の自殺を手伝っていくうちに巻き込まれて集団自殺に突き進む，人を殺すために悪意をもつ人が開設して犠牲者を誘うなど，危ないものもあり，ネットには功罪があります。

[自殺対策のためのホームページと電話窓口]
- 自殺対策支援センターライフリンク（http://www.lifelink.or.jp/）
- あしなが育英会（http://www.ashinaga.org/）
- 全国大学メンタルヘルス学会．大学生の自殺対策ガイドライン2010（http://jacmh.org/index.html）
- 日本学生相談学会・学生の自殺防止のためのガイドライン（http://www.gakuseisodan.com/）
- 厚生労働省．自殺・うつ病等への対策——誰もが安心して生きられる，温かい社会づくりを目指して（http://www.mhlw.go.jp/bunya/shougaihoken/jisatsu/dl/torimatome_2.pdf）

- 東京いのちの電話24時間（03）3264-4343（紙幅の都合上，東京だけを挙げたが，いのちの電話は各都道府県にあるため下記を参照のこと）
- 日本いのちの電話連盟（http://www.find-j.jp）

V 遺された方への支援──ポストベンション

1 身近な人を自殺で喪った大学生はどれくらいいるか

　大学生の自殺者は年間374人，1万人あたりの自殺率は1.3人ですが，大学生の親を50～59歳の世代と仮定すると平成28（2016）年の自殺者は3,631人で，その自殺率は1万人当たり2.36人となり，大学生より高い数値を示します（平成28（2016）年中における自殺の状況）。仮に大学生の親を大学生数の2倍の574万人とすると，1,355人ほどの親が自殺している計算になり，遺された大学生への対策がきわめて重要だとわかります。

2 遺された人に生じる問題

　自殺は死別のうちでも最も深刻なもので，遺された遺族や親友にとって「素直に悲しみを表明しにくい死」「悲しみ以外の複雑な感情が生じる死」です。遺された人は自殺と自殺者，あるいは自殺者を出した家族を「恥」と感じて，自殺という事実を隠そうとします。子どもが小さいと親が自殺しても秘密にされることが多いですし，遺された家族の間でさえ自殺の話題はタブーになって，家族の間もぎくしゃくし，子どもが自殺すると両親が離婚することがきわめて多いという報告もあります。また家族の自殺の後，他人や社会との関わりを避けてひきこもってしまう人もいます。

　表面から自殺のことを消し去っても，遺された方のこころのなかには「もっと○○しておけばよかった」「私が△△だから自殺してしまった」という罪悪感や自責感がくすぶります。また同時に激しい怒りや非難の感情もわいて「□□していれば自殺は食い止められたのに何をしていたんだ！」と家族や関係者を責めることもあります。さらに「あの人は私を遺して死んでしまった，私なんか必要じゃなかったんだ」と故人から拒否されたように感じて自尊心が著しく傷つけられます。このような状況は長く続いて悲嘆はいつまでも終わりません。

　またいろいろな症状にも悩みます。眠れない，食欲が落ちる，意欲が下がる，酒

や薬で苦しみを紛らわす，といったもので，深刻になると，うつ病，アルコール依存症，不安障害など精神的な疾患にもかかります。また免疫力が落ちてしまい身体疾患にもかかりやすくなります。さらに重大な問題として，特に近親者を自殺などで突然に喪うと，遺された人のメンタルヘルスに重大な影響を及ぼし自傷や自殺のリスクが高くなるという報告もあります (Guldin et al., 2017)。このように「一人の自殺」は遺された家族や親友，同僚などに深刻なダメージを与えます。

③ 遺された方への心理的支援

　自殺されて遺された家族，親友などには経済的，社会的，学業上の支援はもちろん，心理的な支援も重要です。まず大変深刻な喪失であることを支援者，周囲の人，あるいは支援される本人自身が認識することです。自殺によるショックは親しかった人をピンポイントに直撃するので，故人と親しく深刻なダメージを受けた人と，それほど親しくなかった親戚や普通の知人とのギャップがとても大きくなります。「時間が経てば悲しみも薄れるでしょう」とか「忘れなさい」と親戚や知人は言いますが，親しかった人のダメージは簡単に癒されるものではなく，その悲しみが周囲の人に理解されないダメージも加わって孤立していきます。それらを理解し，遺された人が強く感じている罪悪感や自責感を軽減することが必要です。第三者から冷静に見れば，多くの場合は遺された人が自殺そのものに過剰な責任を感じる必要はあまりないため，それを伝えていきます。人によっては自殺の事実を否認したり，歪んで受け止めていることもあるので，時間をかけて徐々に自殺の現実を適切に受け止めていけるようにしていきます。故人から見捨てられた気持ちにも対応し，自尊心を取り戻せるようにして，生じてくる怒りの感情を酒や薬など破滅的な方法でなく言葉で表現できるようにしていきます。いずれは故人を自殺者としてだけでなく，とても大事だった一人の人としてこころのなかに置けるようにしていきます。

　以上のことは一対一の個人カウンセリング以外でも，遺された方同士のグループセラピーやセルフ・ヘルプ・グループが有効と言われ，日本でも最近一部の専門家によって試みられています。「あしなが育英会」や「小さな風の会」などのNGO団体でも経済的支援活動や遺児文集の出版などの啓蒙活動とともに遺族グループをつくり，大きな助けとなっています。

④ 学生相談における面接

　筆者は，親友から自殺直前に死ぬことを告げられたうえで自殺され深刻なダメージを受けた学生に対して，ポストベンションの面接を行いました。その経験をもとにポストベンションのポイントをまとめます。先ほどの例3のCさんの親友Zさんです。

> **例6**　**自殺した2年生女子Cさんの親友Zさん**　Cさんは気に入らないことがあると鎮痛剤を大量に飲んだり，手首を切って救急車で運ばれるため，精神科に通院しボーダーラインと診断を受けていた。反面，成績も良く表面上は明るくて友達もたくさんいて，特に同じサークルのZさんとは仲が良く，Cさんの悩みをよく聞いてあげていたが，振り回されるZさんのほうがかえって悩んでいた。2年生になっても酒を飲んで大騒ぎを起こすなどの問題が続いたが，大学では元気にしていたため周囲は"またか"と思い真剣に取り合わなかった。ある日，突然Zさんの携帯に「バイトをちゃんとやっても誰も認めてくれない，みんな冷たい，もう死ぬね」と電話があったが，まさかと思ってすぐには対応しなかった。しかし気になったZさんが夜になってアパートを訪れるとマンションの踊り場から飛び降りて亡くなっていたCさんを見つけた。Cさんの日記の最後に「Zは冷たい」と書いてあり，Zさんは強いショックを受けた。サークルの顧問がZさんに相談室を紹介し，筆者はZさんを支え大学生活を維持するためポストベンションの面接を続けた。

(1) いかにして自殺を知り，支援が必要な人と関わるか

　前述したように自殺は「タブーの死」で表に出にくい死です。学生相談室やカウンセラーがまったく知らないうちに学生が自殺して，後から退学届けが出されてはじめて知り，時すでに遅く，ショックを受けた関係者が誰なのかわからず，ポストベンションのタイミングを逸することが多いのが現実です。遺された友人や教員が自主的に相談に訪れることはあまりないため，支援が必要な方がどこにいるのかを知ることが課題になります。事例では筆者と知り合いだったサークルの顧問からの連絡で相談に結びつきましたが，普段から学生相談室と学科，学生部や教務部，あるいはサークルなどで学内のネットワークを構築しておく地道な努力が重要でしょう。

(2) 相談はカウンセリングの基本で

　相談室での一対一の面接はごく普通のカウンセリングのスタンス，すなわち共感して，さまざまな想いや感情を表明してもらい，じっくりと話を聞いていく，という方針で進めていきます。学生相談の経験のある相談員であれば誰でも可能なことだと思います。また面接は通常の相談と同じように可能な限り時間や曜日を一定にして行いますが，長期休暇中や実習などの際は柔軟に対応し，何か困難があれば電話，メールなどで連絡して適宜の面接ができるようにします。

(3) 現実の学生生活を支えていく

　現実の学生生活を支えるためのケースワークも重要です。自殺直後は通夜や葬式に出たり，場合によっては警察や関係機関による事情聴取などがあるため，何日かは大学を休むことになります。当初は緊張して現実に対応するのが精一杯なので表面上は元気そうに見えるのですが，少し経つといろいろな問題が噴出してきます。ダメージが大きいとかえって自覚できずに過剰にがんばろうとしますが，客観的に見て休養が必要と判断したら授業や実習を一時休むことも提案していきます。Ｚさんの場合，学外実習を一定期間休むことにしました。実習にいつ復帰するかが相談テーマでもあり，回復のひとつの物差しになりました。休んだり授業での配慮が必要な場合は，自殺について知らない教員や部署への連絡も必要となるため，どのように伝えるかを相談したり，必要であれば相談員からも伝えていきます。

(4) 今もっている感情を率直に表現する

　事情を知らない人から見ると，遺された人は元気に見え，普通に学生生活を続けていると思われるのですが，実際には故人のことを急に思い出して悲しくなったり，ちょっとしたことで感情が噴き出して，それを表面では何事もなかったかのように抑えていることが多いのです。また自殺されると単に悲しいだけではなく，恥，罪悪感など複雑な感情が湧きます。面接では丁寧にゆっくりと抑えられている感情が表出できる環境をつくって表明を待ちます。人によっては「ほっとした」という解放感をもつなど一般常識に反することもあるのですが，どんな感情も批判することなく，いずれも無理のないことと伝えて，率直に表現できるようにします。Ｚさんは，特に怒りの気持ちが他人に向いて「彼女は死んだのに，周りの人はまるでいなかったように変わらず明るく生活している，それは許せない」と憤りを感じていたので，それを受け止め聞いていきました。

(5) 自殺についての事実を確認する

　面接当初から行うこともありますが，語ることが辛い場合は，こころの準備ができてから行うこともあります。どちらにしても本人が話してもよいという状態になってから行うべきでしょう。死んだ友人と知り合ってからのこと，特に自殺を巡って，いつどのような言動や行動があり，どのような要因があったか，ケースが自殺とどう関わっていたかどうか，自殺された日のこと，自殺の手段，状況，葬式のこと，遺族のことなどを丁寧に一つひとつ客観的に確認していきます。

　Ｚさんとは面接開始後3カ月目に，亡くなった友人Ｃさんからもらったメールを自らワープロに再入力して，一つひとつ故人との関わりを再検討する作業を行っていきました。死んだＣさんは数年間にわたってリストカットや大量服薬，酒によるトラブルを繰り返して精神科に通院し，一方，友人には夜中に電話やメールで愚痴を言ったり，「死にたい」と繰り返し述べていて，Ｚさんはとても親身に相談に乗っていました。しかし問題行動は日常的になっていて「またか」と思っていたこと，通院が途切れてしまったこともあって自殺を防ぐことができませんでした。自殺されると過剰に罪悪感を感じて「あのときこうしておけば自殺を防げたのに」といった後悔の念や「死んだのは私に責任がある」という自責感に悩まされることが多いのですが，Ｃさんの病理や当時の状況を客観的に検討すると，自殺を防ぐことは難しかったと思われたため，Ｚさんには「あなたに責任はないと思うよ」と伝えていきました。

(6) 心理教育的アプローチ

　自殺され遺された人に起きる問題を客観的に伝えていく心理教育的なアプローチも重要です。Ｚさんに対しては筆者が心理学の講義で「自殺」について準備した資料を渡して説明し，それを参考にしながら，自分の状況を客観的に見つめたり，自分がどのような状況，段階にあるのかについても話し合いました。資料にもあった身体感覚の変化「いつもそばに亡くなった彼女がいる」を自覚していて，それが面接，喪の過程の進展に従い「遠くに行った気がする」と変化していくことが印象的でした。

(7) 関係者との連携

　どこまで「自殺」の情報を関係者に提供するかは慎重に考慮すべきですが，指導教員や学内の関係者には，遺された人の困難な状況を伝えて講義や実習での配慮を

求めることも必要でしょうし，さらに同様にショックを受けている友人がほかにもいるかどうかも聞いて，もしいればその方へのアプローチも考えるべきで，Ｚさんの友人との相談も行いました。また精神・身体症状があって必要と判断すれば学外の医療機関への受診も積極的に検討すべきで，適切な受診先を探したり紹介することも重要です。Ｚさんの場合は受診の必要はありませんでした。

(8) 自殺と亡くなられた人について話すことによるカタルシス・癒し
　このようにして，自分の家族はもちろん知人にも話せない自殺や故人について，しんみりしたり，こちらから冗談を言ったり，笑ったりしながら面接を続けていきました。このことが癒しとなり，卒業を区切りに面接は7カ月ほどで終了にしました。どのくらいの期間，ポストベンションの面接を続けていけばよいかについて明確な基準はないため，いつどのように終わりとするかも大きなテーマになるでしょう。また終了後も亡くなった方の命日には困難な状況になることがありえますので，その後のフォローについて，あるいは卒後の相談先も示したほうがよいでしょう。

(9) もともとの病理や性格傾向などは積極的には扱わない
　Ｚさんは元来健康な方だったので問題はなかったのですが，自殺される前から何らかの心理的問題を抱えている方の場合は対応がより困難になります。ポストベンションの面接では，原則として自殺とそれによって起きる問題に焦点を絞り，もともと抱えている心理的問題はあまり扱わないのが原則です。とはいえそれが必要になることもあるので，相談内容が自殺されたことから外れてケース自身がもっている問題を扱うことになったときは，自殺のポストベンションとは別の目的をもった相談であることを明確にして行ったほうがよいでしょう。

> **コラム**
>
> ### 自殺された専門家のためのメモ
>
> 　筆者自身も担当患者さんに自殺されたことがありますが，精神科医はほぼ3年に1人は自殺を経験し相当なダメージを受けるという報告（斉藤，2001）があります。医師に限らず，カウンセラー，看護師・保健師（五十嵐，2003；木嵜，2013；吉元，2012）などの"セラピスト"が相談を受けていた学生＝クライアントに自殺されたときの支援も重要です。特に専門職は治療の"失敗"と自他共に受け取りがちで，自分の能力，

自己評価が傷つき、とても不安になり、家族から訴えられないかと心配になり、自分が世界一無能なセラピストのように感じ、専門家としての恥、他のセラピストに知られたくないと過剰に防衛的になり、仕事を辞めたくなり、誰とも会いたくなくなり、死んだクライアントを責めたくなります。この自尊心の低下、自責感と罪悪感、無力感、恥の気持ち、拒否された感情、怒りは自殺された親しい人に共通して生じる感情ですが、専門職として相談していた責任があるだけ余計に強く感じます。また眠れない、食欲がない、動悸がする、胸の圧迫感、喉の渇き、脱力感、頭痛、肩こりなどの身体症状が起きることがあります。セラピストの個性や状況によってダメージは異なりますが、自殺はピンポイントにダメージを与え、直接の担当者と関わってない人とでは受け止め方がまったく違い、それだけに同僚とも辛さを共有できずに、孤立しやすくなります。また他のクライアントとの相談にも多大な影響が出ることもあります。特に同じ問題をもつクライアントに対しては複雑な感情が湧いたり、反対に何も感じなくなるなど対処しづらくなります。適切な「喪の仕事」がセラピスト自身にも必要です（高橋, 2007）。筆者は葬儀に参列した後、すぐにスキーに行って滑りまくったことがあります。知人のなかには怖がりなのにわざわざお化け屋敷に行ったり、普段はしないパチンコを24時間続けた人もいます。一見、不謹慎なやり方でも癒されるならば、周囲はそれを尊重すべきです。

おわりに

　自殺について語ることは筆者にとっても辛く難しい課題でした。正直、記載していない重要な点がまだたくさんあるのですが、筆者自身が消化しきれていないため十分には書けませんでした。ただ、その想いもあって遺された人への対応＝ポストベンションを詳しく述べました。この章が自殺を乗り越えるための手助けになれば幸いです。

† 文献
福田真也（2006）自殺・自傷への対応．臨床心理学 6-2；185-193．
Guldin M.B. et al.［秋山剛ほか 訳］（2017）Risk of suicide, deliberate self-harm and psychiatric illness after the loss of a close relative : A nationwide cohort study. World Psychiatry 16-2；193-199.
五十嵐透子（2003）入院中の患者の自殺を経験した看護師へのコンサルテーション．心理臨床学研究 21；471-483．
川上憲人ほか（2005）こころの健康についての疫学調査に関する研究．平成16～18年度厚生労働科学研究費補助金（こころの健康科学研究事業）総合研究報告書．
木嶋育子（2013）患者の自殺の救急措置を行った精神科看護師への職場における支援を阻害する3つ

の行動タイプと支援の在り方．精神科治療学 28-7；959-963．
斉藤陽子（2001）患者の自殺が主治医に与える影響．精神医学 43-4；377-384．
高橋祥友（2007）患者の自殺と治療者の反応．精神療法 33-1；80-88．
吉元邦子（2012）入院患者の自殺後の病棟スタッフへの心理的介入．心理臨床学研究 30-2；150-160．

‡ 参考資料
● 書籍
カーラ・ファイン［飛田野裕子 訳］（2000）さよならも言わずに逝ったあなたへ──自殺が遺族に残すもの．扶桑社．
福岡県臨床心理士会 編，窪田由紀ほか 著（2005）学校コミュニティへの緊急支援の手引．金剛出版．
自死遺児編集委員会ほか 編（2002）自殺って言えなかった．サンマーク出版．
デイビッド・レスター［斉藤友紀雄 訳］（1995）自殺予防Q&A．川島書店．
リチャード・E・ネルソンほか［那波かおり 訳］（1997）友だちを自殺させないためにきみにできること．アスペクト．
ロバート・A・ニーメヤー［鈴木剛子 訳］（2006）「大切なもの」を失ったあなたに──喪失をのりこえるガイド．春秋社．
日本精神神経学会精神保健に関する委員会 編（2013）日常臨床における自殺予防の手引．精神神経学雑誌 115-3（付録）．
下園壮太（2002）自殺の危機とカウンセリング．金剛出版．
高橋祥友（1998）群発自殺（中公新書）．中央公論社．
高橋祥友（1999）自殺予防マニュアル．金剛出版．
高橋祥友（2004）自殺のポストベンション──遺された人々へのケア．医学書院．
若林一美（2000）死別の悲しみを超えて（岩波現代文庫）．岩波書店．
若林一美（2003）自殺した子どもの親たち．青弓社．
カイラ・ミリヤム・ワイナー［高橋祥友 訳］（2011）患者の自殺──セラピストはどう向き合うべきか．金剛出版．
J・W・ウォーデン［鳴澤實 監訳］（1993）グリーフカウンセリング──悲しみを癒すためのハンドブック．川島書店．

● Web
厚生労働省自殺対策推進室，警察庁生活安全局生活安全企画課（2017）平成28年中における自殺の状況（https://www.npa.go.jp/news/release/2017/20170321001.html）
文部科学省（2016）学校基本調査．平成28年度結果の概要（http://www.mext.go.jp/b_menu/toukei/chousa01/kihon/kekka/k_detail/1375036.htm）

11
こころの病気の人たち

統合失調症

はじめに

　大学生のメンタルヘルス上の問題は実にさまざまですが，そのなかでも対応が難しく精神科医療の最大のターゲットで，特に重要な病気が統合失調症でしょう。以前は"精神分裂病"と言われ，狭義の精神病はこの病気のことでしたが，偏見が大きく病名が変更されました。"精神病"というと教職員の方は「とても手に負えない，関われない」と思いがちですが，治療そのものは医療機関が行うにしろ，大学から医療に結びつけるまで，あるいは病気が癒えて復学した後は，教職員の理解と対応が大きな役割を担っています。

I｜統合失調症とはどのような病気か？

　厚生労働省による推計では日本の統合失調症患者は77.3万人とされ平成26（2014）年患者調査），全人口の0.7%，およそ130人に1人という高率の疾患でもあります。単純に当てはめれば，学生数13,000人の大学では，およそ100人がこの病気にかかっていることになります。しかも10代後半から20代前半の大学生の時期に多く発病するという特徴があります。男女差，社会的な背景などはそれほど関係がなく，また何らかのストレスが必ずしも原因ではなく，未だ明確な病因を特定できない疾患で大学生ならば誰でもかかりうる病気と言えます。
　症状は「教室の後ろで悪口を言っている」といった被害的な幻聴，「盗聴器でいつも監視されている」といった被害妄想，その結果ありもしない盗聴器を必死に探したり，悪口を言ってもいない相手に食ってかかるなどの行動上の問題を示します。またこれらの症状が治療で回復した後も，意欲が湧かず授業に出られない，人と関わるのが難しく自宅に閉じこもってしまうなどの陰性症状のため修学が難しくなり

ます。病型として人格が荒廃してしまう破瓜型，妄想が主体の妄想型，カタトニーという特有の姿勢を示し外界との交流が途絶えてしまう緊張型の3つに分類されますが，最近は幻覚や妄想が目立たず何となく生活が乱れてしまう単純型と言われる病型が増えています。発症後の経過は，長期的にはほぼ良くなって学生生活や社会人としてやっていける人が1/3，不完全な回復にとどまり大学は出ても就労が難しく家で日々を過ごすような人が1/3，人格が荒廃して長期間の入院を要する人が1/3くらいと言われます。

　重要な問題として，自分が病気であると認識すること自体が難しくなること，病識が失われることがあります。そのため自ら進んで相談に行ったり，医療機関を受診することが少なく，周囲が気づいてはじめてわかることが多いのです。とはいえ後から見れば何らかの不調，たとえば頭痛や不眠，物事への過剰なこだわりや，漠然とした不安に悩んでいたことがよくあります。

　診断は，上記の特有の症状と経過から判断するしかなく，医学的検査，たとえばHCTやMRIなど脳を画像で示す検査，"てんかん"や意識障害の診断に重要な役割を果たす脳波などの機能検査では異状は認められません。また健康診断の問診票やスクリーニングのGHQ，CMI，UPIなど質問紙票でも見出すことは難しく，やはり身近な人が異変に気づいて専門家に相談し見定めるしかありません。

II ｜ 大学でどのような問題が起きるのか？

1 休む，怠学

　一番多く見られるのは休んで大学に来なくなる問題です。病気休学の過半数は精神疾患によるものですが，そのなかでも統合失調症が最も多いです。このように大学に来ない場合はそれと気づかず支援が遅れがちです。

例1 **入学以来休まず通学していたまじめな男子学生A君**　A君は3年生の夏休み明けから休みが目立つようになり，11月からまったく来なくなった。年末に帰省しなかったため心配した家族が正月に下宿を訪ねたところ，ブツブツと独りごとを言いながら，ぼーっと部屋を徘徊していた彼を見出し，そのまま郷里に連れ帰り，精神病院を受診させ即日入院となった。後に退学届けが出されてはじめて大学は病気を知ったが，何の支援もできなかった。

② 成績の急な低下

 大学2年生まで良い成績だったが，そのうち惨たんたる成績になったため，指導教員が本人を呼び出したところ，わけのわからないことを話して意思が通じず，とても勉強に集中できる状態でなかったといった事例もあります。病気が進むにつれ，通常は成績は下がります。

③ 学部やサークルでトラブルを起こす

 特に被害的な訴えを執拗にする場合は，第12章「Ⅷ ハラスメント」で述べるように，ハラスメントとしての被害を訴えることもあるので，それが事実か病気の妄想によるものかを確認して対応する必要があります。

例2 **友人からの悪口を訴えた被害妄想の男子学生B君** ある日，指導教員のところへ突然「友人が嫌がらせをして教室や電話でいつも悪口を言ってくる」と3年生B君が訴えてきた。そのため教員が友人を呼んで問いただしたが，「そんなことはしてない」と否定する。その後もB君が執拗に同じことを訴えるが事実とは思えなかったことから「気にしすぎではないか」と諭すと，「先生もグルになって嫌がらせをしている」と事務職員に相談をもちかけた。しかし職員が教員に確認してそんな事実がないことがわかると「この学科は皆でグルになって自分をいじめている，これはパワハラだ！」とハラスメント委員会に訴えた。ハラスメント委員と相談室カウンセラーが本人を呼び話を聞くと，一見つじつまが合うように説明をして，当初は事実か被害妄想かわからず混乱したが，家族を呼んで状況をよく聞くと，自宅の隣人に対しても同じような訴えを起こしトラブルになっており，家族もB君の様子が以前と明らかに異なるため精神科を受診させるか迷っていることがわかった。指導教員，ハラスメント委員，カウンセラー，校医と家族が密接に連絡を取り，事実でなく本人の被害妄想であることを確認し，精神科受診に結びつけた。

④ 下宿，アパートでのトラブル

 「隣の部屋の人が郵便受けから覗いている」と訴えた男子学生が「（離れて住んでいる）大家もグルになって俺のことを監視している」と言い出し，本人の病気とわかった例もありました。アパートなどの住居は学生が一日のうち最も長く過ごす場であり，それだけに問題も多く起きていると思われますが，まずは保護者に連絡が

行くため，大学では病気を把握できないことが少なくありません。

5 突然の自殺企図

　大学生の自殺者の多くは精神的な病気なのですが，そのなかでも統合失調症によるものが多いです（第10章・例4）。統合失調症での自殺は妄想から逃れるため電車に飛び込むなど症状そのものによることもありますし，治療によって改善し自分の状況を客観的に理解できたところで，かえって将来に絶望して自殺するというように，回復期に起きることもあります。

　以上のようにキャンパスでの統合失調症の問題が出現しますが，頻度で言えば，1休む，2成績が落ちる，など目立たない形が80〜90％を占めます。345のように派手で周囲に迷惑をかける場合もありますが，決して多くはありません。

III｜どのように相談機関に結びつけるか？

　この病気は精神医学的な治療，長期間に及ぶ薬物療法が必要です。学内ならば学生相談室や保健室などに相談することが重要ですが，どのようにして相談機関に結びつけるかが最初の課題となります。学生が直接相談に訪れたり，教職員が相談を勧めて来室してくれるのが理想的なのですが，病識が乏しく自ら進んで相談に行こうとしないことが多く，「誰もいないのに悪口が聞こえるのは変だから専門家に行きなさい！」と幻聴や妄想を正面から指摘しても反発されるだけです。それよりも病気のために起きている現実的な問題，たとえば「友達とうまくいかなくて少し疲れているんじゃない？」とか，身体的な問題「寝不足でだいぶ疲れた顔をしてるよ！」など相談に行きやすい問題を取り上げて勧めるとよいでしょう。ただそれでもなかなか相談に行かないことも多いので，まずは「こういう学生に困っているが，どう対応すればよいか」と教職員だけでも先に相談するとよいでしょう。相談員はどのように対応するかを一緒に考え，必要なら保護者にも連絡し協力を得ながら相談や受診に結びつけるようにします。また相談室から学外の医療機関への受診も大きな課題で，詳細は第17章のⅧとⅨで述べますが，大学と医療の連携のネットワークの構築が重要でしょう。

Ⅳ 治療と大学生活を両立させるために

　現在は薬物療法も進歩し，幻覚や妄想などの陽性症状は早期に失くすことができます。また入院は長期間，社会から離れる弊害も大きいため，可能な限り社会・大学で生活を送りながら治療を継続していくことが望ましいです。とはいえ軽い病気ではないので，治療と学業が両立するためには以下のような条件が必要です。

(1) 症状がある程度落ち着いていて，幻覚・妄想がおおむね消えている。たとえあっても行動に影響を及ぼすことはなく，自傷他害の恐れがない。
(2) ある程度の疎通性があり，言語コミュニケーションが十分に取れる。
(3) 病識が少しはある，また完全でなくとも通院，服薬することは了承し実行している。
(4) 家族の協力が得られる。特に症状が再び出現するなど悪化した際にすみやかに対応できる。したがって下宿生はそれだけ厳しい。
(5) 自宅生なら，通学が単独で支障なくできる。下宿生なら単身生活が支障なくできる。
(6) 90分授業を中断せず1日に1～2コマは出席でき，それが週2～4日は可能である。

　特に休学して復学する場合の授業への出席は，学期途中では学業の進行，クラスへの適応が困難なため，春か秋の学期はじめからが望ましく，それまではリハビリとして大学に馴染むための通学に留めたほうがよいでしょう。

Ⅴ 学業を続けるうえでの問題と支援

　上記の条件を満たし，治療しながら学業を続けるにしても，統合失調症は慢性疾患で長期間の治療を要するため，以下のような問題が出て，それに応じた支援が必要になります。

1 医療機関への継続通院が必要

　成人の慢性疾患の本態性高血圧や糖尿病と同じで，統合失調症も長期間にわたる薬物療法と生活上のさまざまな注意が必要です。最も大事なことは治療を続けることで，外来に決まった曜日と時間の通院を要します。そのため1〜2週間に1回，決まった時間に授業を休んで受診しなければならない場合があり，履修への配慮が求められます。大学の事情，履修状況や試験の日程など大学での状況をよく把握して，大学と主治医が協力しながらのフォローアップが望ましいです。

　遠方に実家があってそこで入院した場合は，その病院に通うか，大学のそばの医療機関に転院するか悩むところです。主治医との相性もあるので変わらないほうがよければ，そのまま地元の主治医のところに連休や学祭休み，夏休みなどの長期休暇を利用して受診し，後は保護者が受診して薬を本人に送る方法もあります。学期中に症状の変化や薬の副作用があったとき，万が一の再発に対応するため大学のそばの医療機関に主治医を変える方法もあります。

2 症状が残ることが多い

　たとえ治療が順調に進んでいても陰性症状としての意欲や行動性の低下は残ることが多く，授業中ぼーっとしていたり，動作に機敏さが欠け，実験などでも手際が悪く見えます。一見やる気がないように見えますが，決してサボっているわけではありませんので，丁寧な指導が必要です。

3 薬物の副作用がある

　抗精神病薬による副作用，すなわち眠気，だるさ，倦怠感，口の渇き，手の振え，体重増加などがどうしてもあるため，講義，特に実験や実習で苦労します。事情を知らない教員が「そんな薬は止めてしまえ」と言って服薬を止め再発した例もありました。主治医も副作用を少しでも軽くする努力はしますが，限界があります。また女子学生では体重増加を気にして薬を止めることがあり，注意しなければなりません。

4 再発・再燃する可能性がある

　試験・レポートの締め切りなどで生活リズムが乱れたり，睡眠を十分にとらなかった場合に再発することがあります。治療をきちんと受けていても稀に再発するため，普段から学生とよく接して，発病前のような問題が再び起きていないか注意します。

何か様子が変だなと思った場合は早めに対処したほうがよいでしょう。

5 友人関係
　この病気は他人との付き合いにも影響を与え，積極的に関わろうという意欲が低下しがちです。また休学している間に友人は上の学年になったり卒業してしまったりして友人関係はなくなりがちです。新たな友人関係をつくるのは病前よりも困難なため，学内でしばしば孤立し，特に休学して復学した場合は"浦島太郎"状態になってしまいます。このような孤独感から通学しなくなったり，ますます意欲が落ちるという悪循環に陥るので，教員は数少ない話し相手になることも求められます。

6 勉学上の問題
　全般に思考のキレが落ちるため，授業が理解できず勉強についていけない，レポートが書けない，実験方法がよくわからない，となりやすく，また普段の授業はこなせても試験などハードルが高いと乗り越えられず，単位が取れずに留年・退学してしまうことがあります。

7 生活上の問題
　単身生活の場合，生活リズムの乱れから朝起きられずに講義を休んでしまう，食事をきちんと摂らず薬を飲み忘れる，通院しなくなるなどの可能性が高いため注意が必要です。

8 教職員の支援
　他人との付き合いの問題は当然教員とのコミュニケーションにも出ます。意欲が低下すると学生から積極的に話すことは少なく，教員が「何か困ったことない？」と聞いても，学生は「いえ，ありません」と答えるワン・パターンの会話になりがちですが，一歩進んで具体的な相談に乗ってほしいです。とはいえ熱心さのあまり煽るような対応，たとえば「1回も休まず授業に出なさい」とか「試験は徹夜してでも絶対受かるようにしなさい（睡眠不足は再発のきっかけになりやすい）」はやりすぎですし，逆に遠慮して何も求めないのもまずいと思います。この病気では意欲，記憶力，思考の鋭さ，機敏さなどいろいろな点で問題が残るため限界があります。それを越えて無理させると再発したり，まったく大学に来られなくなったりしますが，ある程度の負荷はかけてもよいのです。このあたりのさじ加減は微妙で難しく，

ケースによっても異なります。

　あまりにも能力低下が著しく，どう援助しても学業が無理なら，大学生活を続けることはできませんが，「4年ではなく8年かけて卒業すればよい」くらいの気構えでのんびりやったほうがよいです。教員から見ると，いるのかいないのかわからない状況でも，学生本人は意外と居心地の良い大学生活を送っていることもあります。

9 卒後と就職の問題

　統合失調症は重い病気で，発症した大学生のうち卒業まで至るのは，筆者の経験では半数以下にすぎません。それでも学生は社会人よりも恵まれています。義務も少なく，授業料さえ払い，2/3の授業に出席し，試験で60点以上取れれば単位が取れ，卒論もこなせば卒業することは可能です。また大学は相談室もあり支援体制は整っています。しかし一旦卒業してしまえばそうはいきません。就職できなかったり，就職できても社会人の厳しさに耐えきれずにすぐに辞めてしまったり，再発してしまう例がよくあります。また卒業すると医療機関以外の適切な支援機関を見つけることはとても難しく，大学を出たばかりに良い支援を受けられなくなることもあります。

VI｜学内での支援の実際

　統合失調症の学生が大学で修学していくためには，学生相談室や保健室など学内専門機関のスタッフがとても重要です。その役割は多岐にわたりますが，基本的には学生と大学と教員，学生と治療機関，あるいは学生と保護者のつなぎ役になることでしょう。

1 相談機関での相談員の関わり

　最も大事なことは大学に継続して来られるよう関わりつづけることです。通常の相談のように一対一で時間をかけた相談室での面接にこだわる必要はありません。何となく保健室や相談室に来てスタッフと雑談したり，談話室でマンガを読んだり落書き帳を書いたりするだけ，あるいは受付の方の顔を見るだけでも意味があります。前述したように"浦島太郎"状況に陥りやすいので，しばしば保健スタッフや相談員が学内では唯一の話し相手になります。たとえ1回は短時間でも長期間にわたって細く長く付き合うことがポイントです。統合失調症からの回復は長くかかる

ため，スタッフも時間感覚を長くもつことです。1日1日では変化がなくとも，1〜2年単位でみると良くなっていることが多いです。話の内容は，学内での生活や勉強の苦労，友達関係の助言，対人関係をもてる場の紹介など，他の学生と変わりませんが，それに加えて病状，薬物の問題など医学的な問題についてもある程度は対応して通院や服薬が途切れないようにします。ケースによっては強迫的に同じ曜日の同じ時間に来る人もいますが，まったく約束時間が守れず曜日・時間を決めることが難しいケースもあるので，臨機応変に対応します。病状が悪化した場合には迅速に対応し，すみやかに主治医と連携をとることも重要です。

例3 統合失調症で休学した男子学生C君 C君は治療によって幻覚や妄想などはなくなったが，意欲や行動の障害が残り復学できるかどうか危ぶまれていた。親の強い希望もあり相談室で支援をしていくことを条件に復学したが，復学直後の状態では勉強は難しいと思われたので，大学に来てカウンセラーのところに顔を出しつづけることを最初の半年の目標とした。毎回ほとんど雑談するだけであったが，外界との唯一の接点になっていた。復学して半年経つと少しは授業に出ることが可能となり，2年目からは授業に出られるようになった。

2 就学や復学のプログラムを立てる

指導教員や外部の医療機関と連携し，段階的に医療から大学に移行するプログラムによって，うまく復学して卒業まで至るケースもあります。

例4 徐々に復学するプログラムを組んだ男子学生D君 D君は統合失調症による急性の幻覚妄想状態で緊急入院し休学した。6カ月以上入院し，1年後に復学したが，意志・意欲，行動性の低下が著しく，復学後の就学は困難と思われたため，指導教員および主治医と相談のうえ，復学初年度は，「大学には週2日1コマずつ，それも無理ならカウンセラーを訪れるだけ，一方通院しているクリニックのデイケアに週3日」という条件をつけて復学した（デイケアとはいろいろな集団活動を組み合わせたリハビリテーション・プログラムで，精神病院，クリニックや保健所などで行われる）。初年度はこのように医療機関のデイケア主体で，大学へは慣れるために校門をくぐるだけの状況であったが，復学2年目は「大学を週3日，デイケアを週1日」として何とか講義に出

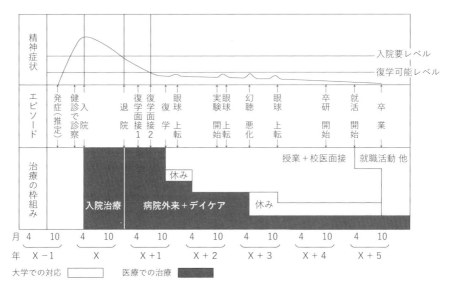

図1　医療から教育に移行する際の枠組みと症状の経過
(福田, 2005, p.770)

て単位も取れるようになった。復学3年目は「大学へは履修通りの出席，クリニックは主治医との診察のみ」とした。図1にその経過と枠組みを示す。このような医療から大学に徐々に移行するようなプログラムによって，時間はかかったが入学後8年で卒業までこぎつけた。なおプログラムの実施には指導教員の理解と協力が不可欠であった。

3 保護者への支援

　どのように保護者と関わるかはケースバイケースですが，学生の修学継続のために協力してもらうことに限らず，保護者自身の不安に対処することも重要です。子どもが統合失調症という病気だとわかると，親は結婚や遺伝の心配をしたり，育て方が悪かったと自責的になり親自身の苦悩も深まります。それらは本来主治医が対応すべきなのですが，大学生を支援する相談員や保健スタッフに保護者が相談してくることも多いため丁寧に対応したいと思います。

④ 教職員との連携

　関わる教職員をサポートしていくことも重要です。学生の症状や疾患のことをわかりやすく伝え，学生と教員が良い関係を保ちつづけられるようにしていきます。D君のように復学プログラムを教員と相談し，副作用に対して体育や実験での配慮を担当教員にお願いしたり，医療費も大きな負担になるため学生健保（第12章のⅤ－⑤）など医療費補助の制度がある場合に学生部の担当職員に連絡して手続きをしてもらうなど，きめ細かい援助をしていきます。教職員も病気の学生と関わって戸惑ったり，対応に悩むなどさまざまな不安をもっているので，それに対応していきます。

おわりに

　統合失調症に対しては新薬が開発され治療法は進歩しています。とはいえ社会的な受け入れ態勢にはまだまだ課題があり，大学生でも一旦この病気を発症すると修学にさまざまな困難が生じ，卒業に至る学生は半数にもなりません。またたとえ卒業できても，就職後に再発するなど長期予後は厳しい病気です。卒業して何年も経つのに障害年金受給のための証明書を求めて来校することもあります（第12章のⅫ）。しかし大学は包容力があり，うまく適応できれば統合失調症の学生にとっては過ごしやすく，治療的な意味でも適切な環境になりうる場です。学部の担当教員，事務職員，保健室の校医と看護スタッフ，学生相談室カウンセラー，医療機関の主治医など，この病気の学生と関わる人たちが協力・連携して支えていくことが重要です。

† 文献

福田真也（2005）統合失調症の学生への復学支援――医療から教育に移行する際の精神科校医の機能．精神医学 47-7；769-772.

‡ 参考資料
●書籍

中村ユキ（2008）わが家の母はビョーキです．サンマーク出版．
高森信子（2009）家族が知りたい統合失調症への対応Q&A．日本評論社．
高森信子ほか（2016）マンガでわかる！　統合失調症［家族の対応編］．日本評論社．

第II部

大学での相談の実際

12
大学生も楽じゃない

さまざまな相談

はじめに

　メンタルヘルス上の相談数はスケジュールによって増減します。ある大学での月別の相談数を図1に示しますが，だいたい新年度の始まる4〜5月と夏休み明けの10月が多くなります。この章では，大学生の学業や生活で起きる特有の問題を取り上げてみましょう。

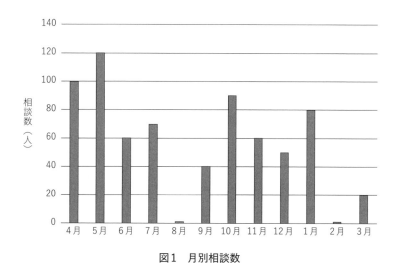

図1　月別相談数

Ⅰ　新入生の相談——青い鳥を求めて

　高校から大学への進学は違う環境への移行です。またはじめて実家から離れて一人暮らしをする学生も多く，生活環境の変化も大きいです。4～5月は相談数も1年のうちで最も多く，新1年生の大学への不適応が背景にある相談が目立ちます。「大学がこんなところとは思わなかった」「もっと自分に合った大学や学部に行けばよかった」という「青い鳥思考」に捕われてしまう新入生も多いです。

　またAO入試（アドミッションズ・オフィス入試），一芸入試，指定校推薦など一般入試を経ないで進学した学生のなかには，明らかに学力不足で勉強についていけず，正規の授業に入る前に基礎学力をつけるための「補習授業」が理系の学部では当たり前に行われています。

1　システムの違いに戸惑う新入生

　高校までは時間割は学校が決め，ホームルームは固定され，服装や容姿まで細かく校則で決められている高校もあり，きわめて構造化された，悪く言えば縛られた環境と言えます。しかし大学に入ると，いきなり服装も自由で授業も必修さえ外さなければ好きなように取れ，サークルもバイトも自由にできる緩い構造になります。大学生は社会人より自由で，おそらく人生のなかで一番好き勝手にできる時期ではないでしょうか。

　反面，週間スケジュールは自分で組み，授業ごとに教室を移動し，休講や定期試験の日程や急な教室変更も掲示板やホームページをつねにチェックして備える，整理されていない膨大な情報から必要な情報を選び出し，重要なことから手がけていく自己管理，主体性と自己責任が求められます。アスペルガー症候群（第2章参照）に限らず，枠組みがあり与えられた課題をこなす能力は高くて高校までは問題なく適応していたものの，大学のような緩い環境に対応できない学生が多くいます。自分で決めたり，重要度のランクを付けたりした経験が乏しいので，何をどう決めてよいかわからず些細なことまですべてこなそうとします。しばしば1か0か，完全にできるかまったくできないかどちらかなので，膨大な情報や作業を処理できないと，結局，何ひとつできずに途方にくれ，パニックになったりフリーズしてしまい，大学に来られなくなる事例もあります（第8章参照）。周囲の親や先生も高校までは無遅刻，無欠席，成績も優秀で何の問題もなかっただけに，このような不適応を起

こすとは想像できず，どう接してよいのかわかりません。

② 高卒認定上がりの新入生

　文部科学省の高等学校卒業程度認定試験（旧大検）は毎年およそ3万人が受験し合格率が30〜40％程度なので，年に約1万人が高校を卒業しないで高卒の資格を得ています（平成28（2016）年度合格者9,028人）。高卒認定試験はあくまで高卒程度の学力があるという証明で，高校卒業資格そのものではなく，大学を卒業しない限り最終学歴は中卒となってしまうため，多くの学生が大学進学を目指し，大学進学率はおよそ50％くらいですから5,000人ほどが大学に入ります。大学進学者は60万人前後（文部科学省平成28（2016）年度学校基本調査結果／大学進学率は52.6％）ですので，およそ1％弱の新入生が高卒認定出身と推定されます。彼らのなかには不登校，その他の理由で高校に通学できなかったり中退したため，多人数のクラスで授業を受けた経験が乏しい学生もいて，大学の授業にも出席できず不登校に陥る学生もいます。とはいえ校則など制約のきつい中学高校には適応できなかったものの，緩くて逃げ場の多い自由な環境の大学にはすんなりと適応でき，問題なく就学できる元不登校生も大勢います。

③ 履修登録

　新入生の問題は高校までにはない履修登録で最初に現れます。最近はネット登録できる大学が多いのですが，履修自体が複雑で理解しづらく，申告期限前には教務課に長蛇の列が並びます。これにもれた学生が相談室にも足を運び，熟知している相談員の先生が丁寧に教えると，口コミで広がり殺到することもあり，学生相談室が最も繁盛する最初で最後の季節かと思うこともあります。メンタルヘルスの問題と履修登録は関連することが多いため，カウンセラーや精神科医も履修登録をおおよそは知っておくことが必要です。履修登録は必修と選択，選択必修，学年による履修可否，先行取得科目，また申告者多数の場合の抽選や選考などなど非常に複雑で，筆者自身カリキュラムが変更になった際に教務課担当からレクチャーしてもらったことがあるのですが，理解不能でした。新入生が途方にくれるのも無理ありません。

> **コラム**
>
> ### 授業版ミシュランガイド
>
> 　ある大学では，学生たちが独自に裏ミシュランとでも言うべき授業ガイドを独自に編集，発行しています。1,000近くある授業すべての難易度，満足度，面白さを星1つから5つまでの5段階評価がなされ，さらに出席を取るかどうか，その方法，いつ出席票を配るか，成績評価の方法，定期試験の持ち込みの可否，授業内容など注意事項が懇切丁寧に書かれ，先生のイラストまでついています。新学期が始まると口コミで飛ぶように売れ，学生はそれをもとにどの授業を取るかの計画を立てます。しかしさすがに大学当局の知るところとなり，生協での販売は禁止され裏取引されるようになりました。これをつくるため先生にバレないよう，編集者は授業中にアンケートを回して徹夜の編集作業をするので，過労で倒れて保健室で休養を取っていました……。

４ ゴールデンウィーク明けの五月病

　5月になると「こんなはずじゃなかった。どこかもっと私に合った大学，学部，学科があるはずだ！」という「青い鳥」を求める新入生が増えます。単に「勉強がつまらない」「勉強についていけない」というレベルから，もっとはっきり「転部・転科をしたい」という相談までさまざまです。とはいえ多くの大学では転部・転科はかなり難しく，他大学を再受験するため仮面浪人になる学生もいます。

　対応はケースバイケースなのですが，とりあえず夏休みまで何とかやっていければ90％の学生は大学に適応できるため，夏休みまでの3カ月あまりを励まし，愚痴を聞きながら相談を続けていきます。大学生の適応力の高さを感じますが，残りの10％のなかにはどう考えても今の学部に向いていない，学力不足や適性，健康状態から継続するのが難しい学生もいて，進路変更の相談が必要になります。気をつけなければいけないのは，大学や学部が自分には合わないという相談の背景に，学生自身の個人的な病理を大学，学部や勉強のせいにしている場合があることです。対人スキルの未熟さから友人・対人関係がつくれず孤立してしまったり，ただ漠然と辛い入試が終わって大学に入ればパラダイスが待っていると思っていたり，現実認識が甘い学生もいます。このような学生はたとえ転部や再受験をしても問題は解決しませんし，そもそも今いる学部や大学が嫌といっても，ほかに特にやりたいことやこれといった進路希望がなく，自分の問題を大学や学部・学科の問題に置き換え

ただけです。

5 友人関係

　最近はLINEなどで入学時にすでに友達グループが決まってしまうという恐ろしい状況になり，乗り遅れた学生の孤立感は深刻です。真面目な彼らは大学の講義にせっせと出て，はじめはそれで目一杯なので，学業が軌道に乗った梅雨前くらいに人付き合いの出遅れに気づきますが，もはや後の祭り……そうすると学生相談室の出番です。「大学はやたらと人が多いし，教室も大きくマンモス授業でどう振る舞っていいのかわからない」「サークルも気後れして入れなかった」，もっとはっきり「友達ができなくて寂しい」と訴える相談も来ます。元来，内向的で非社交的な傾向の強い学生が大半ですが，高校でも友人と深い付き合いをもてず，対人スキルが未熟で他人との付き合い方，あるいは対人関係の常識が欠如している学生もいて，相談員との一対一の個人面接だけではなく，談話室など居場所を用意する，グループ・ワークなど他人と関わる場を設定し，実際に他の学生と関わる場を提供することも相談室の役目です。

　エンカウンター・グループなど専門性の高いものに限らず，手軽な「昼食タイム」「映画を見る会」など相談室でのグループ・ワークを用意したり，「キャンパス近隣ツアー」「歩きを科学する」など学外を利用したグループもよいでしょう。このようなきっかけを作ったり，関係作りをお手伝いするだけで友人がつくれたり集団に入れる学生も多いです。とはいえそれも難しく，話し相手は世の中で相談員だけという学生が後期に向かって徐々に増えていくのですが……。

6 前期期末試験

　多くの大学では7月にはじめての大きな試験，前期期末試験があります。授業と試験では時間帯が異なることを知らない1年生が試験を受けられない悲喜劇が見られますし，通常は2/3，つまり15回の講義で10回は出席しないと受験資格が得られないため，そのつけが定期試験に回って途方にくれた学生からの相談があります。何らかの病気で通院している学生では，主治医からの「病気によって欠席せざるをえなかった」という診断書を提出すると受験資格を回復できることもあるので，主治医にお願いしたり，筆者自身が診断書を書くことがあります。しかしまったく受け付けてくれない先生もいるのですが……。

　また元来，メンタルヘルスの問題を抱えた学生は生活リズムの変化や寝不足，試

験のプレッシャーから症状が悪化することが多く，何とか試験が終わるまではもたせるよう「ともかく受験して名前だけでも答案用紙に書いてね！」と思いながら相談を続けています。

Ⅱ │ 授業──講義と相談の狭間で

　平成29（2017）年度の学校基本調査によると，大学の教員数は本務者185,348人，兼務者197,123人です。医師数が311,205人（平成26（2014）年医師歯科医師薬剤師調査）ですから，医師より多くの教員が大学で教えています。したがって教員も授業やゼミで教える際には健康やメンタルヘルスに配慮することが必要です。教員による相談のポイントを述べます。

1 「講義・研究」と「相談・面接」の違い
　一般の教員が自分が担当した授業やゼミ，研究室でメンタルヘルス上の問題があると思われる学生と相談する際のポイントを述べます。
　「講義・研究」と「相談・面接」は，正反対の方向性をもった対照的な作業です。「講義」は全体の9割以上の時間は教員が話していく，きわめて能動的な作業であるのに比べ，「面接」は学生が話す時間が全体の7割，教員・相談員が話すのが3割くらいと，教員・相談員にとっては（表面上は）受動的な作業になります。また「研究」は多数ある要素から共通のものを取り出し一般化して枝葉を切りとっていく作業ですが，「相談」は学生の個々の悩みをそのままに，枝葉を大事に育てていく作業と言えます。このように両者は対照的な作業ですので，教員が講義や研究と同じように相談を行うと，うまくいかないことがあります。

2 教員の相談とカウンセラーのカウンセリングの違い
　一般の教員はどのような「相談」ができるのでしょうか。カウンセリングのテキストを見ても実行不可能なことが書いてあって役に立たないという声をよく聞きます。それはテキストが心理専門家が専門機関で相談を行うことを想定して書かれているためで，教員とカウンセラーとでは次のような違いがあります。

(1) 権限と立場

　教員は権限をもっています。すなわち学生に対して成績をつけて単位を与え，就職や院への推薦などに影響力を行使できます。そのため学生は気軽には相談しづらくなります。一方，カウンセラーは相談内容がどのようなものかを評価はしますが点数はつけず，単位認定や卒業など学生の処遇には直接は関与せず権限ももちません。つまり教員は大学という組織の枠組みのなかで，大学の立場も考慮して学生と関わります。一方，カウンセラーは学生の利益を第一に考え，学生にとっての環境のひとつとして大学を利用するスタンスで接します。

(2) 守秘義務

　カウンセラーは自傷他害の恐れがあるときを除いて，守秘義務，すなわち面接内容を学生の了解なしに第三者に伝えることはしません。これはカウンセリングの最も基本的な約束事です。一方，教員の相談は私的な情報の守秘義務は守りますが，学科や研究室に関する問題では必ずしも守秘を保障しません。たとえば「カンニングをした」と告白した場合，カウンセラーなら面接のなかだけで扱い，本人の承諾なしに担当教員に伝えることはしませんが，教員であれば何らかの懲戒処分を考えるかもしれません。

(3) 個人情報の開示

　学生への守秘義務と対照的ですが，個人的な情報を教えるかどうかもカウンセラーと教員とでは異なります。教員のなかには学生を自宅に呼んだり，自宅で研究会をやるなどプライベートな部分を出して学生と付き合う先生もいるでしょう。しかしカウンセラーは原則として，自宅住所などプライベートな情報は開示しません。これは病理性の強いケースとのトラブルを避ける意味もあるのですが，それ以上に学生との関係の枠組み，構造をきちんと設定し，そのなかで関わることがカウンセリングの基本と考えるからです。

3 一般教員による相談

　以上のように教員の相談とカウンセリングは違う（園田，2000）のですが，では心理の専門家でない教員は，どのように学生の「相談」を行えばよいのでしょうか。

(1) 話を聞いて様子や状況を把握する

　当然のことですが，学生の問題はともかく話を聞かないことには何もわかりません。何か問題を抱えていそうな学生を知った場合も，学生と直接あるいは電話でも話をするようにします。学科の先生が話を丁寧に聞くだけでも，悩んでいる学生にとって大きな恵みですし，そこで得られる情報はカウンセラーに紹介する際にも役に立ちます。そのためには普段から学生と良いコミュニケーションが取れているか，いかに信頼される教員であるかが問われます。

(2) 学生が相談しやすいように

　支援が必要な学生をどう見出すかも課題です。「何か相談があればいつでもおいで！」では決して来ない学生は大勢います。そうした学生には来る時間を指定し，声をかけて来室を呼びかけたほうがよいです。込み入った話にはプライバシーが守られる静かな環境が必要で，教員の研究室でよいでしょう。またオフィスアワーをもっと有効に活用すべきです。アメリカでは非常に重視されていますが，日本でももっと積極的に活用されるべきでしょう（オフィスアワーとは学生と教員のコミュニケーションを充実させるために設けられた時間帯で，特定の曜日の時間に設定され，毎週この時間には学生からの個別相談を受けるため，教員は自室で待機して他の要件を入れないようにします）。

(3) 個別の相談

　授業とは別個に相談を受ける場合は，大学の立場は少し横に置いて，学生の立場で考えてみるとよいでしょう。一人ひとりの個性を認める，要は学生の個人的な都合により焦点をあてます。そのためには学生の問題にある背景を考えます。ゼミを休むのであったら「休むと単位が取れない！」と言うだけではなく，休まざるをえない背景を考えます。

　そのためには学生との良い関係をつくることが必要なのですが，どうしても教員と学生の関係は上下関係になるので限界はあります。目上の人，成績を付ける人には言えないこともある，という前提で教員自身が無理なくできる範囲で相談に当たればよいです。教員には専門的なカウンセリングが求められているわけではありません。

(4) 心理専門家や学生相談室への紹介

　学業や進路などかなりのことは教員との相談で解決できます。しかし心理的な深い悩みがあったり，こころの病気がありそうなど，メンタルヘルスの専門家や医療機関での対応が必要と思われる学生は，学生相談室や保健室に紹介してください。紹介の仕方は第16章のⅢを参照してください。

(5) 大学のサポート体制と教員評価

　心理的な問題に対してはカウンセラーや精神科医などが行うにしろ，学業やゼミでの人間関係の相談は教員が当たります。そうした場合には，教員へのサポート体制，すなわち学生を専門家に紹介でき，学生への対応について教員が専門家に相談できるバックアップ体制の整備が重要でしょう。また学生の個別相談は労力を要するわりに教員自身の評価や業績にはつながらないため，教員評価のなかに正当に位置づけていくことも今後の課題です。教員の個人的善意に頼るだけでなく，大学教育では相談や学生支援がとても重要だという認識が広がればよいと思います。

† 文献
園田雅代（2000）教師が行なう学生相談のメリットとデメリット．学生相談研究 21；103-113．

‡ 参考資料
● Web
文部科学省．大学における学生生活の充実に関する調査研究協力者会議（http://www.mext.go.jp/b_menu/shingi/chousa/koutou/012/toushin/000601.htm）

Ⅲ　実習——やめておいたほうがいいかも……

1 実験や実習での困難

　大学では通常の講義に加えて何らかの実験，実習などの授業もあります。もちろん学部によりその内容や形式はさまざまですが，授業では困難がなくとも実験で困難をきたす場合があります。第2章で述べた発達障害の学生のなかには協調運動が苦手で，ものすごく不器用で，器具を壊したり，怪我をする学生もたまにいます。
　実習では何よりも対人関係や対人スキルが大きな課題となります。通常の授業なら出席し講師の話を聞き，板書をして資料を調べるなど基本的には一人でできます。しかし多くの実験，実習はグループで行われるため，他の学生とうまくやらなけれ

ばなりません。もちろん指導教員やTAとの関係も重要です。第2章のアスペルガー症候群のように対人関係がうまくとれなかったり，第6章の社交不安障害のように人前での発表が極度に苦手な学生では実験，実習が特に難しくなります。あらかじめ困難が予測されたり配慮を求めた学生は，配慮してグループを組んだり，助手やTAとの特別なグループを検討してもよいでしょう。

　しかし学外実習では学内のような配慮ができません。特に教職課程は多くの学生が履修するため，教育実習の際に実習担当教員からの相談が多いです。毎年何人かは問題のある学生がいて，「学外に出して大丈夫か」と，実習期間中はヒヤヒヤしながら過ごしているそうです。

② 専門職の養成課程

　医療，福祉，介護など専門性があり，卒業すると資格試験を受けて特定の専門職になる学部学科があります。他の学部のように学びながら進路を決めていくことはなく，入学がその課程のスタートになるため，入学と同時に将来の職業がほぼ決まってしまいます。ただ授業はともかく実習に出てみると，特性のため専門職に就くのはどうみても無理と思われる学生もいて，適性に欠けている学生の相談は本当に困ってしまいます。そもそも自分がどのような仕事，作業が向いているかを入学の18歳時点できちんとわかっている学生はほとんどいないので，仕方のないことですが……。

　相談では，資格を取って専門職になることが自分の人生にとってよいのか，自分に向いているのか，あるいは担当する患者さんのためになるかを十分に学生と検討します。相談していくうちに別の道を選択をすることもありますが，学科のカリキュラム上，他学部学科への転部・転科や編入はきわめて難しく，新たにまったく別の大学や学部に入り直すことが必要になります。特に学外実習は3～4年生のある程度は学業が進んだ段階で行われるため，事実上，別の選択肢を選ぶことが難しく，無理やり進路変更させることはできません。保護者も呼んで三者面談も行いますが悩ましい問題です。障害学生のためのセンター入試での特別措置は専門職の国家試験にはほとんどありませんし，障害を開示しての障害者雇用も専門職ではほとんどありません。いったいこのような学生をどうしていけばよいか筆者も困惑しています。

> **コラム**
>
> ## 手塚治虫と学位論文
>
> 　医学部を出て医者にならない人はめったにいません。医業のかたわら副業として小説を書き，そのまま作家として大成した人に北杜夫，加賀乙彦，渡辺淳一らがいますが，彼らは医師としてそれなりのキャリアを積んでその経験も生かして小説を書き，評価されてから作家になっています。稀な例として漫画家の手塚治虫がいます。彼は医師免許を取得しましたが，はじめからマンガ家として活躍しました。『ブラック・ジャック』を読んで外科医になった人も多く，彼の作品が大勢の医師を生み，代わりに大活躍しているとも言えるでしょう。ただやはり医学に心を残していたのでしょう，漫画家として成功した後，30歳を超えてから奈良県立医科大学の研究生となり，タニシの精子の研究から人間の精子発生のメカニズムを検討する学位論文で医学博士を取得しています。そこには「さすが手塚先生！」という素晴らしい図版が描かれています。
> ※手塚治（1960）異形精子細胞における膜構造の電子顕微鏡的研究．奈良医学雑誌 11-5；719-735．

IV│サークルと部活の問題——伝統があるといっても……

　部活やサークルに絡む相談はそれほど多くはありません。体育系の部活，あるいは体育学部に所属している学生からの相談は非常に少ないです。不安度を測る心理検査を学部別に行い比較したことがあるのですが，体育学部の不安度は他学部に比べて有意に低い値を示しました。運動がストレス発散に役立ち，不安を覚えないのか，目標が比較的明確なため迷いが少ないのか，理由はいろいろ考えられますが，やはりスポーツは心身の健康に役立っているということなのでしょう。筆者は小さな医科単科大学出身ですが，学生が少なかったせいもあり運動部を2つと文芸部を掛け持ちしていました。毎日，練習で汗を流し，夜はしょ〜もないマンガ談義で盃を重ねる，今思えば幸せな日々だったとも思います。この原稿を書こうと部活の嫌な記憶を思い出そうとしましたが，良い思い出しかなく，適度な運動と親しい仲間の存在はメンタルヘルスにとても役立っていたのでしょう。ちなみに当時，熱中して読んだ『カリフォルニア物語』の吉田秋生が現在（2017年）も『海街diary』を描きつづけて大活躍しているのは同世代として嬉しいかぎりです。

しかし部活を巡る特有の相談もあります。運動部に力を入れている大学ではスポーツ推薦で入学してくる学生がいますが，怪我で活躍できない，部の体質に合わない，小さい頃からずっとやって燃え尽きてしまった，などの理由で部活を辞めたいが無理やり引き止められて退部を認めてもらえない，スポーツ奨学金をもらっているので辞められないなどの相談があります。たとえ部活を辞めても大学生として学びつづけることは当然の権利なのですが，強引に引き止められたり，罵詈雑言を受け心身の調子を崩したという相談もあり，パワハラではないかと憤ることもあります。
　ごく稀ですが，歴史と伝統ある運動部のなかには封建的な体質が残っていて，「1年は奴隷，4年は神様」として1年生が酷使されたり，大学とはすでに関係もないのに部の運営や部員に口を出すOBがいて，授業よりも練習や合宿，大会が優先され，大学というよりスポーツ付属教育施設ではないかと思うこともあります。スポーツ一色に染まった生活を送ると，学業はおろか社会常識に欠けた大学生ができてしまいます。
　東京オリンピックを控え，スポーツの素晴らしさが喧伝され，金メダルが何個取れるという皮算用がマスコミを賑わせていますが，1人の金メダリストの背後には99人の挫折したアスリートがいます。たとえ望むような活躍ができなくとも，彼らには楽しい大学生活，充実した人生を送る権利があり，彼らへの支援の必要を感じています。

V ｜ 奨学金とバイト――大学生の貧困

1 新入生はいくらお金がかかるのか

　大学生活にはお金がかかります。平成28（2016）年度私立大学新入生の家計負担調査では，新入生の受験から入学までかかる費用は，受験に23万5,000円，納付金が131万1,644円の計154万6,644円，自宅外生はそれに加え住居費として57万2,300円，合計212万6,144円かかります。また4〜12月の仕送り額は80万1,300円で，親が負担する費用は292万7,444円にもなります。それに対して世帯の平均年収は909万1,000円で，自宅外生では収入の1/3近くが大学入学のために費やされています。そのため入学時にお金を借りた家庭は17.9％，奨学金を希望した家庭は56.8％で，約90％の家庭が入学までの費用を重いと感じています。
　一方，新入生の立場で考えると，入学後の仕送り額は出費がかさむ5月が10万700円，6月以後の平均は8万7,500円です。家賃の平均は6万2,000円ですので，仮にバ

イトなどの収入がないとすると，残りの2万3,700円で生活せねばならず，単純に30日で割ると1日当たりの生活費はわずか790円にしかなりません。大学生と家庭のぎりぎりの経済状況がうかがえます（※東京地区私立大学教職員組合連合，私立大学新入生の家計負担調査：平成28（2016）年4月に首都圏の私立大学・短期大学16校に入学した新入生にアンケートを行い4,871件の家計負担状況をまとめた（平成29（2017）年4月5日）(http://www.tfpu.or.jp/))。

2 奨学金

　日本学生支援機構による平成29（2017）年4月現在の奨学金の概要を以下にまとめます。

　奨学金には貸与型奨学金と平成30（2018）年度より新設される給付型奨学金があります。貸与型には第1種と第2種があり，第1種は無利息で貧窮だが特に優れた学生に対して貸与され，月額3万円または国公立の自宅生4万5,000円，自宅外生5万1,000円，私立自宅生5万4,000円，自宅外生6万4,000円です。貸与期間は48カ月，返還年数は13～18年です。第2種は利息付きで経済的理由の困難がある優れた学生に貸与され，月額3，5，8，10，12万円から選択できます。貸与期間は48カ月，貸与総額は144～576万円，返還年数は13～20年です。

　平成25（2013）年度の実績では大学，短期大学，大学院，高等専門学校，専修学校専門過程の全学生350万9,002人のうち奨学生は133万8,896人（38.2％），約2.6人に1人が奨学金を利用しています。第1種も第2種も借りるわけですから，いずれは返さなければなりません。卒業後に就職できなかったり収入が足りずに返済できないことが社会問題になっていますが，在学中では貸与期間が原則4年のため，留学や留年などで4年以上在籍すると貸与されなくなるという課題があります。

　平成30（2018）年度から新設される給付型奨学金は，経済的理由により進学困難ながら，大学への進学の目的と意志が明確な優れた生徒に対して給付される返還の必要のない奨学金です。月額で自宅生は国公立2万円，私学3万円，自宅外生は国公立3万円，私立4万円です。平成29（2017）年度の進学者から先行実施され，2,502人が，平成30（2018）年度からは年間2万人ほどに給付される予定です。

　これ以外にも自治体や民間の奨学金制度があります。第10章で紹介したあしなが育英会でも，経済的に苦しい遺児に大学・短期大学生には4万円または5万円，大学院生には8万円を貸与しています。また平成30（2018）年度からは給付型奨学金も導入しました。大学でも独自の奨学金や成績優秀者の授業料の減免制度があり，

また入社後に奨学金返済の肩代わりをしてくれる企業もあるので，そうした制度や情報を伝えることも相談では重要です。

③ アルバイト

　以上見てきたように，親からの仕送りや奨学金だけでは十分ではありません。学費や教科書代など学ぶために最低限必要な費用以外に，生活費はもちろん，サークル活動，いろいろな付き合い，必要なモノや欲しいモノを手に入れて豊かに暮らすためには出費がかさみます。スマホはLINEなどでの付き合い，定期試験やレポートの情報を得るために必須なアイテムになっていますが，かなり高額な料金が発生します。そのため多くの学生がアルバイトをしています。家庭教師や塾，コンビニ，ファミレス，郵便局や宅配業者，倉庫，イベントスタッフなどが代表ですが，メンタルヘルス上の問題があると，アルバイトでもその特性に応じた困難があるため対応が必要です。LD／ディスレクシアで文字を書いたり計算が苦手な場合は，レジや複数の並行作業や伝票書きのあるコンビニは厳しかったり，アゴラフォビアにより閉所など特定の場が厳しい方もいます。

　比較的やりやすいのは運送業務やその補助，ピッキング作業，お中元やお歳暮の時期の倉庫管理，郵便局での年賀状の仕分けなど期間限定のバイトです。ファミレスなどでも対人関係が苦手な人はレジやウエイターは避けて，ポテトを揚げたり，食品を切ったり，搬入したりのバックヤードでの作業が望ましいのですが，希望通りの業務内容を選べるかは難しいところです。意外なことに第6章で挙げた社交不安の人は，人間関係は苦手なわりに，窓口対応で行うべき作業マニュアルがあって関係性が決まっている接客業務は楽にこなせることが多いです。そのため営業や窓口業務で業績を上げ，そのまま仕事に就く人までいます。

　またアルバイトは卒後の就職を決めていくうえで，大きな契機と体験を得る機会になります。教員を目指すなら塾講師や家庭教師など"教える"アルバイトを試みるでしょう。また仮に向いていなくてすぐに辞めてしまっても，自分に向いてない作業や仕事を知ることは有用な体験です。

④ 大学生の貧困

　ここ数年，お金にまつわる相談が増えてきた印象があります。友達関係や生活状況を確認できるため，必ず昼食をどこで誰とどのように食べているのか尋ねるのですが，「お金がないので昼ごはんは抜いています」と答える学生が出てきました。親

が失業したり離婚して経済的な困窮による相談は以前からあったのですが，不況で収入が減り親からの仕送りが途絶えて，本当に困っている学生がいます。お金がないと学費が払えないだけでなく，特に実家から離れて一人暮らしの学生は大学生活を続けること自体が難しくなります。一方，お金を稼ぐためのアルバイトが忙しすぎて疲れて授業に出られずに単位を落とした，稼ぎを求めてキャバクラなどお水系のアルバイトをしてトラブルに巻き込まれた学生からの相談もあります。

例　**地方出身で一人暮らしの2年生女子学生Aさん**　不眠と体調不良，生理不順を訴え，保健室で校医が面接しました。話を聞くと「学費は親が出してくれるが，不況で自営業が思わしくなく，家賃と生活費は自分で稼がないといけない。コンビニでバイトをしていたが，時給は当時の最低賃金[*]の932円で，6時間で5,600円，週4日で月に9万円しか稼げず，家賃に6万円払うと残り3万円で1カ月暮らすのはきつい。20歳になったので，20〜26時の時給2万円，月に32万円稼げるキャバクラのバイトを始めたけど，寝るのが朝の3時になってしまい，9時からの一限は遅刻して単位を落としそうだし，疲れて生理不順と不眠も治らない」と相談してきました。明らかに疲弊していて，また生理不順や不眠もこの生活では治しようがないのですが，「キャバ嬢しないと，スマホ代も払えないし，好きな服も買えません，だいたい治療費も稼げません」と訴えられ，どのようにアドバイスしてよいのか途方にくれてしまいました……。

5 対応

貧困はメンタルヘルス以前の問題で，相談員，精神科医ができることがあまりないのが辛いところです。やはり社会的な取り組み，行政や国や自治体，あるいは企業などによる経済的な支援の充実をはかるしかありません。日本学生支援機構の給付型奨学金が平成29（2017）年6月から開始され，学生時代に借りた奨学金の返済を肩代わりする社内制度を導入する企業も出てきました。

またメンタルヘルスに限らず，医療機関での治療費を健康保険と併用できる，独

---

[*] 最低賃金：働く際に守られるべき最低賃金（時給）は都道府県別に毎年定められ，平成29（2017）年度は全国平均848円，東京958円を最高に，神奈川956円，埼玉871円，千葉868円，京都856円，大阪909円，兵庫844円，愛知871円，北海道810円，福岡789円，人口が最小の鳥取や福岡以外の九州各県と沖縄が最低額の737円です。

自の学生健康保険制度を設けている大学があります。たとえば明治大学では学生健康保険互助組合を昭和39（1964）年に創設し，すべての学生と院生が入学と同時に組合員となり，年間組合費2,500円を払込みます。学生証が組合員証となり，大学が協定を結んだ協定医療機関で診療を受けた場合，自己負担の3割は学生健康保険が医療機関に支払い，窓口でお金を支払わなくてすみます。このような情報は意外と学生には知られていないため，経済的な負担が軽くなる情報を伝えることも相談員の役目でしょう。

‡ 参考資料
● Web
日本学生支援機構．奨学金について（http://www.jasso.go.jp/shogakukin/index.html）
あしなが育英会奨学金（http://www.ashinaga.org/grant/index.html）

VI｜留年と休学——のんびりやろうよ

1 留年と進級制度

　大学を4年で卒業する学生は入学者のおよそ8割で，2割の人は留年などで5年以上かかっています。高校までと違い慌てる必要はなく，留学などに時間を使いちょっと立ち止まって別の道を歩いてゆっくりやればと思うのですが，同級生から取り残される不安もあって，留年には強い抵抗があります。また3月になると保護者から「出席してなくて留年すると大学からの通知ではじめて知りました。どうしたらよいですか？」という相談が急増します。

　進級制度は学年制，つまり所定の単位をすべて取らないと次学年に進級できない医学部，看護学部など医療福祉系の学部もありますが，多くは単位制で最終学年までに決められた単位（最低124〜132単位）を取得すればよい柔軟な履修が可能なシステムが多いです。とはいえ定められた必修講義は取らないと進級できなかったり，卒業研究に着手できる特定科目や単位数を定めている大学も少なくありません。学年が進み，たとえば2年生から3年生になるとキャンパスが変わる大学では，必修の単位を残すと複数のキャンパスに通わなければならず，筆者の勤務する明治大学ではキャンパスの名を取って"和泉返し"と呼ばれ，恐れられています。

② 休学の実態

　休学は通常は1年間まで，医師の診断書を提出した病気休学ならば2年間までと限度を決めている大学が多いです。休学中の学費は免除または減額され，休学も含めて在学期間は8年までが通例です。退学した学生が再入学を希望した場合，元の学科の元の学年に戻れる再入学制度を設けている大学もあります。私が相談を受けていた学生は統合失調症（第11章）にかかり，入院して退学を余儀なくされましたが，10年後に回復して再入学しました。その間，学科が再編されシラバスや履修も一変していてとても苦労しましたが，相談を再開して30代半ばで卒業しました。卒業式は，彼だけでなく筆者も感動しました。

　海外留学，親の失業など個人的，経済的な理由で休学することもありますが，メンタルヘルス上の問題で休学を余儀なくされる学生が多いです。精神疾患をもつ大学生の13％は退学に至りひきこもったり，休学する期間も長く，留年回数も多いという報告があります（石井ほか，2015）。また国立大学法人保健管理施設協議会メンタルヘルス委員会が研究母体となって「大学における休・退学，留年学生に関する調査」が毎年，行われています。その結果を大学メンタルヘルス学会などで発表，学会誌『大学のメンタルヘルス』に掲載されますが，それによると平成26（2014）年4月から平成27（2015）年3月まで全国78校，学生数414,524人で休学11,156人（全学生の2.7％），退学5,316人（1.3％）とかなりの学生が休学・退学しています（布施ほか，2017）。私学の報告は少ないのですが，4％と高い退学率を示す大学もあります。

③ 留年・休学の問題

　奨学金は休学や留年で休止されたり，通常は48カ月までのため5年目から打ち切られます。また休学中に学科の再編やカリキュラムの変更があると"浦島太郎状態！"になって，復学後に途方にくれることがあります。そこまでいかなくても休学して学年が別になったり，知り合いが卒業して交友関係が乏しくなり，話し相手はカウンセラーや保健師・看護師だけになる学生が多いです。

④ 休んでしまい支援が必要な学生にどうアプローチするか

　どんな相談でも単位取得，進級状況は必ずチェックします。休学・留年すると大学に来なくなるため，相談員とも関係が切れ，相談自体が難しくなる学生が多く注意を要します。相談していない学生が休学した場合，その存在自体がわからず支援に

結びつかないことがあります。以下に，筆者が関わった取り組みを紹介しましょう。

(1) 復学委員会

　こころの病気を抱えて休学し復学を希望する学生に対して，ある大学では校則にも定められた以下の制度を設けています。まず教務部学籍担当と保健管理センター担当者が12月に打ち合わせ，どの学生にどのような問題があるかについて情報を交換し把握します。次に復学希望を文書や電話で問い合わせ，復学を希望する学生に対し保健管理センターの精神科校医が学生本人および保護者と1～2月に面接し，今までの経過や病状，復学にあたっての問題点を把握します。そのうえで2月末に教務部長と学籍担当者，学生部長，指導教員，保健管理センター所長，精神科校医，担当保健師，学生相談室長を集めた復学委員会を開き，復学の可否と復学後の学内での支援を討議し助言します。主治医から復学可能という診断書を得たうえで復学手続きを行い，4月に復学した後は精神科校医が本人と面接を継続し，学科教員とも連携しながら復学後の問題に対応し学生を支援します。病気を理由とした休学手続きを取っていれば保健管理センターが復学学生の支援に必ず携わるようにする制度で，校医など専門家だけでなく，指導教員や事務担当者も学生の問題を理解し支援する体制を構築できる（福田，2004，2005）ため，復学後に来なくなったり，埋もれてしまいがちな精神的な病気をもつ学生の支援を行うことができます。

(2) 年間取得10単位未満の学生への取り組み

　ある大学学生相談室では前年度の取得単位10単位未満の学生に対して，教務課と協力して対象となる学生を把握し，相談を呼びかけるパンフレットを本人と保護者に直接送付する試み（福田，2001）を行いました。その大学では前年度10単位未満の学生は1.6％，計84名いて，そのうち9名が相談に結びつき，相談によって修学を継続できる学生がいました。単位が取れない理由はさまざまでしたが，相談に結びついた学生はいずれもメンタルヘルス上の困難を抱え相談や援助が必要でした。このように単位の取得状況など大学が把握できる何らかの情報をもとに，相談を促す試みには一定の効果があります。

(3) 訪問相談

　大学に学生本人が来られない場合，教職員や訪問相談員が自宅を訪問し，本人と関わる方法があります。特に不登校やひきこもりなどの問題を抱える学生の解決に

役立ちますが（福田ほか，2013；東，2001；長坂，2006；田嶌，2001；塚本，1994），労力と人的資源を要するため実際に行っている大学は少数です。また相談員にとっては慣れ親しんだ相談室でなく学生の自宅というアウェイの場での活動になるため独特の難しさがあり，大学相談室で行う場合は，大学の承認やスーパーバイザーの助言など十分な支援のもとに行うべきです。筆者はクリニック外来と心理学の院生の授業の両方に携わっていた立場を利用して，「相談的家庭教師」として心理学院生の自宅訪問の勧進元をしていました。うまく行けば効果がある技法です。

† 文献

福田真也（2001）年間取得10単位未満の学生，及び復学・再入学学生への呼びかけについて．武蔵大学学生相談室報告書 9；63-65．

福田真也（2004）心の病気を抱えた学生への就学支援──再適応へのプロセスに向けての工夫．大学と学生 479；42-48．

福田真也（2005）統合失調症の学生への復学支援──医療から教育に移行する際の精神科校医の機能．精神医学 47；769-772．

福田真也ほか（2013）思春期青年期事例への訪問相談メールとカンファレンスによる支援体制について．精神療法 39；916-921．

布施泰子ほか（2017）大学における休・退学，留年学生に関する調査──第37報（平成26年度調査結果）．大学のメンタルヘルス 1；28-36．

東知幸（2001）引きこもりがちな不登校生徒に対するメンタルフレンドによるアプローチ．心理臨床学研究 19-3；290-300．

石井映美ほか（2015）精神疾患が大学生の学業転帰に与える影響──保健管理センター診療録を用いた後方視的研究．精神神経誌学雑誌 117；965-977．

長坂正文（2006）不登校への訪問面接の構造に関する検討──近年の事例と自経例の比較を通して．心理臨床学研究 23-6；660-670．

田嶌誠一（2001）不登校・引きこもり生徒への家庭訪問の実際と留意点．臨床心理学 1-2；202-214．

塚本千秋（1994）ひきこもりと強迫症状を呈する青年期患者への訪問治療．精神神経学雑誌 96-8；587-608．

Ⅶ│免許取得と運転──ドライビング大学生

1 大学生の免許取得と運転

　都内の大学の多くが学生のみならず教職員に対しても自家用車での通学を原則として禁止していますが，都心の交通事情や駐車場の乏しさを考えれば当然と思います。筆者は北海道の大学で学生時代を送りましたが，通学に限らず買い物など生活に車は欠かせないもので，入学前後に運転免許を取る学生が多く，筆者も春休みを利用し合宿免許で取得しました。現在でも多くの大学生が在学中に免許を取得しま

すので，メンタルヘルスと免許取得や運転の問題についてまとめます。

② 法律と制度

　道路交通法では，一定の症状のある病気にかかり，自動車の安全な運転に必要な認知，予測，判断や操作の能力を欠くおそれがある場合，運転免許の取得を認めない，または取り消す権限を公安委員会がもち，また免許の取得と更新時に一定の病気にかかっているかの質問票を提出することを義務づけています（井谷ほか，2015；三野，2013）。病気として，回復困難な認知症は運転が禁止される絶対的欠格事由に，幻覚の症状を呈する統合失調症（第11章），発作により意識障害または運動障害をもたらす病気（てんかん，再発性の失神，無自覚性の低血糖症），重度の眠気を呈する睡眠障害，アルコール，麻薬，大麻，あへん，または覚醒剤の中毒，そううつ病（そう病およびうつ病を含む）は病状によって運転が禁止される相対的欠格事由になっています。後者は病状によって，あるいは治療で改善され医師の意見書があれば，免許取得も運転も可能です。なおうつ病（第9章）は意識消失発作，幻覚，重度の眠気がなく，事故が多いという医学的根拠がまったくないにもかかわらず法律に明記したことは大きな問題で（木村ほか，2017），日本うつ病学会など関連学会では意見書を提出しています。

③ 服薬の問題

　メンタルヘルスの向精神薬に限らず，花粉症に対する抗ヒスタミン薬，風邪薬のPL配合顆粒など町医者でごく普通に出す薬でさえ，添付文書上は運転が禁止されています。添付文書を厳密に守れば，通院に車が必要な患者さんは治療を受けられなくなりますし（岩本，2017；戸田，2008，2009），花粉症の時期は日本社会が機能しなくなるでしょう。笑い話ですが，ある製薬会社の医薬情報担当者が筆者の外来まである薬を売り込みに来た際，添付文書に沿って「この薬を服用する患者さんには運転を控えるよう注意してください」と説明しましたが，その人自身その薬を服用中で診療所まで運転してきていました。このように添付文書が実態とかけ離れて実効性がないため，関係学会は運転禁止でなく注意を喚起する記載に変更するように要望し，一部の抗うつ薬では記載が変更されました。

④ 大学相談室での対応

　メンタルヘルス上の問題をもつ学生の相談では，特に卒業が見え卒後の生活を考える時期に来たら，免許を取っているか，なければ生活上の必要があり本人が取得を希望するか，希望した場合に運転に困難な病態があるかなど免許や運転を話題にしたほうがよいと思います。基本的にはよほど運転に危険な病態がなければ，想定される問題について検討したうえで免許を取得し運転できるよう支援していきます。

コラム

寒冷地仕様!

　筆者は1980年代に人口10万人以上では日本で最も気温の低い街に住んでいました。冬はダイヤモンドダストが綺麗で……なんてのんびりしたものではありません。"内地"では考えられない事態が続出しました。銭湯に行けば髪はバリバリとなり，濡れたタオルは凍って凶器になります。車も寒いところならではのトラブルが生じます。ドアは凍って春まで開かなくなるため決してロックしません。パワーウィンドウが開いたまま凍ってしまい，春までベニヤ板で塞いで走った猛者もいました。毎朝，車を出すのにエンジンが温まるまで長時間かかるし，一晩，大学の駐車場に置いただけでバッテリーが上がってしまい，皆が総出でコードを引いてエンジンをふかし充電してくれ友達のありがたさが身にしみました。とはいえどれくらい積極的に助けてくれるかで，その人の人徳，普段の行いがわかるものです。もっとも可愛い女の子だと頼まなくても男子学生が全部やってくれるのですが……。

---

⑤ 外来診療での対応

　筆者は外来で診療している学生から免許取得の相談を受けた際，以下のように対応しています。

(1) 基本的に運転免許とは誰でももつことができる権利で，運転に支障がある特別な理由がない限り禁止しない。
(2) 免許の取得と運転を希望した場合，病気や薬物の影響が出ないかを評価する。
(3) 望ましくないのは発作がコントロールされていないてんかん（パニック発作が緊張している状態でも頻回に起き運転中に危険に陥る可能性がある），糖尿病や心臓疾患などで意識消失がある，加えて自殺念慮が強い，統合失調症で幻聴が

ひどくて正常な運転が難しいと思われる場合。
（4）望ましくない病態があった場合は，治療により改善し，運転可能になるために努力し，学生本人にも現状では運転は危険なことを率直に伝える。
（5）外来診療では意見書や診断書はわかる範囲で客観的に記載するが，運転に支障がある病態がなければ取得や運転が可能であると記載し，その結果は本人に見せる。運転が難しいと判断したときも率直に伝えて十分に相談する。
（6）公安委員会や教習所への申告は本人に任せる。

　問題は，規定にはなくとも運転には明らかに向かない適性をもつ方がいることです。とっさの判断が難しい人，感情的で事故や追い越し，駐車時の冷静な対応が難しく，他のドライバーとのトラブルを起こすことが確実な人，過度にルールに忠実で臨機応変な対応がまったくできない人，注意力の問題があって日常生活でしょっちゅう怪我をしたり物を壊し，明らかに運転は不適格と思われる人，協調運動に障害があり，目で見てハンドルを動かす運転技能に支障がある人などです。とはいえこのような事例は多くはありません。また診察室にシュミレーターが置いてあるわけではないので，運転に支障があるかは正確にはわからず意見書の記載には悩みます。
　平成26（2014）年6月の道路交通法の改正で，運転に支障がある場合は主治医は運転しないよう求め，聞き入れない場合は公安委員会に届けても守秘義務には反さないと規定されました。いわば責任が重くなったため，「運転に支障がない」と記載した学生が「もし事故を起こしたら」と考えると気が重くなることもあります。

6 おわりに
　免許取得と運転は大人への一里塚という意味もありますが，卒後の社会での自立を考えると移動の自由を得ることはとても重要なことです。学生が可能な限り免許を取得し，運転ができるよう支援するのも相談員や校医，主治医の役割と考えています。自動運転の技術が急速に進歩しており，現在は運転が認められていない視覚障害者の運転も可能になるのではないかと言われています。道路交通法で規定されるメンタルヘルス上の病態や服薬時の規制も変わる可能性がありますが，それまでは事故が起きないよう配慮しながら相談していきたいと思います。

† 文献
井谷修ほか（2015）眠気と運転の法律的問題．こころの科学 179；70-74．
岩本邦弘（2017）精神障害と自動車運転──わかっていることとは何か？．精神神経学雑誌 119-7；485-492．
木村卓ほか（2017）気分障害を持つ人のための自動車運転に関する心理教育を考える．精神医学 59；301-309．
三野進（2013）精神疾患患者の自動車運転──欠格事項と根拠なき厳罰化．精神神経学雑誌 115-4；355．
戸田克広（2008）眠気を引き起こす薬物の添付文書における問題点──本剤投与中の患者には，自動車の運転等危険を伴う機械の操作に従事させないように注意すること．臨床精神医学 37；831．
戸田克広（2009）向精神薬の添付文書における自動車の運転等についての記載は修正すべき．精神科治療学 24；1534-1535．

‡ 参考資料
● 書籍
松尾幸治ほか（2015）特集 精神疾患・向精神病薬と運転．臨床精神薬理 18-5．
● Web
警察庁．運転免許取得時，更新時の質問票（https://www.npa.go.jp/annai/license_renewal/shinkoku.pdf）
内閣府障害者施策推進本部．障害者に係る欠格条項の見直しについて（平成11年8月9日）（http://www8.cao.go.jp/shougai/honbu/jyoukou.html）
日本精神神経学会．患者の自動車運転に関する精神科医のためのガイドライン（https://www.jspn.or.jp/modules/activity/index.php?content_id=74）
日本神経精神薬理学会・日本うつ病学会（2013）製薬業界に対する要望書／添付文書に関する要望書（http://www.asas.or.jp/jsnp/csrinfo/01.html）

Ⅷ ハラスメント──パワハラ，セクハラと一気飲み

1 大学でのハラスメント

　教員と学生，あるいは学生同士のハラスメントには，性的な嫌がらせのセクシャル・ハラスメント（セクハラ），成績や単位付与の権利を振りかざしたパワー・ハラスメント（パワハラ）があります。また新歓やサークルのコンパで上級生が新入生に無理に飲酒をさせる一気飲みもアルコール・ハラスメント（アルハラ）と考えてもよいでしょう。多くの大学でハラスメント委員会やガイドブックを作り，専門家による研修を行い，訴えがあった場合には被害者と加害者から聞き取りを行い，問題の評価，指導や助言，処分などの審判を行っています。

2 パワハラの事例──卒業研究

　ハラスメントの多くは加害者には自覚がありません。学生に対して厳しく指導しているだけという認識で，しばしば同じ教員による問題が毎年繰り返されます。たいていはその教員は"危険だ"という情報が先輩から後輩に申し送られ，その研究室の志望者はゼロになることが多いようです。しかし，自分のやりたい研究内容はその教員しか指導できないため仕方なく，あるいは特に志望がなかったり，ぼんやりしている学生が，知らずに，あるいは機械的にそのゼミに割り振られて悲劇が起きます。

例1　**パワハラを受けた理系学部3年生の女子学生Bさん**　Bさんは3年生の12月に卒研のゼミが決まったが，指導教員は毎日のように勉強内容だけでなく，髪型，服装，お茶の淹れ方まで文句をつけたり，将来希望する就職先をボロクソにけなすなど本人を傷つける言動を繰り返した。Bさんはそのうち研究室に行くだけで気持ちが悪くなり，胃痛，吐き気，息苦しさを訴えたため，保健室を訪れカウンセラーが悩みを聞き，精神科を紹介して薬物療法を受け，「ゼミの指導教員の言動により不眠，吐き気などの症状が出た適応障害であり大学として改善が必要である」という診断書を書いてもらい，家族も一緒に来校して学科長に直訴した。実は，毎年その教員のゼミでは同じようなトラブルが出ることを学科長は知っており，何度も態度を改めるよう教員に助言していたが，学生にはそのような情報を伝えていなかった。親が訴えたこともあってゼミを変更して別の先生を指導教員にしたところ，症状は速やかに改善し卒業することができたが，当の先生には何のペナルティもなく，ハラスメント委員会に諮ることもなかった。

　ハラスメント委員会が機能しない現状の背景には，日本社会の事なかれ主義的体質があるでしょう。

3 パワハラの事例──部活動

　部活動でもハラスメントに当たる相談を受けます。封建的な体質が代々受け継がれて，個人のレベルでは対応できますが，毎年のように同じことが繰り返されハラスメント委員会は対応できていません。学生には部活動に参加する権利も辞める自由もあるはずで，それは大学生の基本的人権と言ってよいでしょう。またしばしば

ワケのわからないOBが出てきて，大学とは正規の関係もないのに部の運営に口を出して，問題の解決を面倒にすることもあります。

例2　ある運動部の女子学生Cさん　あるスポーツに秀でたCさんはスポーツ推薦で入学した。その部には上級生は絶対で新入生は奴隷の封建的な風潮があった。何とか秋の新人戦まではがんばっていたが，毎日遅くまでの練習と用具の片づけ，また高額な器具を購入させられ，実家が豊かでないため生活費を稼ぐためのバイトで自由な時間がまったくなく，疲れ果ててぼろぼろになり，ある日，疲れと眠気から練習で転倒し怪我をしてしまった。

　　もう辞めたいと何度も訴えたが，先輩や顧問からは「根性がない」とか「スポーツ推薦で入学したのに部を辞めたら大学も退学になるぞ！」と脅され辞めることができなかった。精神的に追い詰められ，眠れない，気分も落ち込んで死にたくなる，と相談室に来談したため，相談員が事情を聴き，教務課に確認したところ，制度上，運動部を辞めても大学在籍には何も問題ないことがわかった。そのため顧問を呼び，対応を改善するように伝えたが，「最近の学生は根性がない」と言うばかりで，反省の色も，彼女を追い詰めたという認識もなかった。その部はOBが強く，大学上層部にも人脈をもち，今までも同様の問題は起きていたが，誰もハラスメント委員会などの公的機関に訴えることができず，教職員の間でも手を出しかねていた。相談員が奔走しCさんの退部は認められ，大学生としては修学を続けられたが，Cさんは二度とそのスポーツはやりたくないと語り，練習場のあるキャンパスにも二度と足を向けようとはしなかった。

ハラスメントに対するストレス反応として，イライラ，不安，抑うつ，気力が落ちるなどのこころの乱れや，頭痛，肩こり，腰痛，目の疲れ，動悸や息切れ，胃痛，食欲低下，便秘や下痢，不眠など体の症状，また授業を休む，出ても成績が落ちる，実習でミスが増える，過食や嘔吐など行動の問題も起こります。通常はゼミを変わったり，部活を辞めて原因＝ストレッサーがなくなれば症状は治まるため適応障害としてよいのですが，しかし第5章・例4の性的関係を迫られたDさんのようなセクハラでは，ハラスメントがなくなった後もPTSDのような症状が起こったり，自己嫌悪感など自己評価が落ちて何事にも自信を失ったり，ちょっとしたことに怯えたり，他人との関係でも主張できずに言いなりになる，など深刻な問題が続くことも

あります。

4 ハラスメントではなかった事例——事実確認はきちんと
　ハラスメントは被害者と加害者の双方と関係者からきちんと聞き取りを行い，事実を正確に確認することが重要です。カウンセラーは被害者の相談に当たることが多いでしょうが，その場合は被害者に寄り添い，事実確認，加害者側への審判や処分などはハラスメント委員会の委員など別の担当者に任せて，直接はタッチしないほうがよいでしょう。
　一方，統合失調症（第11章）による被害妄想からハラスメントを訴える事例も稀にあるため，注意しなければなりません。

例3 **統合失調症による被害妄想があった3年生D君**　3年生D君が突然指導教員のところへ「今まで仲の良かった友人が嫌がらせをして，教室や電話でいつも悪口を言ってくる」と訴えた。教授が相手の友人を呼んで問いただしたが，「そんなことはしていません」と否定する。その後もD君が執拗に訴えたため「気にしすぎではないか」と諭すと，今度は「先生もグルになって嫌がらせをしている」とハラスメント委員会に訴えた。委員会からの依頼で相談室カウンセラーが本人と会い話を再度聞くと，一見つじつまが合うように説明しており，事実か被害妄想かどうかがわからずに混乱した。ハラスメント委員が保護者も呼んで事情をよく聞くと，自宅の隣人に対しても同じように訴えてトラブルになっており，また普段の様子が以前と明らかに異なるため精神科を受診させようか迷っていたことがわかった。指導教員，ハラスメント委員，カウンセラー，保護者が密接に連絡を取り，保健センターの精神科医に相談した結果，事実ではなく本人の被害妄想と確認できたため，精神科受診に結びつけた。

5 アルハラ——一気飲みの実態
　もう30年以上も前，研修医で救急救命センターに勤務しているとき，毎年，大学の学園祭の前夜祭や後夜祭の日は急性アルコール中毒の学生が担ぎ込まれ，意識がないもの，酩酊して暴れるもの，悪酔いしてゲロを吐きまくるものがいて，「このくそ忙しいときにアホな学生が面倒をかけやがって！」と怒りながら，挿管したり，点滴ルートを確保したものでした。しかしその後キャンパスの保健管理センターに

赴任して，今度は酔っぱらった学生をお願いする立場になり，平身低頭して救急外来に治療をお願いするようになりました。毎年のように大学の宴会で急性アルコール中毒による死亡者が出て社会問題になり，一気飲みはある種のパワハラだという認識もされるようになったにもかかわらず，一気飲みによる救急搬送は後を絶ちません。

東京消防庁のデータでは，急性アルコール中毒での救急搬送件数は年に約1万5,000件，その約半数の7,000件が20歳未満と20歳代です。また以前は男性が圧倒的に多かったのですが，最近は女性も増えており，男女比で見ると平成27（2015）年の20歳代では女性が41％，5人中2人が女性になっています。イッキ飲み防止連絡協議会によると，飲酒後の水死や転落死なども含めれば，この10年間に36人の大学生の命が失われています。この背景には場の雰囲気に逆らえない，サークルや学年の上下関係による暗黙の強要があり，特に卒業・新歓コンパ，合宿，寮ではその傾向が強くなり，20歳未満の未成年の飲酒も公然と行われ新入生がターゲットになっています。

6 アルハラの対策

酒の「伝統」は上級生から下級生に引き継がれるため，以下のような予防・啓発活動が，特に学園祭時期やサークル活動に対して求められます。また不幸にして飲酒による事故が起きた場合は，状況をきちんと調べて断固たる処分を行い，大学の恥とも思える情報も隠さずに公表・発信し，学生や社会に伝えることが再発予防につながります。

大学でできる対策には次のようなものがあります。

- アルハラもハラスメントのひとつと認識し，大学が認めない方針を打ち出す。
- 新入生ガイダンスで未成年者の飲酒の禁止を伝える。
- ポスターや冊子を作成し，学生課の窓口，学生相談室などに置いて手軽に手に取れるようにする。
- 保健体育や健康教育などの授業でアルコールと飲酒の問題点を教える。
- 健康診断で飲酒の指導を行ない，アルコール・パッチテストも実施する（アルコール・パッチテスト：アルコールを絆創膏に染みこませ上腕内側に貼り，7分後にはがし皮膚の色を見て判定するテスト。簡単にお酒を飲める体質か判定できる。日本人の約4割に当たる飲めない体質の人はお酒を飲んではいけません）。

- 大学祭実行委員に対して学祭前に，サークル幹部に対して合宿前にアルコールへの取り組みを徹底させ，救護活動の訓練を義務づける。
- 一気飲みや飲み比べなど危ない飲み方を禁止する。
- キャンパス内を飲酒禁止にする，または飲酒可能な場所を指定する。学園祭での飲酒を禁止する。
- サークルの幹部や顧問教員への研修を実施する。
- 危険な飲み会を行なうサークルなどを指導し，従わなかった場合は補助金を打ち切ったり，活動停止や廃部など強い措置も検討する。

7 アルハラの課題

アルハラにはまだまだ多くの課題があります。

- 大学に入学したら飲んでもよいという社会的風潮があり，未成年でも違法行為と思わない学生が多く，教職員も認識不足で未成年の1年生と宴会で一緒に飲む人が未だにいる。
- 実際にどのような雰囲気で飲み会やコンパが行なわれているか大学が把握できないため，指導も一般論にとどまる。実際に事故が起きないと真剣に取り組もうとしない。
- いくら学内を飲酒禁止にしても監視できない。まして学外での飲酒には大学の対応は難しい。
- サークルや部活など基本的には学生が自主的に行うもので口出しはできない。キャプテンなど責任者に注意しても部員に伝わらない。サークルや寮の伝統を変えるのは難しい。
- 未公認サークルや多数の大学学生が所属するインターカレッジサークルは，大学の関与が難しい。
- 入学時のガイダンスや健康診断では他の必要な情報の伝達で手一杯で，アルコールの話はどこかに飛んでしまう。
- アルハラや一気飲み禁止の講習会や研修に学生は集まらない。限られた研修の時間では，危険な飲み方を伝え，他人事ではないと実感してもらうことは難しい。
- 事故が起きたときは真剣に研修を行うが，大きなトラブルがないと継続できず，そのうちまた事故が起きる。

8 おわりに

　ハラスメントは先輩と後輩，教員と学生，異性同士に限らず，同性同士，サークルでの一気飲みなど，さまざまな関係と状況で起きます。大きな問題は，加害者側が悪いと思わない，ハラスメントに当たるという認識が薄く，自分の価値観に固執して熱心な指導を行っているだけ，先輩としての責務を果たしているだけ，相手の学生のため，研究室やサークルのため，と歪んだ自分の価値観を変えようとしないことです。また，どのような行為がハラスメントに当たるのかという判断は実際には難しく，また稀ですが被害者側の妄想などの病理による場合もあり，評価と対応がとても悩ましい問題です。

‡ **参考資料**
● Web
イッキ飲み防止連絡協議会（http://www.ask.or.jp/ikkialhara_student.html）
明治大学キャンパス・ハラスメント対策委員会．ハラスメントガイドのないキャンパスへ（https://www.meiji.ac.jp/koho/academeprofile/activity/harassment/）
文部科学省高等教育局長（2012）未成年者の飲酒禁止と強要の防止に係る学生指導の徹底について（20124文科高第241号，2012年5月29日）．

IX　カルト，自己啓発グループ，悪徳商法──信じる者は救われない！

1 社会でのカルト問題

　平成7（1995）年のオウム真理教事件では，多くの高学歴の大学生が稚拙な教義をもつカルトに引っかかり，高度な科学的知識を悪用してサリンを製造し，大勢の人を殺害した事件は大学関係者に衝撃を与え，カルト問題に取り組む契機となりました。日本だけの問題ではなく，宗教の名を借りたカルトによるテロ事件は世界中で起きています。外見は魅力的な単純な教義や思想によって，貧困や差別など厳しい境遇の人だけでなく，経済的に恵まれているものの心理的に渇望している学生が容易にカルトの罠に嵌っています。

　社会の歪みの結果でもあるカルトの根絶は難しく，また入会してしまうと脱会はきわめて困難です。そのため，いかに入会しないようにするかが課題です。しかし現在でも首都圏の電車に乗るとカルトの大きな看板が左右に見え，キャンパスでもトイレに勧誘チラシが貼られるなどカルトは活発に活動しています。大学でも「カルトの勧誘に注意しましょう」という校内放送を流していますが，それだけでは十

分ではありません。他人を思いやること，自分と違う価値観を認めること，自由に考え批判できることなど，平凡だけど健全な社会がいかに大切であるかを地道に伝える活動が重要です。

2 カルトの勧誘

　彼らの勧誘は巧妙です。キャンパスは出入り自由なので，彼らは勝手にキャンパスに入ってきたり，あるいはすでに入会した在学生が活動しています。大学や社会に慣れていない新入生に対して，一見ごく普通のサークルを装い，自然食品や精神世界，ストレスへの対処法，占いや予言，果てはアンケート調査，ボランティア・サークルを装い，言葉巧みにカルトと気づかれないよう集会に誘います。

　集会もカルト本部や集会所ではなく，喫茶店，公園の片隅，公民館など，ごく当たり前の場所で行われ，優しく接して，新天地に慣れない新入生を安心させ，またボランティアや友達づくりなど誰でも歓迎する普通の活動から入ると，カルトとは気づきません。徐々に彼ら特有の狭義や思想に基づく活動を増やしていき，先輩信者と人間関係を築かせ，抜けづらい雰囲気をつくっていき，いつの間にかカルト独自の活動に手を染めるようにしていきます。このような人間心理の弱点を熟知したやり方は，凡庸な精神科医やカウンセラーよりはるかに巧みで洗練され，とても太刀打ちできません。ある程度の段階まで洗脳された学生がカルトから抜けるのは容易ではありません。

3 カルトの特徴と自己啓発セミナー

　カルトを明確に定義することは難しいのですが，その特徴を列挙すると次のようになります。

- 辞める自由がない。
- 他の思想や宗教を徹底的に排撃する。
- 友達を勧誘させるなど，他人を巻き込むように仕向ける。
- ネガティブな面は決して正直に答えない。

　また自己啓発セミナーのなかにもカルトと同様に危ないものがあります。自己啓発セミナーとは大勢の"主体的な"参加者を集め，自己実現と称し「本当の自分を見つける」「無限の自己の可能性を開く」「他者との深い交流」などの題目を挙げて，

ホテルなどに缶詰にして，さまざまなセッションを高額なお金を取って行います。最初はトライアルセミナーと称して，ごく安い，あるいは無料の新人向けのセミナーを開催して参加させ，そこで自己を開示し，交流という心地良い体験をさせ，次のステップに誘います。ステップを重ねるごとに料金は上がり，最後は数十万円のアドバンストコースになり，カルトと同じく友達や後輩を強引に誘い参加させようとして，しばしば人間関係を壊してしまいます。

　ほかにもストレスマネジメント，ヒーリングなどメンタルヘルスやスピリチュアルに関するもの，果ては起業セミナー，就活セミナーなど将来や就職に戸惑う就活生を狙ったもののなかに，カルトと同様に不穏な思想を吹き込む，特定の理論を強引に信じ込ませる，ファシリテーターの言いなりにさせる，高額な費用を徴収し脱会させずに友達を強引に誘う，など危険なものもあります。実際にカルト団体が主催するものもありますが，真っ当なセミナーと区別することは難しいです。

④ カルトの実害

　不安や恐怖を煽るといったこころの問題に加え，高額なパワーストーンなどを買わされたり，所持金をすべて寄付させるなど経済的にも大きな被害をもたらします。大学よりも信仰と宗教活動のほうが崇高だといって学生生活をやめさせることもあります。また，ある個人にとどまらずカルトの特性から一人でも多くの構成員を増やすため，友達や知人を勧誘して入会させます。そうすると被害者が加害者にもなってしまい，強引な勧誘で友達関係を壊して，ますます孤立して抜けられなくなります。

⑤ 入信しないための対策

　一時の熱狂やノリで安易に入らないこと，とにかく即答は避け，その場を離れてゆっくり考える時間をもつこと，初対面の相手には住所や学生番号，携帯の番号など個人情報は伝えないようにすることをこころがけ，困ったことがあったら友達や家族に相談します。とはいえ大学に来たばかりで相談できる友達がいない人，特に人間関係の乏しい新入生が狙われます。適当な相談相手がいなかったら大学には学生相談室があります。勧誘したサークルがまともなサークルか，集会に参加しても大丈夫か遠慮なく聞きに立ち寄ってください。またネットで団体名を検索すると，いくら巧妙なHPでもよく見れば怪しく，いかがわしいことに気づくので，ともかく集会に行く前に時間をかけて考えるようにします。

　怪しいと思ったら，一旦行くと約束しても行く必要はなく，こちらから連絡を取

る必要はまったくありません。万が一，携帯の番号を教えたり，住所を教えて集会に来るよう連絡や誘いに来ても毅然と断ります。理由を考える必要はありません，一言「行きたくありません！」，それだけで十分です。「忙しいから」「お金がないから」「親が反対するから」などの理由をつけると，彼らはそれらを説得するノウハウをもっているため必ず言い負かされて行くはめになります。ともかく断りつづけて，彼らに時間の無駄と悟らせることです。

⑥ 友達がカルトに入ってしまったら
　一旦入会したら脱会はとても難しく，説得しても頑なに信じて抜けようとしないことが多いです。傍で見ているとどんどんお金がなくなっていく，言うことがエキセントリックになっていく，そんな友人を見るのは辛いですが，間違っても助けに行こうと一緒に集会について行かないようにします。彼らのノウハウは卓越していて，友達の友達の友達まで入会させるテクニックをもち，集会に行くとミイラ取りがミイラになって，あなたも入会することになります。個人の力でどうしようもないときは学生相談室に相談したり，カルト問題に詳しい日本脱カルト協会HPを見て適切な相談窓口の専門家に助けを求めるようにします。

> **コラム**
>
> きれいなお姉さんにはご用心！
>
> 　あなたがイケメンでもないのに街で見知らぬ美人に声をかけられ誘われたらご用心！カルトか悪徳商法の勧誘です。彼女は広告塔，集会では真面目で"正しい"信者のお兄さんたちに囲まれることになるし，お金を払いこんでも二度と彼女は現れない。自分は絶対に大丈夫と思っている人が簡単に引っかかるので気をつけよう！

⑦ 悪徳商法
　大学生に多いトラブルは，英会話スクールや教材，パソコンの専門学校，新聞勧誘，化粧品やエステ，仮想通貨，自己啓発セミナーなど各種セミナーです。方法としては，キャッチセールスでは校門前や街頭でアンケートと称して声をかけ事務所や喫茶店に誘い，長時間勧誘して強引にエステ，化粧品，映画，旅行などの会員権や商品の購入を迫ります。アポイントメントセールスでは会員権，アクセサリー，

資格講座，学習教材などを「あなたは運がいいです，当選しました！」「良い話があります！」と販売目的を隠して呼び出し，曖昧な返事をすると「契約した」といって高額な請求をし，気がついたら何十万円もするローンが組まれた英語の教材を買わされます。マルチ商法では，商品を購入すると同時に会員になって周囲の人を新会員として勧誘せねばならず，人間関係まで壊します。

　こちらが毅然とした態度を取れば悪徳業者もひるんで何とかできるのですが，昨今の学生の気の良さ，弱さからか「契約した相手に悪い」とか「1回約束しちゃったことだから」と煮え切らない態度を取ると付け込まれます。またプライドもあったり，心配をかけてはいけないと親にも言えず，ずるずると借金が増えていくこともあります。ともかくその場で契約しないこと，仮に契約してもクーリング・オフ制度[*]があるので一方的に解約できますし，相談室に来てくれれば消費者センターも紹介できます。

‡ 参考資料
● 書籍
村上春樹（2001）約束された場所で──underground 2（文春文庫）．文藝春秋．
中島らも（1996）ガダラの豚（集英社文庫）．集英社．
西田公昭（1995）マインド・コントロールとは何か．紀伊國屋書店．

● 相談／問い合わせ窓口
日本脱カルト協会（http://www.jscpr.org/）
東京都消費生活総合センター．悪徳商法相談窓口（電話：03-3235-1155）

X │ 就活──就活解禁日の４年生

　文部科学省の平成29（2017）年度学校基本調査によれば平成29（2017）年3月大学卒業者56万7,459人中，進学も就職もしていない者は4万4,152人と全卒業生の7.8％にあたります。景気の回復につれ就職率も改善していますが，依然としてかな

---

[*] クーリング・オフ制度：契約を一方的に解除できる制度。期間は電話勧誘，訪問販売は8日間，マルチ商法の場合は20日間。まずハガキに「〇月△日に契約した××（化粧品購入など契約内容），販売会社名，契約金額，以上の契約を解除します。代金〇〇〇円を返金し，商品を引き取ってください。□月▼日　住所，氏名」と書きます。必ず契約させられた日付と取り消しを申し出る日付を記入すること。書いたら両面ともコピーを取って，ポストに投函するのではなく郵便局で「特定記録郵便」か「簡易書留」など記録が残る方法で出します。クレジット契約をした場合はクレジット会社宛にも通知してください。

りの大学生が身の振り方が決められないで卒業していきます。もちろんほかにやりたいことがあって就職を希望しない，結婚し専業主婦・主夫として暮らす，障害などのため働くこと自体が困難などの理由で，職に就かないこともあります。

卒業と就職は学生という学費を支払う消費者から，お金を稼ぐ職業人という社会人＝大人への移行に当たる人生のとても大きな節目で，自分の人生と将来を真剣に考えることを迫られます。マンガ『毎日かあさん』で有名な西原理恵子さんは「自立のためには月に20万円稼げ！」と子どもに伝えているそうですが，それだけの収入を得る仕事に就くのは大変なことです。

また最近は，一旦内定が決まったのに，親が反対して内定を辞退してしまう学生もいて，中小のベンチャー企業では親確（オヤカク）といって親にも連絡を入れて入社の確認を行うなど，学生時代には表に出なかった親子関係が表面に出ることもあります。

1 職業選択

職業選択とは難しいものです。一体自分にどのような仕事，作業が向いているのか明確にわかっている学生はあまりいませんし，適性検査も確実なものではありません。そもそも人の能力を客観的かつ公平に評価する方法などありません。筆者の医学部生時代，ドライバーを使えば必ずネジ山をねじ切ってしまう，とても不器用な友人がいましたが，よせばいいのに脳外科医局に入りました，一体どんな手術をしているのか他人事ながら気になりますが，年賀状に"脳外科医として頑張っている"と書いてあるので大丈夫なのでしょう。当時（1980年代）は何科に進むかなどはいい加減なもので，飲み会で先輩から強引に「先輩の医局に行きます」と言わされ，今さら断れず先輩の科に進んだ同級生もいました。卒後の臨床研修制度が整備された今では考えられないことですが，そんなものでした。とはいえ人には可塑性があり，医学部生に限らず，向いていないと思われた職でも9割の学生は適応できてしまいます。

今の大学生はどのように職業を選択しているのでしょうか。医学部や看護学部など大学入学時に仕事が自動的に決まってしまう医療・福祉系の学部はともかく，他の多くの学部の学生は3年生頃から，将来や職業についてのイメージをもつことから始まります。それまでに行ってきたバイトなど実体験から，あるいはネット，先輩などさまざまなソースから情報を集めて，自分の興味，将来への希望，適性，能力と実際の業務や企業を照らし合わせていきます。そのうえで就活に入り，現実と

自分とを照らし合わせ，修正変更して就職に至ります。就職後も自分のスキルを磨きキャリアアップしていき，入社前に思い描いていた理想と現実を照らし合わせて転職を考える人もいるでしょう。このように現実に直面して修正，フィードバックし，自分の問題や能力を把握し，実行する能力が必要で，人生最大の課題のひとつでしょう。それだけに就活を契機にメンタルヘルス上の問題が起きることは多く，その相談はとても重要です。ちなみに学校基本調査によれば，平成29（2017）年の産業別の就職者数の比率は，建設業4.6％，製造業11.6％，情報通信業9.0％，卸売業・小売業16.0％，金融・保険業8.9％，教育・学習支援業7.6％，医療・福祉12.6％，公務員6.3％，その他18.3％となっています。

2 就職活動での問題

　大学生の就活はだいたい次のように進みますが，必ずしもこの順番通りに進むわけではないですし，また各行程は並行します。

　　①インターンシップを体験する。
　　②リクナビなどの就職サイトに登録する。
　　③大学の就職課主催の就職説明会や合同企業説明会に参加する。
　　④自己分析，自己PRを考えはじめる。
　　⑤学外の企業合同説明会に参加する。
　　⑥業種や業界・企業を検討して志望動機を想定する。
　　⑦就職サイトや企業のHPを通じて会社説明会の予約をして参加する。
　　⑧エントリーシート（自己PR・志望動機）を作成して正式に応募する。
　　⑨筆記試験と面接を受ける（面接はグループ・デイスカッション，集団・個人
　　　面接など）。
　　⑩内定が出る（その後，辞退して他社を受け直すこともある）。
　　⑪入社する。

　就活は本当に大変だと感じます。就活解禁日でさえ，平成29（2017）年は3年生の3月1日でしたが，毎年のように変わり，規制がうるさいわりには曖昧で合理的とは言えないさまざまな慣習，制度が残っていて，まずそれを知らなければいけません。就活の困難に直面してはじめて自分の課題や特性に気づく学生は多いです。相談室での相談では，どんな仕事をしたらよいのか皆目わからない，内定が決まら

ず落ち込んだという典型的な相談から，社交不安（第6章）で面接の一対一の緊張した状況であがって話せない，集団面接に対応できないなど面接に関する問題，発達障害（第2章）で就活手順のプランを立てて進められない，性同一性障害（第13章）でどちらの性別で就活したらよいかわからない，リストカット（第4章）の傷の隠し方まで相談を受けます。また病気や障害までいかなくても，もともともっている対人スキル，社交能力，実行機能＝計画を立てる力，粘り強さ，意志，他人からの評価を気にする度合，自己愛と自信，先を見通す力など，学生のさまざまな特性，能力が試され，就活を契機に困難に陥る学生はとても多いです。

一方，出世でき待遇も良いものの仕事はハードで残業も多く転勤もある総合職は避けて，待遇は良くないものの転勤はなく出産し育児をしても働きつづけやすい相対的には楽な一般職をあえて選ぶ女子学生もいるなど，真剣に将来や人生を考える契機にもなります。

> **コラム**
>
> ### 就活解禁日の4年生
>
> 　3月1日の就活解禁日の出来事です。卒業判定者も掲示され卒業式を10日後に控え，なんとなくキャンパスがそわそわしていますが相談は少なく，筆者は学生相談室で面接記録の整理をしていました。そこに突然"4年生"のE君が「今日，就活が解禁になりましたね，今まではそれを守って何もしませんでしたが，今日からは就職を目指して活動していいんですね！　でも就活なんてしたことないんで，どう進めればよいか教えてください！」と意気込んで真面目に相談室に飛び込んできました。相談内容が就職なので精神科医の筆者の担当ではありません。インテイカーが話を聞きキャリア支援室まで案内しました。でも本当は精神科医の筆者の担当だったかも……（@_@）（@_@）
>
> 　驚くべきことに2週間後，E君の希望する業界のそれなりの企業に就職が決まり，相談室を訪れ「ありがとうございました。やはり解禁は3月1日という規則はきちんと守るとか誠実に行うことが大切でした！」と満足そうに挨拶し帰っていきました。彼の今後が気になりますが，もう卒業で学生相談はオシマイです。E君の社会人としての活躍を祈るのみです……。

③ 企業の本音

　就活は大学入試ほど偏差値で明確に序列化されていません。リクナビやリクルートなどの基準はありますが，実際には世間の評判やイメージが先行しています。「人気企業＝働きやすい企業」ではまったくありません，実際に自分にあった充実した仕事ができる，安心して働けるかどうかは，業務内容より職場環境，特に上司や同僚など人間関係が大きいのですが，入ってみないとわからないのが実状です。

　企業も「"創造的な"人材を求めています」と言いますが，それよりも重要なことはトラブルなく職場で過ごせる社会的常識がある，上司や同僚とのチームでの業務ができる協調性がある，上司からの指示を理解し実行でき，疑問や明らかなミスは穏やかに指摘できる相互コミュニケーション能力があることで，これらは業種，企業にかかわらず共通しています。要は，まず言われた通り指示を守って熱心に働くワーカーとなってもらうことが企業の本音で，体育会系部員の就職率が良いのもそのためです。

　求める人材が共通しているため，内定をたくさん取る学生がいる一方，どんなにがんばっても内定がもらえない学生もいることになります。また出身大学という学歴は現在もなお重きを置かれています。平凡な大学の無芸大食の凡人は周囲に合わせたほうが上手く就職できるとわかっているため，マニュアルを盲信し，他の学生との差別化より排除されることを恐れて没個性の就活スーツをまといながら"ユニークな"ボランティアや留学体験を必死に話し，お辞儀の角度にまで気を使うことになります。今の就活を見ていると，筆者は絶対に採用されないと確信をもって言えます。X年前に医者になっていてよかったとつくづく思います……。

> **例**　就活のグチを言いに来室した女子大3年生のFさん　小奇麗な就活スーツで入室したFさんは開口一番，就活への不満をぶちまけた。「何，あのドブネズミのスーツの集団，気持ち悪い。でも一番腹立たしいのは私もそれを着て，その集団の一員にならなきゃいけないこと。髪が赤めなので写真で修正されたし，黒に染めたほうがいいよとキャリア支援室で言われるし，個性尊重と言ってるけど，そんなのデタラメ！　皆が同じ服，靴，髪型で，マニュアル通りに志望動機と学生時代にしたこと，ちょっとした短期留学をオーバーに誇張して面接をこなしているけど，そんなどこに私の個性があるの?!　もう嫌になって好きなように言ったらあっさり落とされ，一緒に受けたマニュアル通りにした子は受かって悔しい！　そんなのおかしい！」と一気にまくし

立てます。ごもっともで「Fさんの意見は正しいと思うよ！」と慰めるだけでした……。

④ 就活が上手くいかない人に

　筆記試験で落とされたなら知識や準備が足りなかったと諦めることができますが，面接で落とされると全人格を否定されたように感じます。作家・三浦しをんのデビュー作『格闘する者に○』（新潮文庫，2005）に出版社との就職戦線，特にその面接が実体験（？）をもとに生々しく描かれていて，K談社への恨みつらみも含めて興味深いです。彼女は強くて頑健ですが，小心だったり，挫折経験がなかったり，細かいことを気にするタイプの学生は，内定が決まらないとメンタルヘルス上の問題がなくても眠れない，食が進まない，泣きたくなる，何もしたくなくなる，動悸など抑うつ症状や身体症状を起こします。ただ本格的な病気と違うのは，内定が決まったとたんに症状が消え去ることで，"適応障害"という病名がつきます。

　落ちつづける学生には慰めにもなりませんが，就活とその苦労は確実に将来の役に立ちます。就活ほど自身の能力と適正と将来を真面目に考える，自分を冷静に見つめ直し鍛える機会はめったにありません。これから社会人＝大人としてやっていくために重要な一里塚となります。その結果，就職ではなく，まったく別の学問や専門性を得るために他の大学や専門学校に進学する，公務員の勉強をするなど，スキルアップや役に立つ資格を目指してさらに学んでもよいですし，嫌がっていた家業を継ぐという選択をする学生もいます。一方，どんな優良企業に就職できても終身雇用制度が崩れ，古くは山一證券，昨今はシャープ，東芝など大企業もいつまでも安泰という保証はありません。

⑤ メンタルヘルス上の問題で通院している人に

　多くの企業はメンタルヘルス上の問題がある人をはじめから採用対象から外しているため，障害者雇用（第15章）でない限りはメンタルヘルスの問題を伏せて就活を行ってください。これもメンタルヘルスに対する社会的な差別と偏見なのですが，厳しい現実です。

XI 大学院生と社会人教育・生涯教育——学びは永遠に!

1 大学院生からの相談

　文部科学省の学校基本調査によると，平成29（2017）年度の大学院生は250万893人，学部生が258万2,884人ですから，およそ1割にあたります。学部生のときは黙々と授業を聞き，言われた通りにやっていれば何とか卒業はできます。しかし大学院に入ると，授業を受動的に聞くだけでなく，自分で研究計画を立てて主体的にやっていかなければなりません。特にやりたい仕事がわからない，行き場が決められずに消去法で大学院を選んだ院生は悩みます。また年末は修士論文の締め切りが迫るためか，問題が表に出て来談する院生が増えます。

　彼らのなかには，親や友人との優しい対人接触しかもったことがなかったのに，研究や修士論文で厳しく当たる指導教員に対して「どう対応したらいいか，何を質問していいか，どう付き合ってよいかわからない」と悩む院生もいます。元来成績が良く，比較的楽に学部生活を送ってきた院生は余計にショックを受け，研究室に顔を出せなくなって，相談室や図書館だけは行く，校門まで来て帰ってしまう，遅れてきた登校拒否のような状態に陥ります（丸谷ほか，2017）。また一方，しなくてもよい実験を朝から晩まで続けないと不安で仕方がない，という相談もあります。そこまで行かなくとも研究が全然進まずに悩んで眠れない，食欲がないと訴える院生も多いです。

　また一方，指導している指導教員から「教えていた院生が急に来なくなってしまった」「何を聞いても何も答えないので一体何を考えているかわからない」「最近落ち込んでいるようで急に電車にでも飛び込まないかと心配だ」といった相談もあります。

2 生涯教育とリカレント教育

　一旦，社会に出て働いている人の学び直し＝リカレント（recurrent）教育が注目されています。社会に出て働いているうちに新たな知識を補いキャリアップして仕事に役立てたい，新たな分野で活躍するために学び直したい，と大学や大学院に入リ直す社会人学生が増えています。筆者は大学院のコ・メディカルのコースの教員をしていましたが，大学を出て働くうちに健康やメンタルヘルスへの関心が高まり，医療系の大学や大学院，専門学校で学び直して専門職を目指す人が大勢いらっしゃいます。概して彼らは意欲が高くて真面目に勉強に取り組み，他の学生たちに良い

影響を与えています。

　大学の立場からもしても，少子高齢化で18歳人口が減少し経営的にも苦しくなっているなか，新たな教育対象として社会人に目を向ける大学が増え，社会人向けの特別選抜制度，科目等履修生，夜間部や昼夜開講制度，通信教育，公開講座，専門職大学院，サテライトキャンパスなどの形で，学べる課程を設けています。熱心に取り組んでいる大学としては，女性の社会進出に大きな役割を果たしてきた日本女子大学リカレント教育課程，年間400を超える講座を開設し約2万人の方が学んでいる明治大学リバティアカデミー，主に平日の夜間と土曜の昼間に都心のキャンパスで授業を開講しフルタイムで働いている社会人も通える筑波大学東京キャンパス社会人大学院（夜間）などがあります。また放送大学はリカレント教育の草分け的な存在で，インターネット，テレビ，ラジオなどで授業を受講でき，カリキュラム数も日本最大です。全国57カ所にある学習センターとサテライトスペースで教員から直接講義を受けることも可能で，現在までに130万人以上が学び，在籍者も9万人以上と日本の生涯学習の中核を担っています。

　OECD（経済開発協力機構）の調査では，日本の大学生のうち25歳以上の入学者の割合は2.5％にすぎませんが，今後増加していくと思われ，彼らに対するメンタルヘルスの支援も重要になります。従来の10代後半〜20代前半の多数の大学生に加えた別の知見が必要で，まず年齢が上がるため成人の医学的問題の比重が増します。身体疾患が増え，糖尿病，高血圧，高脂血症，痛風などのメタボリックシンドロームと脳血管障害や虚血性心疾患への対応，ガンにかかった場合の「ガン治療と仕事の両立」ならぬ，「ガン治療と教育の両立」の問題，また親の介護の問題や育児のため学内での保育施設の設置の検討も必要になるかもしれません。

　こころの病気や問題でも典型的なうつ病が増えるでしょうし，今の大学生ではそれほど表に出てこないアルコール依存症，中高年以上の学生では認知症も重要な問題になるでしょう。ただそうなるとあらゆる精神疾患を記載する必要があり，紙数の関係で不可能なため『社会人のこころのケア・ガイドブック——産業保健と精神科医からの17章』（仮題）など別の書籍にまとめようかと思っています。

† 文献
丸谷俊之ほか（2017）大学院における休・退学，留年学生に関する調査——平成26年度調査結果を中心に．大学のメンタルヘルス1；37-44.

‡ **参考文献**
● Web
放送大学（http://www.ouj.ac.jp/）
日本女子大学リカレント教育課程（http://www5.jwu.ac.jp/gp/recurrent/gaiyou.html）
明治大学リバティアカデミー（https://academy.meiji.jp/）
筑波大学東京キャンパス社会人大学院（夜間）（http://www.tsukuba.ac.jp/organization/mature_tokyo.html）

XII 卒後の相談──いつまでもお世話になります！

1 卒業を意識した相談を

　大学の相談では何年生が何月に相談に訪れたかによって支援がだいぶ異なります。1～2年生の相談では卒業をそれほど意識しませんが，3～4年生の相談では卒業までどれくらいあるか，そのための履修や卒研・卒論がどうなっているか，学業と就活を並行して行うのは可能か，など問題や状態がどう変化していくかを予想し面接を始めます。

　当たり前のことですが，大学生はいずれ卒業し大学から離れていきます。学生相談でどんなに深く長く関わってもいずれは終わりが来ます。これは外来診療や民間のカウンセリング・センターと大きく異なる点です。しかしメンタルヘルス上の問題の多くは卒業で解決するわけではなく，支援者はつねに卒業が支援の終わりと考え，卒後の状況や支援の継続を意識して相談に当たることが大切です。卒業で面接が終了して社会に出て大丈夫か，卒後に引き継いで相談をする必要があるか，必要なら卒後の引き継ぎ先はどこがよいか，などを検討しなければなりません。たとえば4年生の10月に相談に訪れたら，面接は短期間しか取れませんから，翌年の3月で支援が終了することを前提に支援プランを考え，カウンセリングでは内的なことを探るのは避け，卒業と就職，就活で起きる問題を予測してその対応を助言するなど，具体的な点にフォーカスを絞ったほうがよいでしょう。

2 卒後の相談

　卒業後1年間は月に1回の相談を継続できるなど卒業生への支援を行っている大学もありますが，多くの大学では卒業と同時に相談は終了します。卒業生が来談した場合，1回は話を聞いて方針を示し，学外の相談機関を紹介する程度に留める大学がほとんどでしょう。とはいえ学外に適当な相談機関は少ないため，別の大学の

大学院に進学した不安の強いG君は，いつも季節の変わり目に電話をかけてきますし，社交不安のH君からは「何とか就職はしてやっていたけど，嫌いな営業にまわされて辞めたくなりました」と泣きの電話が入ります。また家族以外で関わっていたのが相談室のカウンセラーだけだった学生は，卒業で関係が切れてしまいひきこもってしまうこともあり，卒後の相談機関への引き継ぎと連携は重要です。

　在学中に精神科医療機関で治療を受けていた学生の多くは，卒業後も通院を継続します。筆者の外来にもそのような卒業生が大勢，受診しています。しかし学生相談ほど長時間の丁寧な面接はできず，カウンセリングルームでの相談は保険適用がないため1回あたり5,000円〜1万2,000円と費用がかかります。

　大学の相談室ほど時間，頻度，費用，丁寧さなどで恵まれた相談の場は世間にはありません。就職した企業にカウンセラーがいて，福利厚生の一環として健康診断やストレスチェック，希望する従業員が事業所内，あるいはEAPと契約して5回まで無料でカウンセリングを受けられるところもありますが，相談内容は就業や職場のことが中心ですし，職場内での相談に抵抗を感じることが多いようです。保健所や精神保健福祉センターなど公的機関は，個別の時間をかけた面接を長期間は行ってはくれません。このような限界のあるなかで，どのように卒後の相談の場を探すか，どこの機関の誰に引き継ぐか，大学の相談で得た情報や知見をどのようにリファー先に伝えるか，なども卒業前の面接の重要なテーマになるはずです。しかし大学の相談室から就職した事業所の産業保健スタッフへの引き継ぎは，就職や雇用に影響を与える懸念もあってか，実際はまったく行われていません。

③ 障害年金受給のための証明書

　障害基礎年金には，初診年齢が20歳未満であれば年金保険料を支払っていなくても受給できる制度があります。統合失調症（第11章）は20歳前後の在学中の発症が多いのですが，働いて収入を得るのは難しいと本人も家族も納得するのは卒業や退学して数年から10年以上経ってからが多く，障害基礎年金の受給を希望する卒業生や保護者から，在学中に医師と面談していたかという問い合わせが入ります。年金事務所によると，医療機関でなく大学の保健管理センターなどでも医師が対応したことがわかれば，受診したとみなしてかまわないとのことで，在学中に校医が面談した日付やそのときの状況を問い合わせてきたり，受診状況証明書の発行を求められることもあります。

　当時の医師が退職して状況がわからなかったり，相談記録も医療機関に準じて5

年間で破棄してしまう大学もあり，対応に課題を残しています．

XIII 親との相談──親子は他人の始まり

　大学生はだいたい18〜22歳の年代で，発達の観点からは大人への移行期にあたります．その重要な発達課題に親からの独立，要は親離れと子離れがありますが，これは容易なことではありません．学生と親との関係をどう考え，親とどう関わるかは頭を悩ますことが多いのですが，親を大学にお呼びして相談室で面談することになったときのポイントをいくつか挙げます．

1 学生本人の相談と親の相談

　次のようなひきこもりの事例を例に挙げて親への対応を検討してみましょう．

> **例　半年間ひきこもっていたI君**　大学を休み半年間アパートにひきこもっていた学生I君をやっと母親が部屋から連れ出して相談室に連れてきた．申し込み用紙には母親が「半年前から学校にも行かないで，アパートにひきこもってゲームばかりしている」と記載して，学生と親は相談室の受付前の待合スペースで待ち，これから相談を行うことにした．

　面接前から評価はすでに始まっています．通常は申込用紙に氏名，生年月日，学籍番号などとともに相談したいこと，悩んでいること，家族欄などを記載してもらうことが多いでしょう．しばしば家族に連れられてきた学生は悩んでいることなどを書く自由記載欄を空欄のままにして，本人ではなく母親が上記のように記載します．
　次にお名前をお呼びして相談室に入ってもらいますが，学生と親を同席して面接する技法と，別々に会う技法があります．筆者個人は時間があれば最初に学生本人に尋ねて，一緒で良ければ一緒に会いますし，一人だけを希望した場合は「学生本人のみ→親のみ→一緒に」という順番で面接することが多いです．
　この事例では一緒に会うことになり，母親は話しましたが，学生本人はまったく無言で無理に問うと「別に困っていることなんてない」と言って黙ってしまいました．親の了承を得て一旦退室してもらい，学生本人だけと面接しましたが，まずは無理やり来させられた"辛さ"を扱い，「こんなところに連れてこられて大変だよね．なんでお母さんはあなたの気が進まないのに無理に受診させたのかな〜」と声

をかけます。そうすると「家では両親の喧嘩が絶えず，家を出るために遠くの大学で一人暮らしを始めたのに，うるさく口を出してきてうざい！　このことは親には内緒に！」と家族への不満を話し出しました。親のほうは性急にひきこもっていることの解決を求めてきますが，ともあれ学生の立場に立って本人と親の食い違いを把握することが第一歩です。

2 守秘義務と保護者

　医療や相談では，本人の承諾なしで親を含む第三者に情報を知らせない守秘義務がありますが，大学での相談では，生活や修学の支えとなる最も重要なキーパーソンである親に一切何も伝えないことが難しい場合もあります。また精神的問題が重く，学生だけでの相談が難しい場合は家族同伴で来室してもらったり，家庭内での配慮が必要だったり，経済的な問題などで親の理解と支援が必要な場合は相談室から積極的にお呼びすることもあります。

　とはいえ，たとえば女子学生の妊娠，両親の不和や浪費など親自身への不満，親からの虐待，親の不倫などの相談では，親を呼ぶことを避けたほうがよい場合もあり，親とどのように関わるかはケースバイケースで慎重に検討します。

3 学生との相談で親子関係をどう扱うか

　特に親の関与が必要のない相談でも，長く学生と面接していくと，親との関係が重要な要因として出てくることがよくあります。人間というのは基本的に模倣の動物ですから，親の背を見て真似をして，あるいは反面教師として育ちます。親がどのように親自身，配偶者，そして子どもである学生と関わっているかは，学生の人間関係の雛形になっています。親自身の情緒，子どもへの態度，対人関係が安定し親から愛されて育てられて愛着が上手に育った学生は他人との関係もうまくいく可能性が高いですし，反対に親自身の情緒的問題が大きかったり，子どもとの関係に葛藤があり，親子関係がうまくいっていないと愛着が形成されない，極端な場合は虐待されて育つと，学生の対人関係，特に恋人など親しい関係に深刻な影響を与えます（愛着については第5章参照）。

> **コラム**
> ### お水系での出会い
>
> 　女子学生Jさんは都内近郊にあるお水系のお店でバイトをしていました。そのようなお店ではよくあるそうですが，お給与は振り込みでなく，源氏名の書かれた給料袋に現金を入れて手渡しでもらうそうです。ある日，うっかり居間において置いた給料袋が母親に見つかってしまい大騒ぎになりました。そのホトボリもさめない頃，バイト先になんと父親が来てしまい，かなり焦りましたが，厚化粧のためか娘とは気づかれずに"適当に"遊んで帰りました。バレなくてよかったのですが，Jさんは「実の娘がわからないのか！　あのバカ親が！」と怒り狂い，ますます親子関係は面倒なことになってしまいました。

おわりに

　大学での相談は修学や生活の支援のために行われます。そのために親子関係を振り返ったり，自分の立ち位置や視点を親子関係の絡みあいの視点から見ることが必要な場合はありますが，実際には今現在，起きている問題の理解やその解決法を一緒に考え，行動を助言することがメインになります。

　第Ⅰ部で取り上げた重い病理をもつ問題，たとえば摂食障害，リストカット，ひきこもり，嗜癖障害，その他，自己愛や自尊心が低い学生の問題では，親との関わりを振り返る作業が必要になります。一方，筆者は「過去と親も含む他人は変えられない。変えられるのは自分と未来だけ」をモットーにしていますし，親子関係をメインにした相談はかなり本格的な治療や心理療法になるため学内では難しく，医療を含む学外の専門機関に任せたほうが無難と思っています。とはいえ面接していくうちに親子関係の深みにハマってしまうこともあるのですが……。

13
性に戸惑う人たち

LGBT

はじめに

　性というのは実に多様です。自然界を見ても魚から鳥まで同性のカップルは多く認められていますし，温度や環境，集団の状況によってオスとメスの間を行ったり来たりする生物もごく普通にいて，性の多様性は自然の摂理と言えます。人間も男性と女性の2つの性に明確に分けられるわけではなく，徐々に遷移するグラデーションになっています。しかし社会には性役割[*]が厳然としてあるため，性についての"少数派"がいて，LGBTと呼ばれます。L＝レズビアン（Lesbian）：女性同性愛者，G＝ゲイ（Gay）：男性同性愛者，B＝バイセクシュアル（Bisexual）：両性愛者，T＝トランスジェンダー（Transgender）です。

　性を考えるには，①身体的な性／社会的な性別，②心の性／性自認[**]，③性的指向[***]という3つを考えるとわかりやすいでしょう。

　LGBはどちらの性を好きになるかという③の性的指向の問題で，女性が女性を好きになればL，男性が男性を好きになればG，両者が好きになる可能性があればB，男性が女性を，女性が男性を好きになれば異性愛となります。一方，自分はどのような性をもつかという，②こころの性と①体の性が異なり，体の性に対して違和感や不快感を抱く人がTです。このため精神的苦痛を覚えて社会生活に支障が出たり，医学的な治療を求めて肉体的な性別を変える医学的処置を行う，あるいは試みよう

---

[*] 性役割（Gender Role）：社会や文化が性別を基準に要求する「男らしさ」や「女らしさ」のことをいいます。「男は会社で仕事をし，女は家事をする」といった性別に属する役割。「お爺さんは山へ芝刈りに，お婆さんは川へ洗濯に行きました」と桃太郎にありますが，社会，文化，時代によって変化します。
[**] 性自認（Gender Identity）：ジェンダー・アイデンティティ：自分はどのような性をもつかという心の性，男性，女性だけでなく，どちらでもないXジェンダーもある。
[***] 性的指向（Sexual Orientation）：どのような性別の人を好きになるかということ。

とする人を性同一性障害（Gender Identity Disorder：GID）と呼びます。Tでもそれほど自己の性別に不快感や違和感をもたずに異性の服を着る異性装（TransVestite：トランスベスタイト）で，同じ志向の人と語り合うだけで暮らしていける人も多くいます。身体が男性なのにこころが女性の人をMTF（Male to Female），身体が女性なのにこころは男性をFTM（Female to Male），性自認が男女どちらでもないXジェンダー[****]だとFTX，MTXとなります。ドイツでは男性でも女性でもない第3の性であるインターセックスを2018年末までに認める法改正を行う予定です。性的マイノリティを理解し支援する人をアライ（Ally）といいます。

　LGBTは病気ではなく個人の特性にすぎません。同性が好きか異性が好きかという性的指向はサッカーが好きか野球が好きかと同じ好みの差にすぎませんし，トランスジェンダーもこころと体の性がたまたま一致していないだけです。とはいえ左利きの人が自動改札やハサミなど右利きが多数派の社会で苦労するように，LGBTも少数派ゆえに日常生活や大学でさまざまな困難があり，理解されないため偏見や差別の対象になってきました。そのためうつ病など二次的なこころの病気にかかりやすい傾向はあります。この章では同性愛と性同一性障害の課題と対応を述べようと思います。

I ｜ どれくらいLGBTの人がいるのか？

　最初に行われた大規模調査がアメリカのキンゼイ報告です。アルフレッド・キンゼイが1940〜1950年代にアメリカの5,300人の白人男性と5,940人の白人女性を無作為に抽出して，性行動について面接調査を行い，同性愛・異性愛の傾向を7段階でとらえ，生涯にわたり同性愛の人が4％，男性が女性の3倍という結果を報告しました。その後もアメリカでは大規模な調査が行われ，1994年における3,700人への自己申告制の調査では，自分を同性愛またはバイセクシュアルと認識しているのは男性2.8％，女性1.4％でした。

　日本，特に大学生での性行動や同性愛に関する調査は少ないのですが，茨木大学の生田先生たちの平成28（2016）年の調査（Ikuta et al., 2016）では，2〜4年生の大学生944名（男子417名，女子527名）でLが2.1％（11/527），Gが0.5％（2/417），Bが5.3％（50/944），Tが1.4％（13/944）と報告しています。資料や調査によりま

[****] Xジェンダー：男女の枠にとらわれない性のあり方をもつ人。

すが，同性愛が数％から10％とされ，左利きやAB型の血液型と同程度です。性同一性障害はより少なく，性社会・文化史研究者の三橋順子先生（2008）によれば，弱い性別違和感をもつ人が100人に2～3人，強い性別違和感をもつ性同一性障害と思われる人が1万人に2～3人，戸籍の性別変更にまで至る人が10万人に5人程度だろうとしています。

II ｜ 性の発達

　多くの社会と家庭では小さいときから男性と女性の性役割を意識して育てていきます。また幼稚園，小学校でも服装，ランドセルの色，遊び，体育や家庭科などは男女別で教育することが普通です。LGBTの人に聞くと，この頃は自分の体や性への違和感を感じてなんとなく変だなと思う人から，強い苦痛を感じて悩む人などさまざまで，自分自身の性を明確に自覚してないことが多いようです。思春期に入る小学校高学年から中学にかけて，初潮（平均年齢12.3歳／日本産婦人科学会）やはじめての射精（精通）を迎え，自分の身体の性を強く意識させられるようになり，トランスジェンダーの人は強い違和感や戸惑いを感じます。また高校生ぐらいから，友人に性的な欲動を含む特別に親密な感情，要は恋愛感情を抱くようになります。はじめは同性に感じても，異性愛の人は徐々に異性に向かうようになるのですが，同性愛の方はそのまま同性に恋愛感情を抱きます。とはいえ個人差，社会による違い，年齢を経ての変化も大きく，大学生では自分の性自認がどちらかわからずに混乱したり，同性への性的指向を受け入れられずに困惑したり，社会通念や常識から外れていることに悩んで自分を否定的に見るなど，性を巡って混乱している人が多いです。

III ｜ LGBTは"病気"ではない

　同性愛は精神疾患とされてきた歴史がありますが，WHOの国際疾病分類第10版（ICD-10，1990）では「同性愛」という分類名は廃止され，「性的指向自体は障害ではない」と明示されました。また日本でも日本精神神経学会が平成7（1995）年に「同性愛はいかなる意味でも治療の対象とはならない」と宣言し，文部科学省も平成6（1994）年に「性非行」の項目から同性愛を外しました。とはいえ現在でも同性愛を病気や犯罪とする国や地域は世界に多くあります。

トランスジェンダーも病気ではありませんが，身体の性別を変えるためにはホルモン療法や手術などの医学的処置を要するため，便宜上，障害として日本精神神経学会でも"治療"ガイドライン（松本，2011）を出しています。しかし"障害"という用語への批判は多く，2013年アメリカ精神医学会の『精神疾患の分類と診断の手引き（DSM-5）』で性同一性障害（Gender Identity Disorder）は性別違和（Gender Dysphoria）に置き換えられ（康，2012），アメリカではGIDという病名はなくなりました。

IV 同性愛——レズビアンとゲイ

1 基本的スタンス

　性的指向，誰を好きになるかは個人の嗜好です。悩んで眠れないとか食欲がないといった二次的な問題で相談に来ることはありますが，恋愛の相談を精神科医や教職員に普通はしません。同性愛も同じで専門家に恋愛の相談することはあまりありません。この点は次の性同一性障害と異なりますが，次のような事例がありました。

例1 お医者さまでも草津の湯でも……卒業旅行での涙　男子大学4年生A君は「就職が決まらず不安で眠れない」と学生相談室を訪れました。それほど深刻ではなく，助言や励ましているうちに内定が決まり就職の悩みは解決したのですが，打ち解けた関係ができていたのでしょう，ある日の面接で「実は僕は同性愛で，密かに想いを寄せている同級生B君がいます。彼はストレート（ゲイの人たちは異性愛をそう呼びます）で，もし告白して嫌われたら友人としての関係も切れると思うと"好きだ"と告白できません，卒業してもう会えなくなるかもと思うと辛いです」と言います。A君のほうはB君を恋愛の対象としている一方，B君はA君を同性の親友として付き合うという超え難いギャップがありました。卒業が決まり彼と二人で海外に卒業旅行をすることになり，「二人で旅ができる！」と喜んで出かけ，これが最後と思って「実は僕は……」と告白しようと考えてはいたのですが，やはり最後まで告白できずに切ない想いを抱えたまま，旅行の最後の日は一人で浜辺に佇み涙ぐんでしまったそうです。帰国してから泣きながら報告してくれましたが，恋の悩みは「お医者さまでも草津の湯でも」何もしてあげられません。ただただ慰めるだけでした……。

② 大学での相談のポイント

　同性愛そのものより抑うつや不安といった相談が多く、その点は通常と同じように行えばよいです。仮にカミングアウトされ同性愛とわかってもスタンスを特に変える必要はないのですが、孤立に悩みがちなことは知っておくとよいでしょう。今でも同性愛を「オカマ」と呼んだり、変態扱いする人もいるため、周囲に必死に隠している人が多く、たいてい家族にもカミングアウトしていません。ちなみにテレビなどではオネエキャラのゲイが活躍していますが、実際は外見ですぐわかる雰囲気の方は多くはありません。筆者も他の問題で何度も面接しているうちにカミングアウトされ、はじめて「へ～そうだったんだ」と気づくことがほとんどです。

　同性の友人とのたわいない話の80％は異性のことではないでしょうか。同性愛の学生は表面上は相談を聞いていますが、辛く感じて、孤立を感じたり、そのような話題がよく出る飲み会や宴会を避けるため、親しい友達ができにくいようです。そのため東京近辺なら新宿二丁目に行ったり、ネットやSNS、LINEを利用して親しい友達あるいはパートナーを求めます。

例2　食堂の片隅で　2000年頃、P大学での相談で同性愛の男子学生C君から「BMB（Boy Meets Boys）という同性愛サークルを作ったので今度、顔を出してください！」と誘いを受けました。覗いてみると学生会の公認サークルとして認められずに部室をもらえなかったので、学生食堂の片隅で男子学生5人がゴニョゴニョと密談をしているだけです。仲間と語り合える場は貴重だけど、もうちょっと何とかならないものかと感じました。しかし時が過ぎ2017年、P大学には245の学生連合公認同好会があるなかに、LGBTサークルもひとつあり、「性的マイノリティを問わず部員を募集し、週3回のランチ会と月に1回のLGBTについての勉強会を開いています。部員は50名」という案内が公認サークルガイドブックに掲載されています。

　孤立から抑うつ、不安などの精神症状やリストカット、過食などの行動の問題、胃痛、頭痛などの身体症状が出ることもあります。そのため性的指向は伏せて保健室や相談室を訪れ、スタッフと親しくなってはじめて同性愛とカミングアウトすることがあります。相談員は数少ない相談相手となるためLGBTについての知識は必携です。ただ誰でも自分の性的な好みを親しい人以外の単なるクラスメイト、サークル、大学当局にオープンにはしません。相談員には守秘義務があり、何らかの配

慮を教職員や大学に求めてきた場合はカミングアウトも含めた対応を考えますが，友人にカミングアウトしたのをネットで広められて傷ついたトラブルもあり，慎重に行う必要があります。大学での支援と配慮，同性パートナーの社会的権利など社会的な取り組みについてはGIDとあわせて後に述べます。

コラム

映画『メルシィ！人生』

パリにあるコンドーム会社に勤める，真面目だけど冴えない中年男ピニョン氏は，妻には離婚され，思春期の息子にもバカにされ，ついには20年間まじめに勤めた会社をリストラされそうになります。絶望し身投げをしようとしたとき，ふとしたきっかけで隣人に助けられ「ゲイであると噂を流せば，ゲイ差別を恐れる会社はクビにしないよ」という貴重な助言を受けます。そこでピニョン氏は男性と抱き合う衝撃の写真を合成し会社に送りつけます。あっという間に社内はそのウワサでもちきり。経営陣も社会からの糾弾を怖れ解雇を撤回，代わりにいつも彼を苛めていたマッチョな上司がリストラの対象になり，ピニョン氏の思惑はうまくいったのですが，それからがてんやわんやの大騒動……というゲイ差別を逆手にとった痛快なコメディ映画です。

※『メルシィ！人生（LE PLACARD/THE CLOSET）』（フランス，2000）監督：フランシス・ヴェベール，脚本：フランシス・ヴェベール，出演：ダニエル・オートゥイユ，ジェラール・ドパルデュー，ティエリー・レルミットほか

V トランスジェンダーと性同一性障害

1 基本事項

トランスジェンダーも社会的な認知が十分でないため誤解や偏見を受けやすいです。異性の服を好み着る異性装の人，性に悩むが特に行動もせず医学的な治療も望まない人，自分の体の性をこころに合わせるためにホルモン療法や性別適合手術など医学的な治療を求めるGID（Gender Identity Disorder），と大きくは3つに分けることができます。GIDは平成16（2004）年の性別特例法で戸籍上の性別変更が認められるようになり法的に認知されました。

例3　学ランで入学，袴で卒業！　2年生のDさんが大学でも配慮が欲しいと相談に訪れました。校医が話を聞くと「幼いときから女の子の遊びが好きで，小学校では男女の服が違うのに違和感を感じ，公立中学では校則で坊主頭にされたのが嫌で苦痛でした。セーラー服に憧れていたけど，たまに女装するくらいで普段は周囲に合わせて男子の制服を着て高校を過ごし，大学の入学式も同級生と一緒に学ランで参加しました。ガールフレンドもできたけど女の子に興味をもてず，すぐに別れてしまい，自分が嫌で落ち込んでいたとき，はじめて自分は性同一性障害かもしれないと思い，図書館で調べて専門の先生を受診したら丁寧に対応してくれました。性同一性障害のガイドラインに基づき紹介された泌尿器科でホルモン検査もして，性同一性障害（MTF）と診断されてホルモン療法を始めるところです」と話しました。大学での問題と支援を検討し，トイレは痴漢に間違えられると困るため男子トイレを仕方なく使っていましたが，新校舎では多目的トイレを使うようにしました。ゼミ合宿前に担当教員にカミングアウトして，校医もGIDがどのような問題か詳しく説明して理解してもらい，合宿では風呂付きの個室にしてもらいました。一人だけの特別扱いに周囲の抵抗はありましたが，それ以外は普通に研究を進め卒業まで相談を継続し，無事に大学を卒業しました。相談開始と同時に始まったホルモン療法で外見も大きく変わって卒業式には袴で参加し，「学ランで入学したけど，卒業式は袴で参加できてよかった！」との一言が印象的でした。

2 医学的対応

　小児期からなんとなく自分の性と体の間の違和感に悩みますが，思春期になって生理や乳房の発達など身体的な変化に戸惑ったり，恋愛などの人間関係に直面させられてはっきりと気づきます。大学で性同一性の混乱の相談を受けた場合，GIDの可能性を頭に入れながら相談を進め，混乱が整理され，なお医学的な治療を希望した場合は学外の専門機関を紹介し，きちんと評価し診断を受けることを勧めます。医学的対応は日本精神神経学会の「性同一性障害に関する診断と治療のガイドライン」（表1）に沿って行われます。
　状況の変化や問題をよく把握しながら慎重に進めます。またガイドラインが段階別に記載されているのでGIDの人は皆これに従って進めると誤解されやすいですが，ホルモン療法に副作用があることから注射を好まない，手術で自らの体にメスを入

表1　性同一性障害に関する診断と治療のガイドライン（概要）

[第1段階]：精神科での診療とカウンセリング（婦人科，泌尿器科の受診と検査）
(1) ジェンダー・アイデンティティの判定
　詳細な養育歴・生活史・性行動歴を聴取し，こころの性と体の性が異なるか性別違和を明らかにする。精神的な悩みや苦痛を聞き取り，希望する性の生活での社会的問題を検討する。また他の精神障害や文化的・社会的理由で性役割が混乱していたり，職業的，経済的利益を得るためでないと確認する。
(2) 身体的性別の判定
　MTFは泌尿器科，FTMは婦人科で行う。染色体検査，ホルモン値測定など必要な検査を受ける。
(3) カウンセリング
　苦悩を受け止め共感し支持する。生活上の困難を解決する対処法を一緒に考える。カミングアウトを行うか，行う場合は誰にどのように行うか検討する。
(4) 診断の確定と診断書，意見書の作成
　2名の精神科医によって診断を確定し，第2段階に進む場合は診断書や意見書を記載する。

[第2段階]：ホルモン療法
診断書や意見書をもとにMTFは泌尿器科，FTMは婦人科でホルモン治療を受ける。MTFは女性ホルモン（エストロゲン製剤，ゲスタゲン製剤）を筋肉注射や経口で服用する。FTMは男性ホルモン（アンドロゲン製剤）の筋肉注射を受ける。ホルモン療法の副作用に注意する。声の低音化，体型変化，月経停止，乳房萎縮，筋肉肥大など身体の変化への戸惑いに対応するためカウンセリングの継続が望ましい。

[第3段階]：性別適合手術
性別適合手術を受け望む性別に体を変える。カウンセリングの継続が望ましい。

[第4段階]：戸籍の性別変更
性同一性障害者の性別取扱特例法により戸籍上の性別変更手続きを行う。

れることに抵抗を感じて第2段階以後の医学的治療を行わない人も数多くいます。実際上，日本に性別適合手術の専門家が少ないこと，第1段階の精神科診療は健康保険を使えても，第2段階のホルモン療法，第3段階の手術は健康保険の適応外で自費診療で高額ということもあって手術に至る人はとても少なく，筆者も第1段階，第2段階のFTM，MTFの相談はしていますが，手術を受けた第3段階の方の相談経験はありません。また第4段階の戸籍上の性別変更を行うことに手術を条件にすることは厳しすぎるという批判が強くあります。平成28（2016）年末現在，第4段階の戸籍上の性別を変えた人は6,906人で，年間850人程度となっています（「一般社団

法人 日本性同一性障害と共に生きる人々の会」による)。

VI 大学での配慮と支援

1 基本的スタンス——大学全体として
　まず最初に大学には性的少数派のLGBTの学生がいると認識することです。性別を越えたり，同性を好きになること自体は病気ではなく個人の在り方のひとつ，相談するかしないかは自由なので本人の自主性に任せますが，相談する場があると明示することが大事です。一人ひとりが個別に相談できると思えると，LGBTの人はとても安心します。また当事者学生が関わる教員，ゼミやクラスやサークルへの働きかけが必要な場合は大学として配慮や支援を行う必要がありますが，重要な個人情報でもあるため，守秘を守ること，相談員のみに情報をとどめて，ほかに情報が漏れないことを保障する必要もあります。これらをきちんと理解して実行できる相談員がいること，研修会，講演など啓蒙・広報活動も重要になります。要は大学として受け入れる，大学は多様な学生が学ぶ場とすることが重要です（日本学生相談学会特別委員会・研修委員会，2016）。

2 制度上の配慮——教務課と教員
　性同一性障害の戸籍上の性別変更の手続きを定める性別特例法が平成15（2003）年に制定，平成16（2004）年に施行されました。大学としても変更後，変更前の対応が求められます。運転免許証には性別記載欄はありませんし，一部の大学では履修者名簿の性別記載欄を廃止しています。また性別の変更には手間と時間がかかるため，変更前に通称名の使用を認める大学もあります。ある大学では性同一性障害学生支援ワーキンググループを設置し，相談窓口の整備とともに，戸籍名と異なる通称名の使用を希望する学生に対して，医師の診断書の提出があれば学生証，学位（卒業証書），成績証明書，在学証明書，卒業見込証明書，受講者名簿，成績通知書などの書類に通称名を記載することができるようにしています。通称名についてはすべての健康保険証の氏名欄への記載を認めると，平成29（2017）年8月31日に厚生労働省が都道府県や医療保険組合に通知しました。

③ 学生生活──教員，学生課，学生

　通常の授業などは他の学生に対するのと同じように，ごく普通に接すればよいのですが，必要に応じた個別対応や配慮が求められます。

　生活で特に大きな課題がトイレです。筆者の相談でもトイレについての相談時間が最も長いです。トイレは性別に分けられており局部を出す閉鎖空間で，周囲の目が気になり，特に緊張や羞恥心や苦痛を強く感じる場です。そのため学校ではトイレを使えず，便秘や膀胱炎をはじめさまざまな健康上の問題を起こす人がいます。多目的トイレは便利ですが，障害者や高齢者，幼児連れの人などの利用が前提なため使うことに躊躇します。どうしたいのかは個人差が大きく，基本的には本人の希望通りに使えればよいのですが，MTFが女性トイレを，FTMが男性トイレを使うと不審な目で見られたり，注意されたり，痴漢と間違えられ通報されるなどさまざまなトラブルが生じます。アメリカでも公立学校に「こころの性に応じて更衣室やトイレを使えるようにすべき」と求めた通達が一旦出されましたが，平成29（2017）年に撤回されるなど，トイレへの対応は揺れています。またゼミやサークルの合宿先では多目的トイレなどの設備がないことが多く，宿泊を伴い長時間滞在するだけにトイレの利用を避けることができず大きな問題になります。飛行機はトイレに性別がなく完全個室であること，新幹線はトイレの空きがランプで示されタイミングを見て使えるため，行き帰りにトイレをすませてしまう学生もいます。トイレの問題は大きくLIXILやTOTOなどトイレメーカーはLGBTへの対応に取り組んでいます（株式会社LIXIL＆虹色ダイバーシティ「性的マイノリティのトイレ問題に関する意識調査を実施──職場や学校，公共施設などのパブリックトイレの改善に向けた課題が明らかに」（平成28（2016）年4月8日））。

　またゼミやサークルの合宿では部屋割り，入浴や更衣室も問題になります。男女別の相部屋が普通で，その人だけ個室を認める，入浴時間をずらすなどで対応できればよいのですが，特別扱いは理由を明示し多数派の学生の理解を得る必要があるため，LGBTの開示を求められ，かえって負担に感じる学生もいます。

④ 個別相談──学生相談室，保健室，教員

　性別違和感をもつ学生が相談に訪れた場合は，どのような自分でありたいのか，そのため何が生活上で支障になっているのかよく聞くことが第一歩です。性自認の問題なのか，性的指向の問題なのかを明確にしていきます。特に大学生では性的同一性や性的指向はまだ揺れています。最初からそうだと決めつけるべきではないで

しょう。セクシャルマイノリティであることの混乱や戸惑いに対して、その苦悩を汲み共感を示し心理的な支援をしていきます。この点は通常のカウンセリングと何ら変わりはありませんが、性的な問題に特有な生活上の辛さや困難さはよく聞いて、一人ひとり異なる個別性に配慮しながら問題点を整理していきます。そして適切な参考書を勧めて正確な情報を得てもらい、自身の性的な課題を整理し、自己理解が深まるようにしていきます。性的同一性が固まっている人の場合、親や親友、またゼミ担当教員や事務手続き上で必要な教職員にカミングアウトするか、する場合はどのように行うかなども相談します。

　実際上は性の問題より、抑うつ、不安、パニック、過食、不眠、過去に虐められた体験によるトラウマについての相談が多く、リストカットなど自傷や自殺などの危険性の高い事例は、まずその予防と対策が最優先なことは言うまでもありません。第2章で述べた発達障害との合併が多いことも知られています。このような個別の問題への対応がまず必要な事例が多く、それらは該当する章を参照してください。

　保健室では健康診断が問題になります。男女別に行うスケジュールを組むためLGBTの学生にとっては望まない性での受診を強いられることになり、しばしば受診しません。特にレントゲン撮影が苦痛なので時間帯をずらすなどで対応しますが、性別の配慮の必要がある学生がいると認識し、他の検診機関で個別に受けた結果の提出を認めるとよいでしょう。またホルモン療法など身体的治療を希望する場合、性別違和感による社会的不適応が強い場合、学内の相談では対処しきれない病理をもつ事例など、学外の専門医への受診の判断と、紹介した場合の連携も重要です。日本にはGIDの専門家が少ないこともあって、筆者も数名のGIDの方を外来診療で診ています。教職員に理解を求めて助言する学生との橋渡し＝コーディネートも相談室や保健室の役割でしょう。

コラム

カミングアウト

　カミングアウトは自分自身の性的特性を理解し受け入れていることが前提です。それが曖昧なまま周囲にカミングアウトすると混乱が増すだけです。LIXILの調査ではカミングアウトはLGBTである友人に3/4，母親には過半数がしていますが、父親と医療関係者には1/3，教職員には1割程度しかしていません。

　どんな書籍にもカミングアウトの重要性が記載されていますが、社会的認知が不十

分な現状では誤解，偏見，差別にさらされる可能性が高く，特別な配慮を求めずに自分自身で抱えて他人には知らせない，あるいは特定の支援者との間の秘密にしておく，隠す自由は保障されるべきです。保健医や看護師，カウンセラーなど学内の支援者はカミングアウトされても個人のプライバシーなので守秘を守らなければなりません（アウティングの禁止）。もちろん配慮を求める場合は指導教員や窓口担当者など必要な人に，通称名の変更など大学全体での配慮を求める場合は大学へのカミングアウトを検討しますが，いつどのように伝え，どのような配慮を求めるか，相手や大学の現状をよく把握したうえで十分に検討します。

　特に親へのカミングアウトはとても大きな課題で，卒業生からは結婚をせっつく親に対しどう説明すればよいか，親に苦しさを理解してもらえない相談を受けます。例3のDさんも家族へのカミングアウトが大きな課題で，4年生時に母親には伝えたのですが，父親にはなかなか言えませんでした。

5 就職活動と就職後——就職課と教員

　トランスジェンダーの大学生にとって最大の難関は就職活動です。授業や大学生活では，授業料を支払う学生の権利として配慮を要望できますし，実際に支援は進んできました。しかし社会には男か女かという性役割が明確に区別されたジェンダーの壁が大きくそびえています。就職活動はそのような社会への入り口です。服装や靴，髪型などの容姿，マナーは男と女が明瞭に区別されていますし，運転免許証で廃止された性別欄もエントリーシートには記載しなくてはなりません。大学では性別が曖昧なまま過ごすことができても，就活で性別を明確にするよう迫られて悩む学生は多いです。

　トランスジェンダーでは自分が望む性で行うか，元の身体的な性で行うかどちらかを選ぶ必要があります。望む性で行うことが理想でしょうが，ホルモン療法を受ける前で身体的な性が変化していない多くの場合，身体的な性でないと就活が進みません。またホルモン療法で性別が移行中の場合はどちらの性で進めるかは難しい問題で，本人自身が混乱することもあります。

　また仮に元の身体的な性で就職した場合は，職場内でのジェンダーの壁や誤解や偏見に悩むことになります。就職後のことはこの本の対象外ですので詳細は参考書籍に委ねますが，トイレや出張などでの男女別の問題，どのようなタイミングで誰にカミングアウトとするかなどは大学とほぼ同じです。ただ，服装規定，更衣室，人事評価などの社内規定，パートナーが同性の場合の福利厚生，休暇費用，慶弔金，

結婚祝い金，同居した場合の住宅手当，健康保険の被扶養者になれるかどうか，配偶者控除を受けられるかなど，社会保障上，多くの問題があります。

　大学では気に入らない人間関係はある程度は避けることができますが，職場では業務上，関わることになる上司や同僚とは付き合わねばならず，業務中に限らず宴会や行事など業務外でも，同性の同僚間でしばしば話題になる「〇〇さんがエロい」といった猥談，「いつまで一人なんだ？」と上司からお見合いを迫られるなどLGBTには辛い状況があります。

VII　社会的な取り組み

　ここ20年の日本のLGBTへの理解と制度を表2にまとめます。

　世界にはLGBTへの配慮や支援はおろか，存在そのものを認めない社会や国が数多くあります。日本でもLGBTの人を支援する包括的な法律や制度はまだなく，一部の先進的な企業がLGBTの社員や顧客のための積極的な対応を行っていますが，社会に認知され浸透しているとは言えません。マンガの世界でさえ，BL（ボーイズラブ）が認められるまでには長い苦闘の歴史がありました（竹宮，2016）。

　同性婚はアメリカやヨーロッパ，オーストラリア，アジアでは台湾が先進的に取り組んでいますが，日本では法律上，認められていません。JRのフルムーンパスも同性カップルは対象になりませんし，ラブホテルも断わられます。しかし同性カップルに「結婚に相当する関係」を認める証明書を発行する条例「東京都渋谷区男女平等及び多様性を尊重する社会を推進する条例」が平成27（2015）年4月1日に制定され証明書が発行されました。法的拘束力はありませんが，同性カップルが家族向け区営住宅に申し込め，また事業者にも対応を求め，ソフトバンクは証明書があればスマホの家族割引が使えるなど公的に認められました。同様の条例や宣言が東京都世田谷区，三重県伊賀市，兵庫県宝塚市，沖縄県那覇市，北海道札幌市と続いています。また東京都も性的指向と性自認を理由とした差別を禁止する条例を平成30（2018）年10月に成立させました。とはいえ社会の仕組みは男女別に明確に分かれており，その仕組みは強固でそう簡単に変わるわけではありません。身体，戸籍上は男性のMTFなどトランスジェンダーの学生の女子大学への受け入れも検討されていますが，多数派の女子学生自身と保護者，OBからの反対の声も強く議論が続いています。

表2　LGBTの日本での理解と制度

1996年	埼玉医科大学倫理委員会が性別適合手術を正当な医療行為として承認。
1997年	日本精神神経学会が「性同一性障害に関する答申と提言」(ガイドライン)を策定。
1998年	埼玉医科大学でガイドラインに基づき初めての性別適応手術が実施された。
2003年7月	「性同一性障害者の性別取扱特例法」が成立。
2004年7月	はじめて戸籍上の性別変更が行われた。
2006年	性同一性障害に関する診断と治療のガイドライン(第3版：日本精神神経学会)策定。
2011年	国連がLGBTの人権に関する決議を採択，その後，日本に何度も是正を勧告している。
2012年	性同一性障害に関する診断と治療のガイドライン(第4版：日本精神神経学会)策定。
2013年	アメリカ精神医学会『精神疾患の分類と診断の手引き(DSM-5)』でGID(Gender Identity Disorder)を性別違和(Gender Dysphoria)に置き換え，アメリカではGIDという病名はなくなる。
2013年4～12月	文部科学省が全国の小中高等学校を対象に性別に悩む児童制度を一斉調査。性別違和感をもつ児童生徒は606人，GIDと診断される者は165人と報告された。
2015年	文部科学省がLGBTの子どもへの配慮を求める通知を全国の国公私立の小中高校に出した。
2015年	オリンピック憲章に「性的指向による差別の禁止」が明記。2020年東京オリンピックでも関連する団体，企業，自治体，日本政府に対応が求められる。
2017年	厚生労働省と人事院の「セクハラ指針」に性的少数者への職場のセクハラ禁止と対策が明記。
2017年	経団連がLGBTの社員や顧客への差別禁止や配慮を求める「ダイバーシティ・インクルージョン社会の実現に向けて」を公表。

> **コラム**
>
> ## 映画『キンキーブーツ』
>
> 　父の死によって靴工場を相続した真面目だが小心なチャーリーだが，東欧からの安い靴の前に販売は落ち込み倒産寸前になってしまう。ある夜，チンピラにからまれた女性を助けようとして，反対にぼこぼこにされた彼を助けたのは，女性と思ったドラァグ・クイーン[*]のローラであった。ローラはドラァグ・クイーンのハイヒールは女性用で華奢なため，男性の体重を支えきれず簡単に壊れてしまうと嘆き，これを聞いたチャーリーはローラのために新たなブーツの開発に着手する。ローラをコンサルタントとして迎え，靴工場と職人のノウハウを活かした新たな靴作りが始まった……。
>
> 　保守的な男女観をもっていると思われた年配の靴職人たちが，ローラのため真剣かつ真面目にその蓄積された技術とノウハウを注ぎ，あらたなブーツの開発にいどむ姿は，お仕事映画としても佳作です。
>
> ※映画『キンキーブーツ（KINKY BOOTS)』(イギリス・アメリカ合作，2005) 監督：ジュリアン・ジャロルド，出演：ジョエル・エドガートン，キウェテル・イジョフォーほか

おわりに

　平成16（1994）年8月28日に日本ではじめての東京レズビアン・ゲイ・パレードが開催されました。その後も東京だけでなく札幌，京都，大阪，神戸，福岡などで毎年，ゲイ・パレードが開催されるようになり，LGBTという少数派が大学や社会で苦労していることが知られてきました。学問や芸術などさまざまな分野でLGBTの人は大活躍していて，彼らなしで今日の文明や文化はありえません。少数派ゆえのユニークな視点から社会を俯瞰して大学に貴重な提言をする人も大勢います。筆者も彼らと接すると「なるほど，そうか！」と感心することがしばしばあります。LGBTの人を理解し尊重していくことは，多数派の学生や教職員にとっても学びやすい大学，暮らしやすい社会にしていくためにとても役立ちます。

---

[*] ドラァグクイーン（drag queen）：薬のドラッグ（drug）と区別するためドラァグと表記することが多い。ゲイやMTF，クロスベスタイトなど男性の体をもつが華麗に女装し振る舞う人たちのこと。

† 文献

Ikuta N et al.(2016)Prevalence of lesbian, gay, bisexual, and transgender among Japanese university students : A single institution survey. International Journal of Adolescent Medicine and Health, 2016 Apr 9.(pii:/j/ijamh.ahead-of-print/ijamh-2015-0113/ijamh-2015-0113.xml. doi:10.1515/ijamh-2015-0113).

康純(2012)性同一性障害概念の変遷(特集 性同一性障害を取り巻く諸問題).精神神経学雑誌 114-6 ; 673-680.

松本洋軸(2011)日本精神神経学会「性同一性障害に関する診断と治療のガイドライン第3版」の概要と今日的課題.精神医学 53-8 ; 743-748.

三橋順子(2008)女装と日本人(講談社現代新書).講談社.

日本学生相談学会特別委員会・研修委員会(2016)性別に違和感を持つ学生に,大学はなにができるか――大学における学生の困難と支援の現状.第42回学生相談セミナー(2016/3/4-5)グループディスカッション報告.

‡ 参考資料

● 書籍

デイヴィッド・ベインブリッジ［長野敬ほか訳］(2004)X染色体――男と女を決めるもの.青土社.

針間克己 編(2016)特別企画 LGBTと性別違和.こころの科学,189.

伊藤悟ほか(2003)同性愛って何?――わかりあうことから共に生きるために.緑風出版.

ロバート・T・マイケルほか(1996)セックス・イン・アメリカ――はじめての実態調査.日本放送出版協会.

野宮亜紀ほか(2011)性同一障害って何?――一人一人の性のありようを大切にするために 増補改訂版.緑風出版.

齋藤利和ほか(2011)特集 性同一性障害(GID).精神医学 53-8.

竹宮惠子(2016)少年の名はジルベール.小学館.

柳沢正和ほか(2015)職場のLGBT読本.実務教育出版.

吉永みち子(2000)性同一性障害――性転換の朝(集英社新書).集英社.

● Web

一般社団法人 日本性同一性障害と共に生きる人々の会(http://gid.jp/html/GID_law/)

日本精神神経学会 性同一性障害に関する委員会(2011)性同一性障害に関する診断と治療のガイドライン(第3版)の実地診療の手引き(https://www.jspn.or.jp/modules/activity/index.php?content_id=87)

日本精神神経学会 性同一性障害に関する委員会(2012)性同一性障害に関する診断と治療のガイドライン(第4版)(https://www.jspn.or.jp/modules/activity/index.php?content_id=84)

特定非営利活動法人 虹色ダイバーシティ(http://nijiirodiversity.jp/)

14
異文化に暮らす

留学生の相談

はじめに

　筆者の勤める明治大学でも積極的に外国人留学生を受け入れており，平成27 (2015) 年度の外国人留学生は1,733人，全学生の約6％，平成14 (2002) 年は約300人でしたから，13年で6倍にも増えました。交換留学生や海外の大学との協定にもとづく学生の受け入れが増加し，出身国も38カ国と多様化しています。また英語のみで単位が取れるプログラム「English Track」が平成25 (2013) 年に設置されたこと，国際日本学部といって日本のオタク文化を学びに来る外国人留学生が急増して，一階のラウンジには英語版『ドラゴンボール』が置いてあります。特にアジアからの留学生が多く，スカーフを着けたマレーシアやインドネシアのイスラムの女子学生の姿も目立つようになってきました。食堂でもハラール食を提供しています。

I｜外国人留学生数と国別内訳

　日本学生支援機構の平成28 (2016) 年度外国人留学生在籍状況調査によると，平成28 (2016) 年5月1日現在の外国人留学生数は23万9,287人（大学院4万3,478人，学部7万2,229人，短大1,530人，専修学校5万235人，日本語教育機関6万8,165人）でした。平成26 (2014) 年は20万8,379人と1年間で3万908人（13％）増加し，平成25 (2013) 年までは13〜14万人だったのが，平成26 (2014) 年以後，急増して2倍近くになっています（図1）。国別では中華人民共和国9万8,483人，ベトナム5万3,807人，ネパール1万9,471人，韓国1万5,457人，台湾8,330人，インドネシア4,630人，スリランカ3,976人，ミャンマー3,851人，タイ3,842人，マレーシア2,734人，アメリカ合衆国2,648人，モンゴル2,184人，バングラデシュ1,979人，フィリピン1,332人でした（図2）。このようにアジアからの留学生が特に多く，各国の人

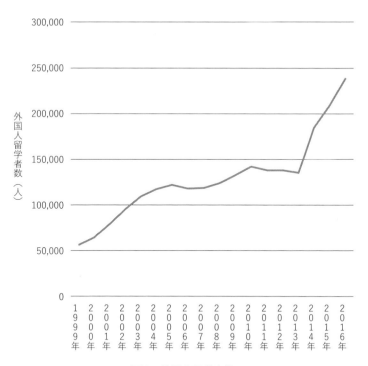

図1　外国人留学生数

口を見ても13億9,333万人の中国は別格として，インドネシア2億4,986万人，バングラデシュ1億5,659万人，フィリピン9,839万人，ベトナム9,168万人，タイ6,701万人，ミャンマー5,325万人，マレーシア2,971万人と東南アジア地域だけで数億人の人たちが暮らし，またこれらの国々では日本では減少している15歳以下の若年層が多く，今後もこうした国からの留学生が増えるでしょう。これにつれて留学生のメンタルヘルスでの相談事例がここ数年急増し，その対応が重要になってきています（平成28（2016）年度外国人留学生在籍状況調査結果 日本学生支援機構）。

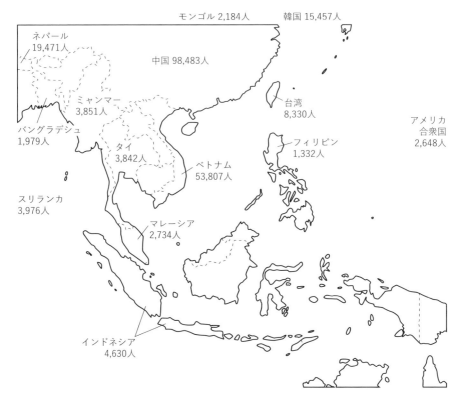

図2　国別留学生数（平成28（2016）年度 外国人留学生在籍調査結果）
地図のURL（http://www.freemap.jp/item/asia/kouiki_eastsouth.html）

II　外国人留学生の課題──言葉,文化,生活習慣

　外国人留学生には「言葉の壁」「制度の壁」「こころの壁」の3つの壁があると言われますが,具体的には以下になります。

1 異文化であること

　外国人留学生では学生個人の問題に加えて,異文化(江ほか,2011)というカルチャーショックの問題があります。適応までに「ハネムーン期→欲求不満を感じる時期→表面上は適応する時期→深い問題や個人的問題が表れる時期→適応期」といったステージがありますが,時間がかかり,個人の事情によって多様で複雑です。日本と母国の生活環境の違い,特に食事の違いは大きいです。イスラムのハラール食[*]を提供する食堂や食材を販売するスーパーも増えてきましたが,地域によっては十分ではありません。

　社会慣習や言葉などコミュニケーションの問題は言語の違いに限らず,他人との距離感や,感情表現の仕方の違い,非言語的コミュニュケーションを重視する日本との違いなどがあり,疎外感を感じる留学生も多いです。最近は母国への電話料金も下がり,skypeもあるので家族に気軽に相談できるようになりましたが,家庭やさまざまな事情で難しい場合もあります。

2 青年期特有の問題

　大学生は友人関係が重要な時期ですが,異文化のなかでの友達づくりは難しく,どうしても同じ国や宗教の仲間との閉じられた人間関係になりがちです。それはそれで癒やされて良い面もありますが,日本語の習得や学業の習得も含め,同世代との仲間づくりはよりよい留学生活を送るためにも必要です。またこの時期は精神医学的にも統合失調症や不安障害,摂食障害の好発時期に当たります。

---

[*] ハラール食とはイスラム教の聖典コーランに基づく教えに則った食品のことで,適切な方法で畜殺されていない家畜や豚肉,豚に由来する成分の入った食品は禁じられています。
- 全国大学生活協同組合連合会ハラルフードについて(http://www.univcoop.or.jp/service/food/comic-halal.html)
- NPO法人 日本ハラール協会(http://www.jhalal.com/halal)

3 学業と進路

　日本語の取得，日本語専門学校から大学への進学，日本語での授業や実習，ゼミや実験グループでの日本人同級生との関係などさまざまな問題があります。具体的には言葉の壁もあり履修登録が難しい，英語での授業が少ない，授業が面白くない，授業のレベルが低い，学習意欲が湧かない，成績が伸びない，転校・退学したい，今の勉強が将来に役立つかわからない，レポートの書き方がわからない，もっと支援が欲しいなどの不満をもつことが多いです。大学や日本についての情報不足からの訴えが多く，留学生の立場に立った支援の重要性を感じます。

4 経済的問題

　奨学金の取得と維持は切実な問題で，留年や卒業延期しないために感じるプレッシャーは大きいです。日本の物価の高さも悩みのタネで，多くの留学生がバイトをしますが，入国管理局の規定により週28時間に制限されているため収入が足りなかったり，風俗関係のバイトは厳禁でバレると本国送還の恐れがあります。病気の場合の医療費も重く，国民健康保険に加入し，保険料を支払っておくことがとても重要です。

5 住居の問題

　適当な保証人が見つからない，それ以前に外国人だと入居を断わられるアパートも多く，住まい探しに困る留学生は多いです。入居できるアパートに定員を超えて多人数で住むこともあります。同じ国の友人やネットワークで対応するため，インド人の東京都江戸川区西葛西，日系ブラジル人の群馬県太田市と大泉町，クルド人の埼玉県蕨市など，ある国や地域の人が集まって暮らしている地域もあります。

III 大学としての支援

　大学としては国際交流課や留学生支援センターなど留学生担当部署の整備が重要です。明治大学では留学生相談室を平成22（2010）年より設置していて，年に300件ほどの相談があります。そこでは以下の取り組みを行っています。

(1) 留学生の修学上・生活上の助言と情報提供など
(2) 留学生の心理面の支援サポート

（3）留学生のセルフサポート・グループ支援
（4）留学生の抱える問題を学内諸部署と共有し，解決を図る
（5）日本人学生の海外留学相談，海外留学カウンセリング
（6）留学生と日本人学生の国際交流を促進し，キャンパスを国際化する

　また授業においても国際日本学部では「異文化間教育学——Cross-Cultural Education」を平成23（2011）年度から開始し，日本文化のさまざまなコンセプト，たとえば曖昧さ，本音と建前，甘え，若者文化，結婚，育児など幅広い話題を取り上げて，それを自文化と比べ，議論することを通して，自分自身のもつアイデンティティに気づくという試みを行っています。
　学科やゼミでは指導教員，学科事務員，先輩やチューター，TAなども相談を受けるでしょう。健康やメンタルヘルスに関する相談は，日本人学生と同じく学生相談室（大西，2012），保健管理センターで受けることになりますが，留学生に対するときは日本の習慣や文化への理解を求めるにしろ，日本がすべて正しいという前提はとらない，留学生の出身文化を尊重する，留学生固有の適応のプロセスがあることを理解することが重要になります。これらは留学生が受講する授業をもつ可能性がある教員と，学生が利用する窓口職員，要は教職員すべてがこころがけることでしょう。そのうえで必要に応じて助言したり，専門部署を紹介したり，カンファレンスなどの支援を行っていきますが，留学数の急増に対応するためサポート体制のさらなる充実が求められます。

コラム

映画『テルマエ・ロマエ』の外国人

　映画『テルマエ・ロマエ』はご覧になりましたか？　古代ローマから現代日本にタイムスリップした古代ローマ人ルキウスが日本の伝統的温泉のノウハウを苦労しながら学び，ローマ大浴場の改革に奮闘するコメディです。
　原作はヤマザキマリさんのマンガなのですが，その第2巻にゲルマン人がローマ大浴場への正しい入り方を知らないため，湯船に服を着たまま入ったり，局部を洗わないでいきなり湯につかる，中で洗濯をしてローマ人が憤る場面があります。これは明らかに現代日本の銭湯に外国人が入る際の振る舞いとトラブルを描写したもので，文

化摩擦の一例でしょう。それに対して怒って追い出したり入浴禁止にしたりするのではなく，イラストで日本の風呂の入り方を示した看板を脱衣場に貼って理解を求めて和解するオチになってました。これこそが異文化理解，交流の一例で，日本文化を知らない外国人に対して言葉が不自由でも，日本が得意のマンガやイラストを駆使して理解を求めて問題を解決する場面でした。

※ヤマザキマリ（2010）テルマエ・ロマエ第2巻（7話），エンターブレイン，pp.43-76／掲載誌：コミックビーム（2008年2月号～2013年4月号）全6巻（ビームコミックス）．

Ⅳ メンタルヘルスの支援と課題

1 言葉の問題

　メンタルヘルスに関して言えば，学生相談室や保健管理センターでもここ数年，外国人留学生の相談が増えています（堀ほか，2012）。そのため英語対応のできるカウンセラーを採用したり，筆者も最近は英会話手帳を持ち歩いていますが，英語が不便な留学生も多く苦労しています。基本的な対応はよく話を聞いて，問題やポイントを理解して，優しく丁寧に接して対応を一緒に考える，具体的な支援策や資源の情報を提供する，など通常の相談と変わりありません。加えて外国人対応のできる医療機関情報，日本の社会福祉制度，特に国民健康保険への加入，経済的問題，住居の問題などへの具体的な対策が重要です。

　最近は英語がわかる留学生ばかりでなく，英語対応だけでは対処しきれない相談も増えています。特に病気や症状など医学用語は筆者も苦労しているので，病気や症状を英語，中国語，スペイン語，ポルトガル語，韓国語，タガログ語，タイ語，インドネシア語，タミール語，シンハラ語，ペルシャ語で書かれた外国人医療11カ国語対訳表（表1）を手に入れて役立てています。話せなくても表や文字を見せて症状を確認できるので便利です。

表1　外国人医療11カ国語対訳表

日本語	痛い	不眠
英語	pain	insomnia
中国語	疼	失眠
スペイン語	Dolor	Insomnio
ポルトガル語	dor	insônia
韓国語	통증	불면
タガログ語	kirot	hindi makatulog
タイ語	เจ็บ	นอนไม่หลับ
インドネシア語	sakit	kesulitan untuk tidur
タミール語	வலி	தூக்கமின்மை
シンハラ語	රිදීම	නින්ද නොඑන
ペルシャ語	درد	بی‌خوابی

2 メンタルヘルスに関わる相談での問題点

　外国人留学生のカルチャーショックの兆候として，やたらとイライラする，ホームシックになる，孤独感や不安感に苛まれる，無力感に囚われ自信を失う，留学を後悔する，途方にくれる，食欲が落ちる，眠れない，動悸が止まらない，つねに疲れている感じがする，ハイテンションになる，飲酒や過食など不摂生に陥る，自分の文化に対する異常な誇りをもつ，日本人と話したくない・日本語を話さない，授業に出たくないなどがあります。特に東京のような大都会の大学への留学生は，その人の多さ，緑の少ない町並み，住居の狭さに悩み，喪失感，孤独感に苛まれます。母国語で悩みを相談できるとよいのですが，メンタルヘルスの問題はプライバシーもあり同じ国の人への相談がかえって難しくなることもあります。

　相談室や精神科外来での問題点は以下になります。

- 言語によるコミュニケーションが難しく診断や判断が難しい，ふだん日本語に不自由しないレベルの学生も，調子が悪いときは母国語しか理解し話せなくなる傾向がある。
- 異文化における生活自体が大きなストレスとなり，もともとの病気に加えて複雑な描像を示す。
- 保証人を呼んで支援を求めても留学生の急増に伴い，適当な保証人が得られず形骸化して名前だけの保証人で役に立たないことが多い。
- 欧米圏ではカウンセリングや精神科受診は一般的だが，アジア圏では認知されていないため，相談室の利用や精神科の受診をためらう傾向がある。
- 同胞や友人に知られたくないため通訳で友人を呼ぶことも難しい場合もある。
- 単位取得や成績が奨学金や留学継続に直結するだけに，休めない，弱みを見せられない，病気だと帰国しないといけないと思い相談に行きづらい。
- 国民健康保険に加入していないと治療を受けることが難しく多額の費用がかかる。
- 外国語に対応して留学生を治療できる精神科医療機関が少ない。
- 日本に来る前，あるいは母国に帰った後の医療機関との連携がきわめて難しい。

3 精神医学的な問題

　精神科医としての経験から外国人留学生の相談の特徴を述べますと，統合失調症などはっきりとした精神病の症状は世界共通で，治療薬の効果や副作用もほぼ同じです。一方，大学や生活，対人関係や言葉の問題など環境の要因が大きく，医学的

には軽度の問題では，実際の生活上の問題を解決したり，適切に対応すれば劇的に症状が良くなりますが，支援に至るアプローチが言葉の壁，社会や文化的背景の違い，適切な支援や治療のリソースが少ないことから難しくなります（福田，1991）。特に非英語圏の学生でお互いに英語も不便な場合はコミュニュケーションを取るだけでも一苦労で，その国の教員をお呼びして通訳してもらい，国際電話で母国の親に電話をして来日してもらったこともあります。

④ 国民健康保険への加入

　日本では国民皆保険制度をとっており，保険に加入していれば，ほとんどの病気や怪我に対してそれほどお金がかからない医療を全国どこの保険医療機関でも受けることができます。加入していないと自費診療で高額な医療費を請求されます。平成24（2012）年7月9日に外国人に関する登録制度が改正され，外国人留学生も3カ月を超える在留資格があれば，市区町村など自治体が行っている国民健康保険に加入しなければなりません。年間の保険料は自治体により異なりますが，日本に来たばかりの留学生は減額簡易申請を行えば1万円前後，申請しないと3万円程度になります。なお以前，日本学生支援機構が行っていた外国人留学生医療費補助制度は平成20（2008）年度で廃止されました。

　相談を受けた場合は国民健康保険に加入しているか確認して，必ず加入するように勧めてください。

V ｜ 日本での就職

　留学生では卒後の進路選択で母国に帰るか，日本で就職するかの選択を迫られます。個人や家庭，国の事情でさまざまですが，就職活動と就労は母国でも日本でも苦労します。日本で働く外国人は平成28（2016）年に100万人を超え，すでに外国人なしでは日本社会は機能しなくなっています。外国人留学生の求人も増え，卒業後にどのように働くかが留学生自身と日本社会の両者にとって重要になっています。厚生労働省でも外国人雇用サービスセンターを東京，名古屋，大阪に設置し，また平成29（2017）年3月からはハローワークにおいて母国語による職業相談ができるように，10カ国語による電話通訳が可能な「多言語コンタクトセンター」を設けたり，新卒生のための新卒応援ハローワーク「留学生コーナー」を全国16カ所のハローワークに設置するなどの支援をしています。とはいえ各企業における受け入れ

態勢は千差万別で，異文化の生活習慣や宗教に配慮した雇用や環境整備が十分整っていない企業や業界もまだ多くあり，今後の進展が待たれます。

VI｜外国人留学生の相談機関

　留学生と関わると，彼らの生活を支えたり，もしものときに頼りになるバックアップ体制の不備を感じます。1つの大学だけでは難しいことで，多くの大学，適切な医療機関，地域が連携した支援のネットワークをつくることが重要でしょう。以下に平成29（2017）年7月現在の相談機関と窓口を挙げます。東京など大都会は整備されつつありますが，地方に少ないのが悩ましいところです。

相談機関と窓口
- 東京都　外国語による外国人相談窓口
　〒163-8001　東京都新宿区西新宿2-8-1　東京都庁第一本庁舎3階
　東京都生活文化局広報広聴部都民の声課「外国人相談」
　月曜日から金曜日　9：30〜12：00，13：00〜17：00
　電話：英語03-5320-7744，中国語03-5320-7766，ハングル03-5320-7700
　http://www.e-sodan.metro.tokyo.jp/links/foreign.html
- 東京外国人雇用サービスセンター
　〒163-0721　東京都新宿区西新宿2-7-1　小田急第一生命ビル21階
　電話：03-5339-8625
　http://tokyo-foreigner.jsite.mhlw.go.jp/
- 新宿外国人雇用支援・指導センター
　〒160-8489　東京都新宿区歌舞伎町2-42-10　ハローワーク新宿（歌舞伎町庁舎）1階
　電話：03-3204-8609
　http://tokyo-foreigner.jsite.mhlw.go.jp/gaikokujin_center_goannai/gaikokujin_koyou_center/map2.html
- 名古屋外国人雇用サービスセンター
　〒460-0008　愛知県名古屋市中区栄4-1-1　中日ビル12階
　電話：052-264-1901
　http://aichi-foreigner.jsite.mhlw.go.jp/

● 大阪外国人雇用サービスセンター
　〒530-0017　大阪府大阪市北区角田町8-47　阪急グランドビル16階
　電話：06-7709-9465
　http://osaka-foreigner.jsite.mhlw.go.jp/
● 福岡学生職業センター
　〒810-0001　福岡県福岡市中央区天神1-4-2　エルガーラオフィスビル12階
　電話：092-714-1556
　http://fukuoka-young.jsite.mhlw.go.jp/
● 英語のできる医療機関：心の杜・新宿クリニック
　〒151-0053　東京都渋谷区代々木2-12-1　記録映画社ビル3階
　電話：03-5848-7712
　http://www.kokoronomori.jp/top.html
● 厚生労働省職業安定局派遣・有期労働対策部外国人雇用対策課HP
　「外国人の活用好事例集──外国人と上手く協働していくために」(平成29 (2017)
　　年4月13日)
　http://www.mhlw.go.jp/stf/houdou/0000160961.tml

Ⅶ 海外へ留学する日本人留学生のメンタルヘルス

1 日本人留学生数と国別内訳

　日本学生支援機構の調査では，短期の留学を中心に日本から海外への留学生が増加していて，平成27 (2015) 年度は8万4,456人，国別ではアメリカ合衆国1万8,676人，カナダ8,189人，オーストラリア8,080人，英国6,281人，中国5,072人，韓国4,657人，台湾3,487人，タイ3,183人，ドイツ2,822人，フィリピン2,692人，その他21,317人でした。平成25 (2013) 年度は6万9,869人でしたから，それに比べ1万4,587人 (17％)，6年前の平成21 (2009) 年度の3万6,302人からは2倍以上で，しかも毎年増加しています。とはいえ日本への外国人留学生23万9,287人の約1/3にすぎません。留学期間別では1カ月未満が5万1,266人，1カ月以上～3カ月未満が8,028人，3カ月以上～6カ月未満が9,642人，6カ月以上～1年未満が1万3,115人，1年以上が1,913人と学位を目的にしない短期留学が増えています（日本学生支援機構「平成27年度協定等に基づく日本人学生留学状況及び協定等に基づかない日本人学生留学状況（在籍大学等把握分）の合計」）。

2 海外への留学の課題

　外国人留学生の項目でも述べましたが，海外への日本人留学生でも，異文化ゆえの言葉の問題，外国語での相談の困難，文化や生活習慣の違い，特に食事のストレス，青年期特有の発達の課題でもある友達をつくること，異性との関係，統合失調症や不安障害，摂食障害の好発時期に当たるなど精神病理的問題，学業達成が日本より難しい，教育方式や進級方法など日本の大学との差による困惑，留学費用や奨学金やバイトといった経済的問題，また日本に帰国した後の学業や就職活動の問題があります。特に帰国後の就職活動は周囲より遅れがちになり，留学体験を必ずしも評価してくれる企業ばかりではないため大きな課題です。

※海外留学支援サイト（http://ryugaku.jasso.go.jp/）
※公益社団法人全国大学保健管理協会国際連携委員会．海外留学健康の手引（第2版）（http://health-uv.umin.ac.jp/kanren/kanren.html）

3 メンタルヘルスの支援と課題

　留学中のメンタルヘルスの問題では古くはロンドンに留学した夏目金之助＝夏目漱石が知られています。明治30年代，ヨーロッパで暮らす日本人はまだ少なく，生活や対応のノウハウも支援体制も乏しく，また内向的な真面目で融通の利かない彼の性格も関連していたのでしょう，34歳でロンドンに留学した彼は，孤立して暮らすうちに被害妄想が生じるまで追いつめられてしまいます。ただこのときの体験が後の作品に色濃く投影され，文豪，夏目漱石が生まれる原動力のひとつになったのは確かです。その意味では彼の辛い海外留学は貴重だったのですが，とはいえメンタルヘルス上の困難は防ぎ，サポートして，少しでも快適な留学生活を送るための支援があったほうがよいことは言うまでもありません。

4 大学としての支援の実際

　筆者が以前勤務していた大学では，協定に基づく海外の大学への派遣留学生に対しては国際交流課と保健管理センターが協力して，留学中とその前後の健康への支援と調査を行っていました。内容は以下の通りです（福田ほか，1992）。

海外留学生への保健サービス（＊＝メンタルヘルスに配慮した項目）
〈1　留学生への健康診断〉
時期：留学前の5〜6月

検診内容
 (1) 身体的健康診断
　　①一般健康診断：尿検査，血圧，胸部レントゲン撮影など
　　②血液検査（肝機能，貧血，脂質など）
　　③心電図
 (2) メンタルヘルスの相談
　　①心理検査：SCT（文章完成法），CMI（コーネル・メディカル・インデックス），TEG（東大式エゴグラム）＊
　　②精神科保健医による面接＊
※以上を総合的に判断して必要なら医療機関の紹介，継続面接も行う。

〈2　留学直前のガイダンス〉
健康面の諸注意，特にエイズなどの感染予防，メンタルヘルス上の注意を講義形式で行う。

〈3　留学と健康に関するアンケート調査〉
　　①留学先の諸事情の把握
　　　大学の保健衛生面の把握，水，食事など
　　　留学生の利用できる医療，相談機関や医師の有無，名前
　　②身体的，心理的問題の把握
　　　留学中の身体的，精神，心身医学的な症状の把握＊
　　　留学中のストレッサーとそれへの対応について＊
　　③帰国後の問題点の把握＊
　　④今後の保健サービスへの要望

　施行したCMIとTEGという2つの心理検査を留学前と留学中を比較したり，希望する学生に対しては精神科保健医が個別の面談を行いました。その結果，留学して3カ月目くらいに問題が出ていました。体の症状としては不眠，疲れやすい，肩こり，風邪を引きやすい，腹痛，頭痛，生理不順などが起きました。興味深いことに，女性は食欲が増したり，やけ食いをして太る傾向があったのに比べて，男性や食欲が落ちて痩せる傾向があったことです。こころの症状としては憂うつで孤独な気分，注意力散漫，気分の変動が激しい，イライラ，細かいことが気になる，自信喪失，

意欲の低下，日本に帰りたい・ホームシック，行動の問題として飲酒やたばこが増える傾向がありました。また死にたくなった人も少数ですがいらっしゃいました。

　対処法としては友人とのおしゃべり，日本で慣れ親しんでいた趣味を再開する，日本の映画のビデオを見る，友人と話すなどで対処していました。不眠に対しては日本から薬を送ってもらったり，当地の薬局で適当な薬剤を購入して対応し，当地の精神科を受診した人はいませんでした。とはいえ1年間の留学を終えて，80％以上の人が留学してよかった，機会があればまた行きたいと答えるなど，肯定的な評価の方が多かったです。

　1年以上の長期留学の場合は生活習慣，気候，食事，治安，ストレス解消手段などが国によってかなり異なりますが，日本でよりもストレス要因は増え，さまざまな症状は出やすくなります。特にメンタルヘルスのフォローが重要ですが，日本人の精神科医がいるのはアメリカ，フランスなどごく一部の国の大都市に限られます。精神科医による診察は言葉に頼る面が高いためコミュニケーションの問題は大きく，普段，英語が流暢に話せる留学生も調子が悪くなると，二次的に習得した言語での表現は難しくなります。海外留学でのメンタルヘルス上の問題の支援を進めていくことが望まれます。

おわりに

　外国人学生向けの寮の近くのコンビニで筆者の子どもがバイトしていたので，そこでの話をよく聞きました。中国，韓国，台湾，香港，東南アジア諸国，欧米ではアメリカ，カナダ，フランス，イギリス，ドイツ，スペイン，ロシア，ウクライナなどの国の留学生が買い物に訪れたり，少し日本語ができるとアルバイトを始め，たどたどしい会話で仕事をしています。日本は極東＝Far East，世界の端に人々が集まって情報が伝わり独特の文化を育んできた雑種（ハイブリッド）が花開いた国です。ウォルト・ディズニーに触発されて手塚治虫や宮崎駿のアニメが生まれ，『ドラゴンボール』は西遊記が起源です。新たな人やものを取り入れるときは摩擦も生じますが，創造，イノベーションは留学生など異なる文化をもつ多様な人々が交わる境界で生じるものです。また違う文化との関わりは，自分自身や日本の良さと弱点に気づく良い機会です。明治維新を迎え日本の貴重な文化や財産の多くが価値がないとして破壊されたとき，その真価を見出したのは外国人でした。外に出て，外から見て，はじめて自分や自分の属する社会や文化の素晴らしさに気づくのです。

留学生支援は留学生のためだけでなく，日本人学生や教職員自身の学びにつながることを再認識したいと思います．

† 文献
福田真也（1991）精神疾患をもつ外国人留学生に対応する際の問題点．学生相談研究 12-1；1-5．
福田真也ほか（1992）海外派遣留学生のメンタルヘルス．第30回全国大学保健管理研究集会報告書，pp.273-277
堀孝文ほか（2012）筑波大学保健管理センター精神科における留学生の受診動向．精神神経学雑誌 114-1；3-12．
江志遠ほか（2011）在日中国人就学生の異文化ストレッサーとソーシャルサポート源がメンタルヘルスに及ぼす影響．心理臨床学研究 29-5；563-573．
大西晶子（2012）留学生支援と学生相談の協働．In：下山晴彦 編：学生相談必携GUIDEBOOK——大学と協働して学生を支援する．金剛出版，pp.133-147．

‡ 参考資料
● 書籍
出口保夫（1991）ロンドンの夏目漱石．河出書房新社．
井上純一（2011-2016）中国嫁日記（1〜6巻）．エンターブレイン．
井上純一（2015）今すぐ中国人と友達になり，恋人になり，中国で人生を変える本（星海社新書）．講談社．
守山敏樹 監修，林田雅至 外国語監修（2014）指して伝える！ 外国語診療ブック．南江堂．
高野秀行（2005）異国トーキョー漂流記（集英社文庫）．集英社．
高野秀行（2009）アジア新聞屋台村（集英社文庫）．集英社．
高野秀行（2015）移民の宴．日本に移り住んだ外国人の不思議な食生活（講談社文庫）．講談社．
栃木インターナショナルライフライン 編（1991）外国人医療11ヵ国語対訳表．

15
ハンディをもって学ぶ

障害学生支援

はじめに

　大学には障害によるハンディキャップをもって学んでいる学生が大勢います。平成18（2006）年に国連で採択された障害者権利条約第24条では「障害者がその人格，才能及び創造力並びに精神的及び身体的な能力をその可能な最大限度まで発達させること等を目的とした，あらゆる段階における障害者を包容する教育制度及び生涯学習を確保する」と定めています。それを受け平成25（2013）年に障害者総合支援法と障害者差別解消法案ができ，平成28（2016）年から合理的配慮の提供が始まりました。この章では精神障害と発達障害を中心に，大学における障害学生支援（福田，2013，2014）について述べます。

I｜障害をもつ大学生はどれくらいいるのか？

　日本学生支援機構によれば，平成28（2016）年度の日本の大学778校，短大336校，高専57校の計1,171校，学生数318万4,169人のうち，障害学生は2万7,257万人で，障害者への理解と支援が進むにしたがい急増しており，学生115人に1人にもなります。内訳は視覚障害が790人，聴覚障害が1,917人，肢体不自由が2,659人，病弱虚弱が9,387人，診断のある発達障害が4,150人，精神障害は6,775人でした。発達障害と精神障害をあわせると，障害をもつ大学生の40％がメンタルヘルス上の問題をもち，学生290人に1人になります。ただ大学に申し出て支援を受ける学生は1万3,848人と全障害学生の半数にすぎず，またメンタルヘルス上の問題をもつ学生の多くは大学には届けておらず，この数字には含まれません。

　障害者差別解消法に対応する要綱をもっているか，平成28（2016）年度中に策定する予定の学校は542校（46.3％）で，残りの629校（53.7％）には規程がありませ

ん。障害学生支援室など専門部署をもつ学校は196校（16.7％）で，894校（76.3％）は他の部署が担当していますが，対応する部署がない学校も81校（6.9％）あります。障害学生専任の支援担当者を置いている学校は179校，兼任が配置されている学校が899校で，カウンセラー，医師，支援技術をもつ教職員などが担当者になっています。

　障害学生支援には本来，障害学生支援室など独立組織があることが望ましく，支援の基本方針を全学に示し，関わる教職員の相談にも応じます。障害学生にとっても窓口が一本化されていると，どこに相談すればよいかが明確です。また学生と教職員の要望が一致しないときの調整役にもなります。ただし学内横断的な組織ができると，支援をそこに丸投げする傾向がありますが，実際に支援を行うのは学部学科，教職員一人ひとりであることを忘れてはいけないでしょう（日本学生支援機構．平成28年度大学，短期大学及び高等専門学校における障害のある学生の就学支援に関する実態調査結果報告書（平成29（2017）年3月）。

II｜障害者の支援制度と支援機関

　発達障害と精神障害に関係する法律・制度を年代順に表1に挙げ，主な制度と機関を説明します。

① 精神障害者保健福祉手帳と自立支援医療

　公的支援は原則として障害者手帳を取得し，障害者と認定されることから始まります。発達障害は精神障害者保健福祉手帳を取得することになります。平成23（2011）年に厚生労働省が広汎性発達障害，ADHD，学習障害も手帳が取得できると明記した通達を出し施行されました。取得のためには精神科医療機関を受診して診断書を記載してもらい，2年ごとに更新のため長期の受診を要します。また初診後，6カ月以後でないと申請できない制約もあります。精神疾患による外来通院に要する医療費の自己負担分を自立支援医療（精神通院医療）として補う公費補助制度もあり，保険診療の自己負担額が3割から1割に減額されます。就労移行支援事業（本章VII－②－(4)参照）を利用するためには手帳か自立支援受給者証が必要です。障害基礎年金は障害で生活困難な場合に支給され，生活上困窮する場合には生活保護制度があります。

表1 発達障害と精神障害関連の法律と制度(福田,2017b)

2005年4月	発達障害者支援法が施行,成人の発達障害への支援も明記され,発達障害者支援センターが設立された。
2005年10月	全国の地域障害者職業支援センターで「精神障害者(発達障害者含む)総合雇用支援」が開始された。
2006年4月	精神障害者も障害者雇用率の対象に含まれるようになった。
2006年12月	国連総会で障害者権利条約が採択,2007年9月同条約に日本も署名した(批准は2013年12月)。
2007年4月	学校教育法等の一部を改正する法律案を受けて特別支援教育が始まり,普通学級で障害児支援が開始された。
2011年1月	大学入試センター試験で発達障害の特別措置が施行され,4月から入学した。
2011年4月	発達障害も精神障害者保健福祉手帳と自立支援医療の対象と厚生労働省が通達し,交付された。
2011年8月	障害者基本法改正され,障害者の定義が「身体障害,知的障害,精神障害(発達障害を含む)」となり,障害者に精神障害(発達障害含む)が明記された。
2013年4月	障害者自立支援法が障害者総合支援法に改正され施行された。
2013年4月	障害者雇用率が民間企業で1.8%から2.0%に拡大した。
2013年6月	障害者差別解消法案が成立した(施行は2016年4月)。
2013年12月	障害者権利条約が批准,承認された。
2016年4月	障害者差別解消法が施行され,不当な差別的取り扱いの禁止は法的義務,合理的配慮の提供は国公立大学などでは義務,私学では努力義務となった。
2018年4月	精神障害者保健福祉手帳所持者の障害者雇用算定基準に明記される。障害者雇用率が民間企業で2.0%から2.2%に拡大。さらに2021年3月末までに2.3%に拡大される予定。

2 精神保健福祉センターと保健所,居住自治体の福祉事務所や障害福祉課

　精神保健福祉センターは都道府県と政令指定都市に1カ所以上設けられ,こころの健康相談から精神医療に関わる精神保健福祉全般の相談を実施しています。全国に約500カ所ある保健所でも個別相談を行っています。手帳や自立支援などの支援制度を申請・受理するのは,主として各自治体の福祉事務所や福祉課窓口です。

3 発達障害者支援センターなど

　発達障害者支援センターは平成17(2005)年施行の発達障害者支援法により設置され,都道府県と政令指定都市72カ所設けられています。日常生活のさまざまな困

難への直接支援，他機関と連携した福祉制度やその利用の仕方，支援機関などニーズに応じた情報提供，家庭，学校，施設，職場の周囲への対応の助言などのコンサルテーション，ハローワークや障害者職業センターなどと連携した就労支援も行っています。研修やパンフレットを作成・配布する啓発活動も行っています。また障害当事者や家族，支援者の団体，ピアサポートを行う自助グループやNPO法人もあります。

III 大学入試センター試験における受験特別措置

　平成19（2007）年から特別支援教育が始まり，センター入試でも平成23（2011）年より障害をもつ学生に対して受験特別措置を行っています。平成29（2017）年1月14〜15日実施の受験者57万5,967人のうち，障害のため受験上の特別配慮を受けた受験生は2,594人（0.45％），およそ220人に1人が受験特別措置を受けています。障害の内訳は視覚障害101人，聴覚障害417人，肢体不自由285人，病弱102人，発達障害249人，その他1,440人でした。発達障害の受験生への特別措置は以下です。

発達障害の受験生への特別措置
[全ての科目に対して]
- 試験時間の延長（1.3倍）
- チェック解答
- 拡大文字問題冊子の配布（一般問題冊子と併用）
- 注意事項等の文書による伝達（平成24（2012）年度受験案内（別冊）より明記）
- 別室の設定
- 1Fまたはエレベーターが利用可能な試験室での受験
- 試験室入口までの付添者の同伴
- 試験場への乗用車での入構
- トイレに近い試験室で受験
- 座席を試験室の出入口に近いところを指定

[リスニング]
- 1.3倍に延長（連続方式）
- 1.3倍に延長（音止め方式）
- 所定の診断書および状況報告・意見書の提出が必要

今後は，高校までの支援，センター試験での特別措置に引き続き，大学での支援をどう継続していくかが課題です。

Ⅳ│支援の前提──受容と意思表明

支援は障害の診断を受け告知され，その特性やハンディを学生自身がある程度は理解して受け入れていること，学生自らが大学に障害を開示して支援を申し出る意思を表明することが前提になります。児童期にすでに発達障害の診断を受け，障害学生としての支援を積極的に求める人がいる一方，大学に入るまでそれなりに適応できていた定型発達とのグレーゾーンの人は，プライドもあり自らの問題を受け入れ障害学生として支援を受けることへの抵抗感が強いです。それ以前に，自分の特性に気づいていない人，対人スキルや社会性に問題があって相談を申し出ること自体が困難な人もいて，支援が必要な学生をどう見つけて相談につなげるか，入学ガイダンス，履修登録，新歓ゼミ合宿などが気づきの機会となります。また有病率を考えると発達障害と思われる全員が支援を受けることは不可能で，支援制度や機関を用いない人も多いです。

Ⅴ│障害者差別解消法と合理的配慮

障害を理由とする差別の解消の推進に関する法律（障害者差別解消法）が平成25（2013）年6月に公布，平成28（2016）年4月より施行され，①不当な差別的取り扱いの禁止，②合理的配慮の不提供の禁止が求められるようになりました。①はすべての大学の法的義務，②は国公立では義務，私学では努力義務とされます。

①は，たとえば不当な判定基準を設けて障害者でない人を優先的に入学させたり，希望学科やゼミの選考，進級，成績評価，卒業判定で障害学生に不利な扱いを行う差別的な扱いを禁止しています。

②の合理的配慮は「障がいのある者が，他の者と平等に「教育を受ける権利」を享有・行使することを確保するために，学校の設置者および学校並びに関係機関が必要かつ適当な変更・調整を行うことであり，障がいのある学生等に対しその状況に応じて，大学等における教育を受ける場合に個別に必要とされるもので，学校等に対して，体制面，財政面において，均衡を失した又は過度の負担を課さないもの」とされます（文部科学省「障がいのある学生の修学支援に関する検討会」一次まと

め)。わかりやすく言うと以下のようになります。

①差別的取扱いの禁止＝障害学生を学びの場から排除してはいけないよ！
　→やや消極的スタンスだが画一的なプランを立て実行でき，大学の事情に関係なく行う。
②合理的配慮の提供＝障害学生が学べるような場を提供し学び方を工夫してね！
　→より積極的スタンス，障害のハンディによって一人ひとり異なるオーダーメイドプランが必要。予算，人員，設備など大学側の事情によって負担のない範囲で行っていく。

　身体障害への合理的配慮はハードウェアがメインでわかりやすく，配慮を策定しやすくノウハウも蓄積されています。たとえば車椅子の学生に対しては，移動の際のエレベーターやスロープを設置する，自動車通学を許可し駐車場を提供する，多機能トイレを設置する，パソコンや机の高さを調節する，移動が容易な席を指定席にする，照明への配慮を行う，健康診断ではXP撮影を個別に行うなどの配慮が想定できます。
　一方，発達障害や精神障害への配慮はソフトウェアがメインとなり，不明瞭で個別性がより大きくなります。たとえば課題やレポートの指示を出す際は，文書で出したりメールを用いるなど視覚化する，授業や実習ではグループでのプレゼンを免除するなど集団が苦手なことに配慮する，昼食や放課後での居場所作り，騒音，温度・湿度，講義の座席の位置など学習環境を整備するなど理解しづらく，教職員個人への負担がより大きくなります。
　障害学生が支援や配慮を求める場合は，学生自身が大学や所属学部に対して支援を申し出る意思表明が必要です。通常，大学に主治医による障害名と配慮が必要であると記載された意見書や診断書，あるいは障害者手帳の提示，加えて下記のような「支援希望確認書」の提出を求める大学もあります。

支援希望確認書の記載事項例
・支援依頼理由，障害名――例 学習障害による聴き取り困難
・希望する支援内容――例 ICレコーダーの利用
・過去に受けた支援内容――例 高校でも同様の配慮を受けていた
・上記の情報で開示してもよい事項と対象――例 上記は指導教員，学部事務には

開示可能
- 開示することへの同意のサイン

　これらを関係教職員に開示したうえで，どのような支援や配慮を行うかを学生本人，相談室担当者，学部事務，担当教員が相談し，「支援と配慮の実際≒合理的配慮」を進めていきます。大学における発達障害の学生への配慮例としては以下がありますが，実際に支援を行った印象ではICレコーダーはあまり役に立たず，丁寧なレジュメがあると助かります。ただし担当教員がきちんとつくってくれるかが課題でした。

大学における発達障害への配慮例
- 入学試験：センター入試を参考に，試験時間の延長や試験会場を配慮
- 授業：ICレコーダーの利用，音声認識ソフトを利用し文章を打てる体制，ノートテイカーの用意，事前の資料配布，受講しやすい座席の指定，必修の体育実技を座学で許可
- 履修登録：優先授業登録，選択を必修に代替
- 試験やレポート：個室受験，試験時間や提出期限の延長，試験のレポートへの代替
- 実験や実習：院生やTAと配慮したグループにする，実習先への配慮依頼
- 大学生活：対人関係や窓口での配慮
- 就職活動：障害者雇用制度の利用，就職課での配慮
- 災害時：連絡や避難所での配慮

　発達障害では，コミュニケーションの障害は視覚入力をメインに明確に伝え，指示者や相談者をTAなど一人に絞る，社会性の障害も常識や社会通念を覚えるなど，経験を積むことである程度対処可能です。しかし，こだわりの強さや感覚過敏は修正が難しく大学での困難につながっています。IQなど知能そのもの，特に高い記憶力は必ずしも大学での成功を保証しません。一人ひとりの特性と大学や学部・学科，進路に応じたオーダーメイドの支援プランが必要です。

VI │ 支援のポイントと課題

　合理的配慮は対象が手帳や診断書など認定された障害者に限られるため，どのような困難をもつ学生を障害と認定するかという障害認定の問題，学生が障害を自認し開示し要望に応じて行う自己認知と開示の問題，どこまでどのような配慮を行うかという実効性の問題，一人ひとり特性と対応が異なり画一的な支援や配慮の策定が難しいという個別性の問題，他の学生と不平等にならないかという公平性の担保の問題，教員に過剰な負担にならないかという問題があります（福田，2014）。
　現状では，合理的配慮を大学でどこまで行うかの客観的基準や指針はありません。たとえば都心に自動車通学する学生のために駐車場を用意する，週3日で1日4時間の透析を要するなど腎不全の学生に配慮した特別な履修を認める，発達障害の温度過敏のため室温を学生の好みに合わせる，研究室や実験室にパーティションを設けて落ち着いた環境を提供をする，などの配慮のどこまでが"過度な負担がない"合理的配慮なのかは，学生の障害の程度と大学の状況，予算や人員配置などで変わってくるため検討すべき課題が多々あります。人的資源，予算，環境に応じてできる支援から行い，ベストでなければベターを目指す姿勢が重要だと思います。注意したいのは，特別扱いは可能な限り最小限にして，障害のない学生と共通の修学できるよう努めることで，ユニバーサルデザイン（コラム参照）が参考になります。特に成績評価においては障害の有無によるダブルスタンダードは設けないようにし，障害のない学生は60点で合格なのに，障害学生は40点で良いとはしません。
　未診断だったり手帳がない場合でも障害による困難のため配慮が必要な場合，あるいは学生が支援の意思を示さなくても教職員や他の学生のため配慮が必要と思われた場合も，個々の教員が無理のない範囲で支援してよいでしょう。たとえば順序立てて一つひとつ話す，具体的に数値や場所，時間を明確にして助言する，視覚優位が多いのでメモや図を利用する，社会常識を教える，考え方や思考がどう周囲と合わないか率直に伝える，負担の少ない席を指定席にする，当てる順を事前に伝える，レポートや課題を個別に丁寧に教える，授業外の質疑応答の時間を長く取る，実習では相性の合いそうな学生とグループを組む，などです。障害者差別解消法により合理的配慮の提供が求められ障害と認定された学生への配慮は進むでしょうが，一方，障害と認定されない人への支援は行いづらくなる可能性があります。しかし発達障害は未診断が多数の状況が続くと思われ，彼らへの配慮も検討してよいでしょう。

> コラム

ユニバーサルデザイン

　車椅子の人があらかじめ駅に連絡し，駅員が所定の位置で待ち，スロープ板を渡して乗り降りする光景は，すっかり日常になりました。しかし「エレベーターだったら一人で乗り降りできるけど，電車に乗るときわざわざ駅員さんを呼んでスロープ板を電車に橋渡ししてもらわないといけない。申し訳ないしラッシュ時は難しい。自分一人だけで電車に乗れればもっとよいと思うが」とつぶやく車椅子の方もいます。これはバリアフリーを考える際の2つの発想と関連します。

(1) バリアフリーデザイン（BD：bareer-free design）：特定の能力に注目し障害があればそれを取り除く，言わば障害者だけ特別扱いのデザイン。たとえば車椅子の人が電車に乗るときに駅員を呼び出してスロープを渡してもらうことが該当します。
(2) ユニバーサルデザイン（UD：universal design）：文化・言語・国籍の違い，老若男女といった差異，障害・能力の如何を問わずに利用することができる施設・設備・製品・建物の設計や情報のこと。

UDの7原則
①どんな人でも公平に使える（公平な利用）
②使ううえでの柔軟性がある（利用における柔軟性）
③使い方が簡単で自明である（単純で直感的な利用）
④必要な情報がすぐにわかる（認知できる情報）
⑤うっかりミスを許容できる（失敗に対する寛大さ）
⑥身体への過度な負担を必要としない（少ない身体的な努力）
⑦アクセスや利用のための十分な大きさと空間が確保されている（接近や利用のためのサイズと空間）

　BDよりもUDのほうがベターです。一人でも利用でき汎用性が高いもの，たとえばエレベーターはいつでも誰でも一人で使え，ホームドアは視覚障害者だけでなく酔っぱらいやスマホの「ながら歩き」による転落を防ぎます，障害者向けの開発から一般に普及した温水洗浄便座，絵文字を使った表示，ボタンの配置やフォントの形状が見やすい画面表示やパソコンなどのインターフェイス，シャンプーのボトルに印をつけ触ることでリンスと識別できる工夫などは，障害者だけでなく誰にとっても役立ちます。
　一方，障害のない人には便利で故障が少なく保守点検も楽なスマホが必携ですが，視覚障害や高齢者に不便で，UDと正反対の思想の産物が液晶タッチパネルでしょう。

筆者も老眼が進み，冬など皮膚が乾燥したときは反応せずとても困っています。iPhoneは視覚障害向けにVoice Overが初期設定され，音声を聞きながら操作できますが，他のスマホでは専用のアプリや支援グッズを追加しないといけません。銀行ATMの音声案内も不十分で備えつけの電話で係員と相談するのですが，それでもタッチパネルは扱いづらいものです。セブン銀行のように障害者が開発に関わったUDのATMにはパソコンのキーボードを思わせるキーが右に付いていて，視覚障害者だけでなく細かな操作が苦手な人も確実に数字を入力でき，健常人も含めたユーザー評価では一番になっています。UDの発展形とも言えるインクルーシブデザインは障害者，外国人，高齢者など多様なユーザーが積極的に参加してデザインすることで，より独創的で機能的な商品づくりができます。

※川上浩司（2011）不便から生まれるデザイン──工学に活かす常識を超えた発想．化学同人．
※ジュリア・カセムほか（2014）インクルーシブデザイン──社会の課題を解決する参加型デザイン．学芸出版社．

Ⅶ キャリア支援

　就活はとても複雑で根気の要る臨機応変の対応が必要なタスクが続き，障害のある学生には大変な過程と課題です。自己の長所や短所を把握できず適切なエントリーシートが作成できない，企業説明会に遅刻するなどで内定をもらえず落ちてしまうこともよくありますが，特に発達障害はネガティブなメッセージを過剰に受け取る傾向が強く，失敗するとすぐに就職を諦めてしまうので，支援者は投げ出さないよう支えつづけることが重要です（福田，2017c）。

　就労に必要な技能として，挨拶ができるなどの対人関係スキル，コミュニケーションが取れて周囲と協調できること，生活リズムが保て遅刻や欠勤をしない時間管理ができること，パソコン技能ではWordに加え，可能ならばExcelが使えることが挙げられます。

　発達障害学生は真面目で規則に忠実なため，形や量がはっきりと決まっていたり，作業手順などの枠組みが明確な業務が向いています。集中して一人でできる仕事，一定のパターンを繰り返す仕事，得意分野，たとえば高い操作能力や視覚的な記憶を生かせる仕事では力を発揮します。パソコンのように答えが明確なものとは相性がよいです。一方，同時に複数の作業を行ったり臨機応変な対応が必要な業務，対人接触が複雑な接客，営業などの仕事，目的や終わりがはっきりとしない仕事，さ

まざまな刺激の多い落ち着かない環境職場，ミスが大事故につながる仕事にはあまり向いていません。また上司にその特性を理解してもらえて支持や配慮を受けられる職場がよいです。協調運動障害を伴う場合は，器用さを要求される作業には向いていません。どのような就労を目指すにしろ，自己の特性や課題を理解して自分に合った仕事や業務を見つけるジョブマッチングがとても重要です。

1 通常雇用と障害者雇用

　就労については障害を表に出さずに通常雇用を目指すクローズド就労か，障害を開示して障害者雇用を目指すオープン就労か，まったく異なる2つの方針があります（福田，2017b；鈴木，2014）。通常雇用の場合，多くの企業ではメンタルヘルスの問題をもつ人の採用を望んでいないため，障害を表に出さないよう診断書に記載しないなどの配慮が要ります。注意力の問題やパニック障害，社交不安の問題が出やすい集団面接では，適切な薬物療法を受けて症状を抑えたり，あらかじめロールプレイでの練習が有効です。就職後も当面の間は障害に基づく配慮は受けられず，業務負担も重く，それを承知のうえで進めることになります。

　一方，障害者雇用ではさまざまな支援機関と就職後の配慮を受けることができますが，正社員は少なく待遇も悪く，大学生に適切な職場が少ないことが課題です。どちらにしろ自分に合った業務と仕事を見つけるジョブマッチングが重要です。

　私見では，修学や学生生活で個別の丁寧な指導や全学的な配慮を長期的・継続的に行った事例は，通常雇用は難しく障害者雇用が現実的です。一方，特別な配慮を必要とせずに相談室の面接だけで修学でき，就職後も大きな支障がないと思われる学生は通常雇用を検討してよいでしょう。とはいえ最終的にどちらを選ぶかは，学生の意思が優先されることは言うまでもありません。

2 障害者雇用制度と就労支援機関

　就職率が大学評価に大きく響くため，キャリア支援室では情報提供にとどまらない就職支援に力を入れています。しかし障害者雇用を想定した支援を行える担当者は少ないです。一方，大学生の発達障害に適切な雇用先も乏しく，業務も組立，検査，仕分，整理，事務補助，システムのバグチェックなどの定型業務や単純作業が主で，大学で得た専門性を役立てる職場は少なく，雇用形態も契約社員やパートなど非正規雇用が多く，待遇・給与とも不十分です。

(1) 障害者雇用制度（福田，2016）

　障害者の雇用に関する法律の改正により，平成30（2018）年4月から民間企業では全従業員の2.2％（45.5人以上の企業該当），特殊法人等では2.5％，国，地方公共団体2.5％，都道府県等の教育委員会では2.4％の法定雇用率以上の障害者の雇用が義務づけられます。たとえば従業員5,000人の民間企業なら110人の障害者雇用が義務づけられますが，平成28（2016）年の年民間企業の雇用率は1.92％です。雇用契約は正社員でなくて契約社員などでも週30時間以上，一定期間継続する雇用であれば，障害者雇用とみなされます。平成28（2016）年度の障害者雇用状況では民間で全障害者数47万4,374.0人，公的機関をあわせて54万799.0人，障害では身体障害が71.6％，精神障害は8.53％にすぎませんが，精神障害は平成24（2012）年からの4年間で1万8,348人から4万6,142人と2.5倍になり，増加分の多くは発達障害と推定されます。また障害者雇用に配慮をした子会社を設立し一定の要件を満たす場合は，企業グループ全体で雇用されているとみなして雇用率を算定してよいとする特例があります。平成28（2016）年6月1日現在，特例子会社448社，障害者数2万6,980.5人です（厚生労働省職業安定局雇用開発部障害者雇用対策課．厚生労働省平成28年障害者雇用状況の集計結果（平成28（2016）年12月13日））。

(2) ハローワークの専門援助部門

　各都道府県の職業紹介所をハローワークと呼び，全国に約550カ所あります。障害者のための専門相談員を配置した専門援助部門があり，求職の申し込みから就職後のアフターケアまで一貫した支援を行っています。またジョブコーチ[*]を派遣したり，障害者対象の就職面接会も実施しています。平成28（2016）年度ハローワークを通じた障害者雇用では，新規申込19万1,853件のうち精神障害は8万5,926件，就職件数も全障害者9万3,299件のうち精神障害は4万1,367件と44％を占めています（厚生労働省職業安定局雇用開発部障害者雇用対策課．ハローワークを通じた障害者の就職件数が8年連続で増加．平成28年度障害者の職業紹介状況等（平成29（2017）年6月3日））。

---

[*] ジョブコーチ（援助つき雇用）：障害者の能力や適性を評価し，どのような業務や職場がよいかを一緒に考えるジョブマッチングを行ったり，職場に助言を行う支援者です。就職前から就職後，本人への助言にとどまらず実際に職場に行って，上司や同僚に助言したり，障害特性を説明して職場環境を整えていきます。

(3) 障害者職業支援センター，障害者職業能力開発校，職業技術校

　独立行政法人高齢・障害・求職者雇用支援機構は，全都道府県に地域障害者職業支援センターを設けています。障害者に対する就職に向けての相談，職業能力の評価など就職前の支援から就職後の職場適応のための援助，ジョブコーチの派遣など障害者に応じたサービスを提供し，さまざまな助成金や奨励金を支給しています。また障害者への職業訓練を行う障害者職業能力開発校も都道府県に委託して運営しており，全国に20校ほどあります。また各都道府県には職業技術校があります。

(4) 就労移行支援事業と就労継続支援

　就労移行支援事業は，障害者総合支援法に定められた障害者の一般企業への就職をサポートする通所型の福祉サービスです。利用するためには障害者手帳か自立支援医療制度が必要で，自治体窓口で障害福祉サービス受給者証を発行してもらい，期間は2年までです。発達障害に特化してパソコン技能（タイピング，Excel，パワポほか）事務作業，プログラミング，ソフトウェアテスト，ビジネス英語（メール，会話，実践），オンライン店舗（仕入れ・商品管理・発送など物流一般），面接練習，書類作成，段取り支援など就活支援，企業向けコンサルティングを行う事業所もあります。一般企業への就労が困難な障害者に就労機会を提供する就労継続支援A型とB型もあります。就労移行支援や継続支援は1日当たり4,500～8,500円の助成金がもらえるため事業所が乱立し，なかには補助金狙いの質の悪いところもあるため注意が必要です。

3 障害者雇用された発達障害の大学生（表2）

　筆者が支援し障害者雇用された発達障害（すべて自閉スペクトラム症）の大学生（福田，2017a，2017d）を見ると，初診年齢は平均22歳9月と就活が受診の契機となり，初診から手帳取得までに1年3カ月かかり，障害を受容して障害者雇用を目指すまで一定の時間が必要でした。就職年齢も25歳8月，卒業から就職まで平均1年1月と通常の就職より時間がかかっています。これは障害受容に加え，学業と就活を並行に行うのが難しいこと，事業所の理解や受け皿が十分でなく，適切な職場や業務に出会うまで労力と時間を要したためと思われます。就職先は特例子会社など障害者が多数でなく障害者が一人だけ在職する職場で，同僚はどのような障害か理解しておらず，そのための苦労がありました。雇用契約は契約社員など非正規雇用が多く，週労働時間も週30時間に留まりました。そのため月収11万6,000円と，

表2 障害者雇用された発達障害大学生10例（男性6名，女性4名）の概要（福田，2017d）
（平成29（2017）年8月現在）

・初診年齢：20歳10月〜25歳10月（平均22歳9月）
・手帳取得年齢：22歳2月〜26歳4月（平均24歳0月）
・初診から手帳取得まで：0年6月〜3年1月（平均1年3月）
・就職年齢：23歳6月〜29歳8月（平均25歳8月）
・卒業から就職まで0年7月〜3年4月（平均1年1月）
・就労継続期間0年4月〜5年0月（平均3年0月）
・週の就業時間：2例＝週20時間，7例＝週30〜35時間，1例＝週40時間（平均週30.0時間）
・契約社員など非正規雇用8例：正規雇用2例，社会保険有7例，無3例
・月収：6万5,000円〜15万円（平均11万6,000円）

通常雇用の大卒初任給20万3,400円（厚生労働省，平成28年賃金構造基本統計調査結果）の約6割に留まりました。業務内容はパソコン技能を活かした事務作業で単独で行え，接客，電話の取次ぎ，グループでの作業など苦手な業務は避けてもらうよう配慮を受けました。欠勤や遅刻はほぼなく予想以上の成果を示し高い評価を得ましたが，必要なこと以外の雑談，昼食，飲み会，職場外での個人的付き合いは皆無でした。

おわりに

　障害学生のための詳細なシラバス，丁寧な配布資料，一人ひとりの個性や特性に合った教育方法と技術の開発や提供は，学び方・教え方のプロセスを再検討する機会になります。車椅子の学生へのエレベーターの設置で一番恩恵を受けたのは，実はメタボの中高年の教職員でした。滋賀医科大学時代に頚椎損傷を負い電動車椅子での生活を余儀なくされたものの，ご本人の努力と教職員や同級生が暖かい支援，大学もさまざまなハード，ソフト両面での配慮を行い国家試験に合格し，卒業後は精神科臨床医として働いている荻田謙治先生の講演をお聞きしたのですが（清水，2007），先生の真摯な姿勢と活躍は一緒に学んだ医学生，教職員，また病院を受診する患者さん，職員にも大きな感銘と影響を与えています。障害学生と一緒に学ぶことは健常学生にとっても今まで知らなかった世界や価値観に気づく良い機会になるなど，すべての学生と教職員に役立ちます。

† 文献

福田真也（2013）大学生の発達障害を支援する．こころの科学 171；34-38．
福田真也（2014）修学と就労支援──学生相談とクリニックの連携（特集 成人の発達障害Ⅱ）．精神科臨床サービス 14-4；381-387．
福田真也（2016）障害者雇用制度と合理的配慮．In：日本産業衛生学会関東産業医部会 編：産業医ガイド第2版．日本医事新報社，pp.155-160．
福田真也（2017a）発達障害の障害者雇用──大学入学後に診断された事例への支援（第56回日本児童青年精神医学会シンポジウム10 職域における発達障害への対応）．児童青年精神医学とその近接領域 58-1；70-75．
福田真也（2017b）大学生の発達障害──大学と医療との連携，および就労支援．全国大学メンタルヘルス学会誌 創刊号；12-18．
福田真也（2017c）自閉スペクトラム症大学生の就活──学生相談での支援．こころの科学 195；47-51．
福田真也（2017d）発達障害のある学生の障害者雇用．産業精神保健25-4；336-341．
清水哲男（2007）決してあきらめないあきらめさせない──障害者，難病患者の日常を克明に追いかけたドキュメント．道出版．
鈴木晶子（2014）障害者雇用と一般就労の分岐点をどう判断するか──障害者の「働く」を考える．臨床心理学 17-2；223-226．

‡ 参考資料
● 書籍

テンプル・グランディンほか［柳沢圭子 訳］（2008）アスペルガー症候群・高能自閉症の人のハローワーク．明石書店．
ゲイル・ホーキンズ［森由美子 訳］（2013）：発達障害者の就労支援ハンドブック．クリエイツかもがわ．
石井京子ほか（2013）発達障害の人が働くためのQ&A．弘文堂．

● Web

独立行政法人高齢・障害・求職者雇用支援機構（http://www.jeed.or.jp/）
内閣府．障害を理由とする差別の解消の推進（http://www8.cao.go.jp/shougai/suishin/sabekai.html）
日本学生支援機構（2015）教職員のための障害学生修学支援ガイド（http://www.jasso.go.jp/gakusei/tokubetsu_shien/guide_kyouzai/guide/index.html）
東京都発達障害者支援センター（TOSCA）（http://www.tosca-net.com）

16
相談に当たる人たち

学生相談室，保健管理センター，学内外の相談機関

はじめに

　大学によりますが，キャンパスでメンタルヘルスに対応する重要な機関は主に次の2つです。

I ｜ 学生相談室，カウンセリング・センター

　歴史的経緯を述べると，昭和26（1951）年に「アメリカのSPSやカウンセリングを日本の大学に紹介するための委員会」がつくられ，厚生補導研究集会（SPS研究集会）を開いて，授業など知的な教育だけでなく，心身ともに健全な人間の育成を目指す取り組み，なかでもカウンセリングの重要性が議論されました。その結果，昭和28（1953）年東京大学に学生相談所が設置されたのを最初に，続々と学生相談所や学生相談室が大学に設置されました。学生部に所属していたり，独立していたり，授業以外の学生サービス全体を行う学生総合支援センターのなかに設置されたり，カウンセリング・センターに改組されるなど大学により組織はいろいろです。

　学生にとって大学は，学ぶだけではなく，生活する，友人や先生との対人関係を結び，将来や進路を決める場です。そこではさまざまな悩みや課題に直面するため，修学や進路も含めた学生生活についての相談，心の問題や病気などの相談をする場として学生相談室が重要です。平成12（2000）年6月に文部科学省の審議会「大学における学生生活の充実に関する調査研究会」が「大学における学生生活の充実方策について――学生の立場に立った大学づくりを目指して」という答申（いわゆる広中レポート）を出して，そのなかで正課外教育，とりわけ学生相談の重要性が打ち出され，その存在価値が改めて認識されています。

　学生相談室のスタッフは心理カウンセラー，受付や予備面接をするインテイカー，

事務職員，非常勤の精神科医などから構成されます。また一般教員から学部ごとに相談担当教員を選び，決まった曜日の時間に学生相談室で教員による相談枠を設けている大学もあります。なお日本学生相談学会は，大学カウンセラーと学生支援士という専門資格を定めています。

学生相談室での相談は修学，進路，健康，心理，生活，その他に分類されますが，心理ではこころの問題や性格，生活では特に対人関係，修学では授業や実習，ゼミ，履修などが主な相談内容です。

活動内容はまずカウンセリングという一対一の主に言葉による相互コミュニケーションを通して，学生が自ら課題を解決して自己成長を支えるための個別相談があります。カール・ロジャースの紹介した来談者中心療法，認知行動療法・論理療法，精神分析的心理療法など背景となる技法はさまざまです。

次にコンサルテーションがあります，カウンセリングが学生本人に対して行なわれるのに対し，学生との対応に困難を感じている家族や教職員，友人などに対して援助をします。また具体的な情報提供，アドバイス，たとえば悪徳商法やカルトなど学生生活上のさまざまな困難に必要な情報を提供して問題解決を助け，心理テスト（心理検査）によって自己理解を深めるお手伝いもします。

以上は主にカウンセラーとの一対一の個別の相談で行われますが，さまざまなグループ活動を行っている相談室もあります。SST（ソーシャル・スキル・トレーニング）で人付き合いのコツを実践しながら学んだり，アサーション・トレーニングといって自分も相手も大事にする自己表現をグループで学んだり，合宿形式でエンカウンター・グループを行い，他人と交わりながら自己理解や他者への認識を深めたりもします。もっと気軽に，ランチタイムというスタッフを囲んでの昼食会や，お茶会，ゲーム，映画を観る会，留学生向けの着付けの会などのイベントを主催する相談室もあります。

このような目標をもった活動だけでなく，相談室を学生の居場所として自由に過ごせるようにして学生同士が交流をもったり，隠れ場として食事を取ったり，落書き帳に書いたり，ただ音楽を聴いたり，ぼーっとしたりできるようにしています。特にひきこもりや不登校ぎみの学生には大きな価値があります。

学内での啓蒙・広報活動も重要で，教職員対象の研修会を開催したり，報告書やパンフレットを発行して，大学生の問題と学生相談，あるいはカウンセリングやメンタルヘルスの重要性を学内に訴えています。相談室はこころの問題をもつ学生が行くというイメージが強いのですが，それ以外にもこのようにさまざまな活動を行っ

ていて，すべての学生と教職員に役立つ場所です。

II　保健室，保健管理センター，健康支援センター

　学校保健法によって健康診断が義務づけられており，また学内で起きる日々のケガや病気などに対応するため，ほぼすべての大学に保健室が設置されています。さらに，そこから発展した保健管理センターや健康支援センターが，大学生・教職員の健康問題全般にあたっています。

　スタッフは保健師と看護師，事務スタッフが主で，大規模な大学では校医および産業医として医師が専任の常勤職として，小規模な大学では非常勤医や嘱託医として勤務しています。また学生相談室がセンター内にある大学では心理カウンセラーもいます。筆者は精神科校医として長年，保健管理センターに勤めてきましたが，大学生にはメンタルヘルス上の問題がきわめて多く，精神科医の活動は必須で，小規模な大学でも最低でも週に1日，大規模な大学では常勤でいることが望ましいと思っています。薬物療法などの治療も行う学内診療所を併設している大学もごく一部にありますが，ほとんどの大学では医学的な診断や治療は学外の医療機関に紹介・依頼しています。

　保健管理センターの機能をメンタルヘルス中心に述べると，まず健康診断を全学生，全教職員に行う義務があるため，そこでこころの問題をもった学生をピックアップします。そして，救急処置室での救急処置では体の問題が前面に出てくるなかで，こころの問題に対応し相談や治療に結びつけます。また保護者や指導教員，事務職員との連携も重要です。また休復学の学生の管理や支援を行ったり，障害学生支援の役割を担う大学もあります。

　なお学生相談室と保健管理センターの位置づけは大学によってさまざまですが，①保健管理センターのなかに相談室が併設されたり，総合支援センターとして同じ組織にある，②両者が独立している，これら2つの場合があります。両者に勤めた経験から言うと，保健管理センターは病気や健康といった点に焦点を当てるため病気でないと相談しづらい面がありますが，反面，身体の病気や不調で利用しやすく，そこからこころの相談につながります。学生相談室は教育という観点から，こころの問題に対応することが得意です。どちらのスタンスや視点も有用で，学生にとっては役割の異なる窓口が複数あるほうがよいでしょう。

> **コラム**
>
> ## 守秘義務vs情報共有
>
> 　学生相談室のカウンセラーには，相談で語られた情報は学生本人のもので，その承諾なしには第三者に伝えてはならないという守秘義務が課せられており，指導教員，窓口職員はおろか親にも秘密を守るよう努めています。ただし自殺の危険性や他人を傷つける可能性が高い場合は例外で，本人が反対しても親や指導教員に伝えてトラブルを予防することが優先されます。しかし実際に予測することは難しく，他の学生に迷惑をかけたり，ゼミ合宿中に自殺未遂を起こすなどの事件があると，なぜ事前に情報を教えてくれなかったのかと指導教員が怒ることは多く，守秘の原則は守りつつ，必要な情報をきちんと大学に伝える守秘義務と情報共有の狭間に悩むことがしばしばあります。
>
> 　一方，保健管理センターの保健師や学校医にも同様の守秘義務がありますが，病院では患者の情報は日勤から夜勤の看護師へ，看護師や主治医から他のコメディカルスタッフに伝えて情報を共有して治療を行います。伝えたことが他のスタッフに引き継がれていないと，かえって患者が不信感を覚え治療の妨げになることがあるため，情報共有が原則になっています。
>
> 　カウンセラーは守秘義務を強調し，保健師や学校医は情報共有に重きを置く傾向があり，その両立は大学メンタルヘルスの大きな課題のひとつです。

III　学生相談室や保健室への紹介

　学業や進路のことは学科のなかで解決できます。しかし心理カウンセリングが必要と思われたり，こころの病気など医療としての対応が必要と思われる学生は，学生相談室や保健室への紹介が必要です。また学部やゼミ内での他の学生とのトラブルなど学科内だけでは解決しづらいとき，発達障害やLGBTなど専門家の対応が必要な相談，指導教員や学科への不満など成績を評価する教員には言いづらい相談の際も利用が望まれます。

　また反対にすでに相談室や保健室で面接している学生が履修，講義，ゼミのことなど学科での相談が必要で，指導教員に依頼することがあります。もちろん面接していること自体を知られたくない学生もいるため，必ず学生の承諾を得て慎重に依

頼しているのですが，その場合は先入観なしに親切に相談に乗ってあげてください。

　紹介する場合，学生本人に相談室にただ「行け」と言ってもあまり行きません。まず電話で「その学生にどう対応したらよいか」について相談室に教職員自身が問い合わせ，そのうえで学生自身の相談が必要となったら，時間や場所を明確にして相談を促してもよいでしょう。その際，一緒に相談室まで学生に付きそうなどの配慮をしてくれると助かります。相談室に紹介したほうがよいかどうかの判断も含めて，遠慮なく相談室に問い合わせてみてください。

IV｜研修や研究，学会

　学生相談室の心理カウンセラーや教員が中心になって日本学生相談学会を，保健管理センターの精神科医が中心になって全国大学メンタルヘルス学会を設立し，学会や研究会，セミナーを行っています。また保健管理センターの医師・看護師などが所属する全国大学保健管理協会の全国大学保健管理研究集会でも，メンタルヘルスの研究・研修などを実施しています。

V｜さまざまな学内の相談窓口

　以上の2つが主な学内相談機関ですが，他の部署にもメンタルヘルス上の学生が相談に訪れます。

① 学生部や教務部の窓口
　履修や各種の届け出，証明書の発行など，学生部や教務部にはほとんどすべての学生が訪れます。最近は「何でも相談窓口」を設けて，学生の相談をそこで受けて，そのうえで必要な部署に紹介する大学も増えています。最も多くの大学生が訪れるため，さまざまなメンタルヘルス上の問題が寄せられます。そこでの初期対応はきわめて重要なので，窓口の職員もメンタルヘルスの基本的な知識をもって対応できることが望まれます。

② 就職課・キャリア支援室の窓口
　学生相談室でも将来の方向性を深める相談をしていますが，切実な就職先の紹介と就職相談は就職課などで行います。就職活動などプレッシャーの高い状況では特

に問題が生じやすく，いろいろな問題が窓口で出てくるので，就職担当職員もメンタルヘルスの知識と対応策をもつことが必要です。

3 学科の事務窓口

日常，学科の授業や実習への対応は各学科で行うため，そこで起きた問題にまず直面するのは学科の事務職員であることが多いです。対応とともに相談室への紹介や連携しながらの相談がとても重要で，良い連携体制を常日頃からつくっておきたいところです。

4 留学生センター

詳細は第14章に記載しましたが，留学生はきわめて高いストレス状況に置かれているためメンタルヘルス上の問題を起こしやすく，社会的背景の差や言葉の問題もあって対応が難しいです。留学生を担当する部署のスタッフも留学生のメンタルヘルスについての知識をもち，相談機関と連携して支援することが求められます。

5 クラブやサークルの顧問

サークルやクラブでもさまざまな問題が起きます。大学はクラスがはっきりしておらず，授業よりサークルに力を入れる学生も多いため，さまざまな問題に対しては，サークルとその顧問が対応を求められます。詳細は第12章のIVを参照してください。

6 教員とオフィスアワー

授業中にもさまざまな問題が生じ，また障害や病気をもつ学生の受講についてさまざまな配慮が求められます。授業や研究を行う立場と相談者としての立場はかなり異なります。それについては第12章のIIにまとめたので参照してください。最近は多くの大学で「オフィスアワー」といって毎週決まった曜日と時間に学生が自由に教員の研究室を訪れて相談してよい時間を設けています。形骸化していることも多いのですが，もっと活用されるべきでしょう。

7 TA (Teaching Assistant)

4年生や大学院生が学生の実習や実験や授業のサポートをする制度を設けている大学が増えています。学生同士で気楽なためか，いろいろな相談がもちこまれます。

⑧ ハラスメント相談委員

　セクシャル・ハラスメントやパワー・ハラスメントの問題がクローズアップされ，各大学でそれに対応すべく教職員向けの研修会を開催し，そのためのハラスメント委員会などの組織をつくっており，相談員として学生相談室のカウンセラーもしばしば任命されています。加害者も学内関係者の場合の対応はとてもデリケートで難しいです。詳細は第12章のⅧを参照してください。

⑨ 障害学生支援センター

　平成28（2016）年から障害者への合理的配慮の提供を行うと法律で定められたこともあって，障害学生を支援する専門部署を設置する大学が増えています。もともとは視覚障害，聴覚障害，車椅子を利用する身体障害の学生への支援がメインでしたが，発達障害者支援法が制定されたこともあって，発達障害や精神障害を抱えた学生の支援も行っていくことが求められます。詳細は第15章を参照してください。

⑩ 学習支援センター

　最近の学力不足を反映して，大学レベルに達しないまま入学した学生のため，高校までの内容の授業を正規の講義外で行うことが特に理系の学部で必要になり，そのための専門部署を設けている大学があります。推薦入試やAO入試など一般入試を経ていない学生のなかに学力不足の学生が多いようです。学力不足の学生はメンタルヘルス上の問題を抱えていることもよくあり，その対応も求められます。

Ⅵ　学外の相談機関

　精神科医と精神科医療機関については第17章で詳しく述べるため，ここではそれ以外の相談機関を紹介します。

① 民間の心理相談機関——カウンセリング・センター，心理研究所など

　都市部に多く，専門性の高い心理カウンセラー，サイコセラピストがカウンセリングや心理療法などを行います。内容はさまざまですが，1回（45〜50分）数千円から2万円と学生にとってはかなり高額です。用いる技法は精神分析，行動療法，認知療法などセラピストによってさまざまです。

② 警察の相談窓口や犯罪被害者支援センター
　ストーカーなどの犯罪被害に遭ったりその可能性がある場合には，各都道府県の警察やその関連機関である犯罪被害者支援センターで相談をしています。平成16（2004）年12月の犯罪被害者等基本法の制定によって，専門の女性カウンセラーを置いたり，相談専用電話を設けるなど充実しつつあります。

③ 居住自治体の福祉事務所や障害福祉課
　障害や病気をもつ大学生の福祉的なニーズに対応して支援制度を申請・受理したり紹介するのは，各自治体の福祉事務所や障害福祉課の窓口です。

④ 精神保健福祉センターと保健所
　精神保健福祉センターは都道府県と政令指定都市に1カ所以上設けられています。こころの健康相談から精神医療に関わる精神保健福祉全般の相談を実施しています。全国に約500カ所ある保健所でも個別相談を行っており，卒後の健康相談で重要になります。

⑤ 発達障害者支援センター
　平成16（2004）年12月の発達障害者支援法の制定により，発達障害者支援センターが各都道府県，政令指定都市72カ所に設置されています。発達障害の日常生活のさまざまな困難への直接支援，他機関と連携して福祉制度やその利用の仕方，支援機関などについて，ニーズに応じた情報提供，家庭，学校，施設，職場の周囲への対応の助言などのコンサルテーション，ハローワークや障害者職業センターなどと連携した就労支援も行っています。研修やパンフレットを作成・配布する啓発活動も行っています。

⑥ 独立行政法人高齢・障害・求職者雇用支援機構の障害者職業センター
　障害者の雇用，就労に関する援助を行う機関で，精神障害，発達障害の大学生の就労に役立っています。詳細は第15章を参照してください。

⑦ EAP（Employee Assistance Program：従業員支援プログラム）
　従業員のカウンセリングや電話相談などを請け負う企業＝EAPに，大学生の相談を委託している大学もあります。EAPカードをあらかじめ配布するため大学を通さ

ずに相談できる，学内での相談に抵抗がある学生も相談しやすい，パワハラ，セクハラなど学内関係者にしづらい相談もできる，24時間の電話相談・メール相談など大学では難しい形の相談ができる，大学とは離れた視点からの助言ができる，教職員の相談も行っているなど，大学の相談機関にはないメリットがあります。

一方，学内の事情に疎いため学生との心理的距離は遠く，学生生活，キャンパスライフに沿った支援，学習支援や履修相談はできない，学内教職員との連携が難しい，わざわざ学外に相談に出向くのは敷居が高い，通常は5回までの契約の範囲の相談しかできない，などのデメリットもあります。学生の相談を学外に委託してよいかについては議論もあり，現在もそれほど普及していません。

‡ 参考資料
● Web
日本EAP協会（http://eapaj.umin.ac.jp/）
日本学生相談学会HP（http://www.gakuseisodan.com/）
全国大学保健管理協会（http://health-uv.umin.ac.jp/index.html）
全国大学メンタルヘルス学会HP（http://jacmh.org/index.html）

17
精神科医の取り扱い説明書

精神科の実際と大学との連携

はじめに

　精神科医と精神科医療がどのようなものなのかは，意外と正しく認識されていません。ここではその実際を紹介し，大学との連携とフォローアップのポイントをまとめてみましょう。

I │ 精神科？ 精神神経科？ 神経科？ 心療内科？ 神経内科？

　まず整理すべきことは，たくさんある診療科名がどう違うかです。神経内科はたとえば半身の麻痺などの症状がある脳卒中，筋ジストロフィーなどの神経変性疾患といった脳そのものがダメージを受けた，言わばハードウェアの問題の場合に受診すべき内科のひとつで，精神科とは異なる診療科です。次に神経科または精神神経科はおおよそ精神科と同じ科と言ってよく，精神科では抵抗感が強いため用いられることが多いようで，この本で取り上げた病気を診る診療科です。心療内科は気管支喘息，筋緊張性頭痛，過呼吸症候群などストレスに深く関連して起きる体の病気，すなわち心身症[*]を守備範囲とする内科のひとつなのですが，日常的にうつ病などこころの病気の診療にも当たっていて，自律訓練法，交流分析的手法を得意とする医師が多いです。患者にとっては内科のひとつなので受診への抵抗感が少ないせいもあって大盛況で，しばしば精神科を受診すべき精神病やパーソナリティ障害の方も受診しているようです。神経内科は別として，診療科名より医師の能力や背景，相性，通いやすさなど立地条件で選んでよいでしょう。

---

[*] 日本心身医学会による心身症の定義：身体疾患のなかで，その発症や経過に心理社会的因子が密接に関与し，器質的ないし機能的障害が認められる病態。神経症やうつ病など，他の精神障害に伴う身体症状は除外する。

II 精神科医と精神科医療機関の現状

　厚生労働省の平成26（2014）年12月31日現在の医師・歯科医師・薬剤師調査概況によれば，全国に1万5,187人の精神科医と903人の心療内科がいます（医療機関に従事する全医師29万6,845人の5.4％），また医療施設調査によれば，平成29（2017）年1月現在の精神病院1,061カ所，精神病床数は33万3,756，精神科・神経科診療所の団体である日本精神神経科診療所協会会員は1,690人です。精神科医療機関は近年増加してずいぶん受けやすくなってきましたが，大学の校医・産業医など医療機関ではない場で働く精神科医はまだ少なく，精神科医の知見を活かした大学や企業でのメンタルヘルスへの取り組みの一層の充実が求められます。また多くの精神科医は発達障害（第2章）の診療に慣れていないこと，大学や学生相談の実情をあまり知らないなどの課題があります。

III 精神科医はどこにいるのか？

① 大学病院・総合病院
　内科的な合併症があるとき，精密な検査が必要な場合は重宝されますし，精神科も診療科のひとつにすぎないため，精神科医療に抵抗があっても受診しやすい利点があります。ただ待ち時間が長い，受付時間が短く午前中などに限られる，初診では誰が担当するかわからない，転勤が多く途中で主治医が交代する可能性が高い，などの問題があります。

② クリニック・診療所
　都市部に多く，各駅に1軒くらいまで増えてきました。厚生労働省生涯保健福祉部の「医療施設調査」によると，平成26（2014）年現在，精神科・神経科・心療内科を主たる診療科とするもの，および単科の診療所は3,890カ所もあります。院長個人の能力，人柄にも左右されますが，ある特定疾患に精通している，夜間や土日も開院している，復職のためのリワークプログラムを併設する診療所もあり，受診への抵抗感も少ないです。

③ 精神病院

　入院治療には最も適切ですが，世間的なイメージはあまりよくありませんし，場所が不便で通いづらいことが多いです。最近は心療内科病棟や駅前サテライトクリニックを開設したり多彩な活動をする病院も増えています。チーム医療で精神科医，看護師，ケースワーカー（PSW），心理士，作業療法士などがチームを組み，近隣の作業所，デイサービスなどとの連携を重視している病院も多いです。

④ 精神保健福祉センター・保健所

　各都道府県には必ず精神保健福祉センターが設置され，また人口10万人当たりに1カ所の保健所が設置されています。診療は行いませんが，当地の精神科医療情報を問い合わせるときに重宝します。

⑤ 企業の産業精神科医

　企業内の産業医と大学校医は共通点が多く，筆者も産業医経験が大学生の相談に役立っています。とはいえ日本精神科産業医協会正会員は平成30（2018）年12月現在，272人とあまり多くありません。

⑥ 心理系の大学院の教員

　心理カウンセラーの養成のための心理系の大学教員の精神科医がいます。

> **コラム**
>
> ### 病に貴賤なし
>
> 　精神科医にとって，患者さんと病に貴賤はありません。大企業の社長や国会議員であろうとホームレスであろうと，有名大学生であろうと無名大学生であろうと，日本人だろうと外国人だろうと，地域も国籍も肌の色も人種も関係ありません。ただ問題や病気がどのようなものか，重いか軽いか，治療や対応が容易か難しいか，自分が得意か不得意か，好きか嫌いか，相性が合うか合わないかがあるだけです。基本的にはどの人にも同じスタンスと視線で，しかし患者さんの特性に合った姿勢で，問題や病気が解決することだけを重視して診療に臨みます。医療，特に精神科医は最も偏見にさらされやすい精神障害者を対象にしているからなおのこと，偏見や差別が少ないことを求められる仕事で，それを精神科医はとても誇りにしています。

IV │ 精神科医療はどのようなものか？

1 精神科医の診療の方法

　医師とは基本的に"病気"を診る＝評価・診断する，治療する専門家です。これは精神科医でも変わりありません。「診察（面接と検査）→評価（診断）→治療」という医学モデルに従って対応します。診断のために心理検査や脳波，また最近話題になる画像診断（例 CT，MRI，PET）などの検査を参考にすることもありますが，最も重視するのは面接そのものです。面接技法の詳細は成書を参照してほしいのですが，受診した患者さんの立場で考え，その大変さを共有する共感的な立場と，どうしてその問題が起きたのか，どのような要因が関係しているのかを評価して診断し，どのようにすれば解決するかという対応・治療方針を立てる冷静かつ客観的に観察する立場，という二面性をもって対応します。

　精神科治療では薬物療法が重視されるのは確かですが，最も大事なことは治療の方針を立て対応の枠組みをつくることでしょう。薬物の内容と量，飲み方を決めて処方箋を出す，本人や家族に大学や家庭での行動や対応の助言を示す，心理士には心理検査やカウンセリングの目的を示し指示を出す，デイケアならば内容と指示を作業療法士，PSW，心理士，看護師・保健師に出す，入院治療ならば入退院や外出外泊を決め，作業療法やSST，集団療法の指示を作業療法士，PSW，心理士，看護師に出したり，食事内容を栄養士に指示します。そしてそれらがどのように行われているか，治療の結果を把握しフィードバックして，その内容の変更や終了を指示しつづけていくことです。

2 精神科医の得意分野，主な治療法，基本方針

　疾患としては統合失調症などの精神病や躁うつ病などの比較的重い問題・疾患を得意にする方が多いようです。特に患者さんのわずかなサインから異常を早期に見出したり，病気を診断するのは精神科医の独壇場でしょう。逆に言えば健康な人の悩みや人生上の教訓を特にもっているわけではないため，病気でないことへの対応は限られます。主体となる治療法は薬物療法で，精神科医の最大の武器なのですが，頼りすぎるあまり「薬だけ出して，ろくに話を聞いてくれない」という不満が寄せられることになります。特定の精神療法や家族療法などに熱心な精神科医もいますが，それほど多くはありません。また最近の若い精神科医はそうでもないのですが，

組織や他の人と連携していくチームプレイが苦手で一匹狼的な人が多い傾向が見られます（筆者もその一人です……）。

　また自戒を込めて言うのですが、「病を見て人を見ず」の傾向があり、どうしても病的な部分に注目する傾向が強い面があります。そのため、部分ではなく全体を、個人の病理に加えて学校、企業、家族など所属する集団や組織のなかでの視点でも見る、過去から現在、将来への流れを俯瞰するよう筆者はこころがけています。またこれは筆者個人の方針ですが、余計な介入やお節介はしない必要最低限の支援をこころがけています。ベストで完璧な解決法を無理に目指すより、今より少しマシになるベターな解決を考える、問題は起きてからの対応で良しとする、過去にとらわれるより今目の前にある問題の解決を優先させる、人、社会資源、制度・法律などはとりあえず使えるものを何でも使う、原因究明の犯人探しにこだわらずにわからないものはそのまま受け入れる、細く長く関わるなどです。精神科医に必要なのは、この曖昧さに耐えて待てる能力だと思っています。

　精神科医療の基本方針のひとつに「変化は重ねない」があります。イジメや家庭の不和など明確な要因で問題が起きているときは、その状況や環境を変えることが第一なのですが、たとえば病気からの復学、転居による転院や主治医の交代、そこまでいかなくても進級、卒業などのときは、なるべく変化を少なくなるようにします。たとえば転居で主治医が変わったときは、治療の内容、特に薬の処方は変えずに落ち着いてから変更を検討する、病気で休むときは自宅で休み、環境が激変する転地療養は勧めない、復学した場合もよほどゼミに問題がなければ同じゼミに戻します。人はたとえ良いことでも環境の変化には脆弱です。風邪を引いたときに自室にこもって動かないのも、変化を減らして嵐が通りすぎるのを待つ意味があり、変化は最小限が道理にかなっています。とはいえ地方の実家に休学していた学生が、復学して都会の大学に出て一人暮らしを始めて、主治医も変わるなど変化が重なることは多くあります。そのようなときはしばしばトラブル、たとえば主治医の引き継ぎがうまくいかずに薬物療法が途切れて再発する、一人暮らしの生活がうまくいかず自室にひきこもる、などが起きるので注意が必要です。

> **コラム**
>
> ### 健康に王道なし！──安全な治療法や薬の見分け方
>
> 　世の中には通常の保険治療以外にいろいろな民間療法，健康食品，サプリメントが溢れています。さまざまな症状や問題，病気に効果があると派手に宣伝していますが，なかには怪しいものがあるのでご用心！　あるサプリメントの飲みすぎで腎臓障害になった方を診たことがありますし，害がなくても効果が乏しい高価なサプリメントを購入するため食費を削って栄養失調に陥った人もいます。
>
> 　目安としては，効かない病気や状態，副作用，「こういう症状が出たら中止する」などマイナスの情報をきちんと明示しているものはまだ安心できます。とはいえそんな治療法や健康食品はめったになく，つまり信用できる特別な治療法や健康食品はほとんどないということです。筆者個人はこれらのサプリをまったく使っていません。よく眠り，適度な運動，ストレスを過剰にため込まない，必要以上のカロリーを取らない，栄養のバランスに気をつけて，食事を規則正しく取る，タバコは吸わない，過度な飲酒も避ける，ごく当たり前のことを地道に続けることだと思っています……「健康に王道なし！」です。

V ｜ 役に立つ精神科医の見つけ方

　どこの精神科を受診させたらよいかよく聞かれます。大学に精神科校医がいれば，その方に依頼したり，紹介先をお願いできますが，役に立つ精神科医は自分自身で発掘することも大切です。精神科医療はなによりも精神科医個人の熱意，人柄，能力に左右されるので，大学のそばで役立つ精神科医を地道に見つけて関係をつくっておくことでしょう。たいてい初診は電話予約なので，受付の電話応対が親切で質問や疑問にも丁寧に答えてくれるかはひとつの目安になります。受診した学生から評判を聞いたり，連携するやりとりのなかで，よく話を聞いてくれる人，きちんと返事を返してくる人，患者と同じ目線をもてる人，抽象的でなく具体的な助言をしてくれる人，専門用語を乱発しない人，教条的でなく柔軟な人を探していきましょう。一方，大学の学生相談室や保健管理センターには精神科医の依頼にも対応でき，守秘義務にも十分配慮する組織や専門家がいて，治療の助けにもなることを伝えて，地域の精神科医と良い連携体制を構築していくことが重要です。

卒業後や夏休みなど長期期間中，休学中に，学生が実家に戻った際の受診先を探すことはなかなか困難ですが，当地の保健所や精神保健センターに問い合わせたり，総合病院に精神科があるかを調べます。また公益社団法人日本精神神経科診療所協会HP（http://www.japc.or.jp/）から検索することもできます。

VI｜精神科校医を雇う場合

　医学部があったり環境に恵まれた大学では，保健管理センターで常勤医や教員として毎日相談を行っていることもあります。しかし多くの大学では精神科医による診察や相談は行っていないか，非常勤で週に1回から月に1回でしょう。筆者もそのような業務を行っていますが，精神科医の立場からも大学での相談は，医療機関での診療とはまったく異なり，精神科医が活躍するためにはノウハウが要ります。

1 どこで面接するか
　保健室，相談室などで面接しますが，静かに話を聞け，秘密が守れる個室を確保すべきでしょう。

2 回数，雇用形態
　適切な精神科医を確保できるかによりますが，勤務は月に1回から週に1回，1回の時間は2～4時間くらいです。夏休みなどはなしにするか，学期中に振り替えます。雇用形態としては保健管理センターの校医，あるいは学生部や学長付きの特別嘱託職員が多く，通常は1年契約です。

3 業務内容
(1) 相談：だいたい25～30分枠を設定し予約制にします。予約は事務職員やインテイカーが行います。
(2) 面接：実際に学生と面接して問題の見立てや診断，対応方針を決めます。
(3) 助言とスーパービジョン：カウンセラーや保健師・看護師，インテイカーなど事務職員などのスタッフに学生の問題や対応，学内での注意点などの助言や指導を行います。精神科医が学生と会う時間はわずかで，長く関わるスタッフへの助言はとても重要です。また15分程度の時間を取って，普段の大学や相談室での出来事やトピックス，その他重要な問題について報告するブリーフィング

の時間を設けておくと役立ちます。
(4) 勤務外の相談：必要に応じて相談時間以外のメール，電話などでの相談を契約に盛り込む大学もあります。筆者は勤務日でないときもメールで相談を行っています。
(5) 学内対応：指導教員や窓口職員への助言や連絡は常勤の職員やインテイカーに依頼し，必要に応じて直接，教職員にもお会いします。
(6) 医療機関への依頼：受診の是非を検討し，紹介状を書き，学生の承諾を得て受診に導きます。その際，必ず医療機関から返事をもらうよう努め，学生にも受診後に報告のために再度来室するよう促します。
(7) 保護者との面接：必要に応じて保護者との電話連絡，また直接お会いしての面接も行います。
(8) 研修や広報：カンファレンスや研修会で助言や講演を行います。学内広報誌，年報，報告書など学内広報物に執筆する広報・啓蒙活動も行います。

4 効用と限界

限られた時間内での活動には制約があります。そのため，頻度や大学の状況によって異なりますが，大学として，どの業務が重要で何を精神科医にお願いしたいのか，事前によく話し合い確認して意思の疎通を十分にしておくことが重要です。

(1) 薬物療法：薬を学内で処方できる大学も稀にありますが，筆者は責任の問題，副作用への対応，きめ細かい対応ができないため行っていません。
(2) 継続面接：通常は継続した心理療法的面接はしません。医療機関に紹介した場合のフォローの面接を短時間行うだけですが，それでも十分役に立ちます。学生との面接よりスタッフへの助言をメインにしている大学もあります。
(3) 救急や緊急対応：自殺の危険や精神病で不穏な行動の学生など救急的な対応は重要なのですが，本務先で診療をしているときに大学に駆けつけることは不可能です。電話などでその場にいるスタッフや教職員の対応への助言や救急医療機関の情報を伝え，紹介先に連絡を取って緊急受診をお願いします（第10章参照）。
(4) 研修，講演，宴会など：相談日以外の参加には限界があります。年間予定が立ててあれば参加できるよう日程を調整します。
(5) 復学支援：病気休学して復学する学生と面接し助言を行いますが，短時間の面接で評価することは難しく，よほど病状が悪くない限り，主治医からの復学可

能の診断書があればそれに従います。

　精神科医にとって慣れ親しんだ診察室ではないアウェイの場，しかも主な"武器"である薬が使えない学生相談はセラピストとしての能力が純粋に試される場で，筆者はやりがいを感じています。

> **コラム**
>
> ### 精神科医のトリセツ
>
> 　普通の精神科医は大学のことはな〜んにも知りません，優しく教えてあげましょう！　プライドだけは高いので取り扱いに注意！　指導教員，学部長や学長や大学のVIPが誰なのか，建物や部屋，図書館，事務部など大学のどこに何があるのか，いつから授業が始まり定期試験はいつからなのかといったスケジュール，教務上のこと，たとえば卒業は最低124単位が必要とか，卒研着手や卒業見込みに何単位必要なのかとか，就活が今は3年生の3月から始まることとか，そもそも教務部と学生部の違いなど，大学では当たり前のことを知らないので，日本語はわかるけれどロシアから来たばかりで日本社会や大学の常識を知らない留学生と思って丁寧に教えてくださいね！
>
> 　あらかじめ時間を決めて15分のブリーフィングの時間を確保しましょう。精神科医は忘れっぽいですから，スタッフが覚えておいてその時間は他の要件を入れないようにしましょう。大学や相談室・保健室として知っておいてほしい大学の常識を教えましょう。またこの1カ月，大学で何があったかの要約，たとえばカルトの勧誘が盛んで対応に苦慮しているとか，学祭で急性アル中の学生を救急車を何台も呼んだとか，を教えてください。できたらこの1カ月の来談事例の学部，学年，性別，主訴，その後などの簡単な一覧表でもあると助かります。他の曜日に来て顔を合わせることのないカウンセラーや内科校医との間で必要な情報のつなぎ役もお願いします。
>
> 　精神科医は大学を離れたら大学のことなんて，これっぽっちも考えていません！　大学にいる時間だけが大学のことを考えてくれる貴重な時間です。短い時間を有効に使いましょう！　あまり欲張らないことです。もちろん困っている事例への対応とか，外部医療機関への紹介とか，どこに役立つ精神科医がいるのかとか，重要な情報はさりげなく聞き出すことです！
>
> 　非常識な精神科医もいますが，まともな精神科医なら，わからないことには疑問をもってくれますし，丁寧にお願いすればきちんと応えてくれます。うまく使えば精神科医も役に立つ！……かな？

Ⅶ 医療機関に紹介するのはどのような場合か？

　どういう問題をもった学生で，どの程度の問題であれば学外の精神科に紹介したほうがよいかは重要ですが，実は難しい問題です。病気（異常）と健康（正常）の間には明確な境界はありません。そのときの状況や社会的背景，また地域の精神科医療の状況にも左右されます。一概に言うのは難しいのですが，端的に言って学内では対応しきれないような精神医学的な問題を抱えた場合ということになります。具体的には次のようなケースです。

(1) 何らかの精神症状，たとえば不安，恐怖，抑うつ，幻覚，強迫，あるいは身体症状，たとえば不眠，過食，抜毛，倦怠感などで本人が苦痛を覚え，大学生活に支障をきたす場合
(2) 何らかの精神的な症状，たとえば幻覚，強迫などで，保護者や教職員や友人など周囲の人に大きな影響を及ぼす場合
(3) 本人が自ら希望する場合
(4) 特に自殺の可能性が高い場合
(5) 既往に精神疾患・精神科受診歴があり，今も症状がある，あるいは症状が変化している場合

　たとえば試験前でもないし，家族や友達ともうまくいっていて特に悩むような原因もないにもかかわらず，「ここ2カ月ほど寝つけない，寝ても早く起きてしまう」という学生が来室したとします。睡眠障害の背景には「うつ病」などの病気が隠れていることが多く，また薬物もよく効くので，こういう場合は，精神科や心療内科を紹介したほうがよいでしょう。精神科医は病気を診る専門家ですから，性格的な悩みや進路，人生上の問題に対しては専門外です。たとえば大学に通学して成績も問題ない学生が「性格が暗くて友達ができないので自分の性格を変えたい」という場合は医療機関に紹介してもあまり意味はなく，相談室で対応したほうがよいでしょう。
　また健康診断の問診票で"死にたい"にチェックがある，発達障害のチェックリストで高得点だったなど，自記式の質問紙標でピックアップした学生は，まず学内で十分に相談してから紹介を検討すべきで，説明もせずにいきなり受診させることは望ましくありません。

Ⅷ　どうやって学生を受診まで導けばよいか？

　医療機関に紹介する場合，どのように紹介すればよいのでしょうか。まず原則として，受診先が精神科あるいは心療内科の医療機関であり，そこを受診し診断し治療を受けることが必要かつ役に立つことを学生が納得するようにしなければなりません。単に「あそこの病院に行きなさい」と言われて受診したものの，精神科とわかって怒って帰ってしまったこともあります。筆者は大学からの紹介で学生が受診しても，本人が診療を希望せず，自傷他害の恐れや生活上の障害がない場合，本人の意思を最優先にして「大学で再度よく相談してね」と言って帰してしまいます。
　とはいえ，統合失調症や拒食症など病識が乏しく自分の問題を認識できないが，治療が必要な場合は受診に行きつくまでが大変です。そのような場合は，一番問題となっている幻聴や妄想などの精神症状を取り上げたり，「きみは病気だから」と受診を強要することはせず，付随する身体的問題，たとえば，眠れない，食欲が落ちている，頭が痛い，不安な気持ちが強い，生理が止まっている，嘔吐で歯がボロボロになっている，などを取り上げて受診を促すとよいでしょう。内科の校医が保健室に来ているのであれば，一旦，内科医に診察してもらい，そこから紹介してもらったり，診察，検査して身体的には異常なしと言われた後，「君のそういう問題は，今では精神科が当たっているよ」と説得してもらい受診にもっていきます。むろん，あまりにも状態が悪く，受診が必要だがどうしても承諾しない場合は，強引に受診させることもやむをえないのですが，これについては第10章の「自殺の危機介入」の項目を参照してください。

Ⅸ　依頼と紹介

　口頭で受診を勧めるだけのこともあるでしょうが，可能であれば何らかの手段で大学からの情報を提供したほうがよいでしょう。情報の伝え方には文書（紹介状），電話，メールなどネットがありますが，それぞれ特徴と利点と欠点があります。一番オーソドックスな文書による紹介状のポイントを以下にまとめました。重要なことは，紹介状はケースについての情報を伝達するだけでなく，連携を築く第一歩であるという認識をもつことでしょう。

1 学生の問題やポイントをわかりやすい言葉で簡潔に書く

　クライアントの今の病状は診察すればわかることですから，特にそれまでの経過をポイントとなる点を中心に簡略に記載します。専門用語を無理に使う必要はありません（「被害妄想」と書くよりも，「自室にいるときに誰かに監視されているとしきりに訴える」と書くほうがベター）。また実際に起きた事実（例　連休以後一度も登校していない）と相談員の主観的な判断（例　親の気を引こうと思ってリスカしている）は違いがわかるよう書いてくれると助かりますし，紹介状では具体的な事実がメインでよいです。時候の挨拶は要りません。

2 相談員や大学側の目的を明記する

　重要なことは，カウンセラーや大学が何に困っていて，何を目的に受診させるのかを明記することです。たとえば薬物療法をしてほしいのか，精神医学的な診断をつけてほしいのか，休学や復学の判断をしてほしいのかなど，学生本人に聞いてもわからないことが多い，大学や相談室，保健室が医療機関に求めることを明確に述べてください。また今後フォローしていくうえで医師に知ってもらうことが必要と思えば，紹介したカウンセラーや保健師がどういう立場で，どれくらい勤務しているのかを伝えてください。たとえば学生相談室の週1回の非常勤のカウンセラーとか，あるいはケースと今後どう関わっていけるのかなど，学内のフォローアップ体制も簡潔に伝えてよいでしょう。

3 返事をもらいやすいように配慮する

　紹介された場合は本来，医師から依頼者に返事を書くのが当然なのですが，大学側から返事を書きやすいよう配慮することも必要です。筆者は紹介状を送るときは，返信用の用紙と返信先を明示した返信用の封筒に切手を貼って同封します。つまり，「紹介状＋返信用用紙＋返信用封筒（切手を貼る）」の3点セットです。急ぐ際，どうしても返事が欲しいときは，速達判を捺し速達料金分の切手を貼っておきます。このように返事を書かざるをえないプレッシャーをかけることです。また紹介したカウンセラーと医療が連携を取りやすくするため，紹介者の情報（紹介者の名前，職種，勤務曜日，連絡先の住所・電話，メールアドレスや連絡法など）も必要に応じて明記します。特に非常勤カウンセラーの場合は，勤務曜日や連絡先もあったほうが助かります。このように何らかのフィードバックがあって連携しながらフォローしておくことが大事ですし，返事をもらうことは学生個人のためだけでなく，紹介

した医療機関の情報やそこが役に立つかどうかがわかり，また学生相談や保健室の対応が正しかったどうかを確認でき，相談や紹介のスキルを磨くことにもつながります。

以上に配慮して要領よく紹介状を書きます。A4で1～2枚で長すぎないことも重要で，1回の依頼のメインなテーマは1つに絞ったほうがよいです。またケースを簡潔にまとめることは良いトレーニングにもなります。表1に紹介状の例を挙げます。

表1　紹介状の実例

○○クリニック　　◆◆　先生　御机下

拝啓。

■■大学学生△△さん（◇◇年1月1日生まれ，住所：××市○○）を紹介申し上げます。

　△△さんは2015年4月本学に入学しましたが，2016年4月，2年生になった頃から朝が起きれない，うつうつとする，やる気がないと訴え，またリストカットをするようになり，3年生になった直後の2017年4月15日に自宅で常備薬を大量に飲み（バッファリン50T，咳止め薬30T等），その翌日ふらふらになって登校し保健室を訪れました。そこではじめて保健師が上記のことを知り，相談の依頼があり，翌16日に学生相談室のカウンセラーである私がはじめてご本人と相談室でお会いしました。

　相談ではかなり緊張した様子で，家族，特に母親と折り合いが悪いこと，自分でもどうしていいかわからないこと，大学には友達もいるし楽しいので来たいと話したため，その後私と週に1回面接し，二度と大量服薬をしないことを約束させ，面接を続けました。しかしその後もちょっとしたことでリストカットをしているようで，保健室で創傷の処置をしています。なお傷は浅いせいもあってこの間，外科等は受診していません。

　家族とは大量服薬した際に（本人は嫌がったのですが）保健師が連絡してきてもらい状況を話しましたが，「今は元気じゃないか」と病院への受診の必要性を認めませんでしたし，あまり協力的ではありません。その後も私と会っていたのですが，6月6日から1週間ほど休んでしまい，その際に自宅で再びリストカットしたようで，6月16日に登校したときも，朝自宅で切り，傷が深かったため保健師から本校のそばの外科を受診させて6針縫合してもらっています。私との面接では「自分でもどうしていいかわからないが，リスカや薬を飲まないですむならそうしたい。また一度，医療機関を受診してきちんと見てほしい」という希望を述べています。

　自宅では両親と妹さんとの4人暮らし，商社勤めの父親は不在がちで，現在も海外に単身赴任中です。また母親は本人の成績は気にしていますが，悩みには気を使ってはくれないようです。

　以上ですが，医療での治療が必要かどうか，必要であればフォローアップをお願いします。大

学の学生相談室でも勉強や友達関係などを中心に私が週1回面接していくつもりです。また大学で彼女と関わる指導教員も彼女への対応に苦慮しており，教員への対応の助言がありましたら，お願いします。
　なお私は2016年春から■■大学に赴任したカウンセラーで，週1回，金曜日に勤務しております。電話は◎◯で相談室直通です。なお連絡の際はメール（メール＠アドレス）も可能です。よろしくお願いいたします。

2017年6月16日

〒101-8301　○県△市……　TEL：……（相談室直通）
■■大学　学生相談室カウンセラー（金曜日勤務）

◎山◎美

4 そのほか配慮すること

　紹介状は学生本人に渡してかまいませんが，統合失調症の場合や，記載するのに時間がかかりその場で学生本人に渡すことができなかったときなどは郵送することもあります。とはいえ受診前に紹介状を送るのはよく知っている医師やクリニックでなければ難しいでしょう。個人名でなく病院名宛の郵便物は送っても，診療のとき，紹介状がその場にないことが多く，初診日が決まっているケースではその旨を事前に電話などで一言，伝えておいたほうがよいでしょう。

5 電話やメール，ネット／SNSによる紹介

　緊急の場合は電話で依頼するのが手っ取り早くてよいのですが，筆者も含めてたいていの医者は多忙で，診察を中断しての電話は気が進みません。筆者は電話受け時間をあらかじめ決めています。ですから電話での依頼はなるべく短時間に紹介に事実だけにとどめ，詳しい内容はやはり文書のほうがよいと思います。ファックスは誤配の可能性があるので筆者は使いません。親しいドクターやカウンセラーとの間ではメールを使うこともあります。またインターネットを使った紹介や依頼はクリニックと精神科医の方針にもよりますが，予約日時の申し込み以外の症状や問題を書き込むことは守秘義務の点からも避けるべきでしょう（なお筆者は用いていません）。結局，封書での紹介が無難ということになります。

> **コラム**
>
> ### ネットやメールでの相談について
>
> 　急速に情報ツールが進化しています。パソコンやスマホが日常生活の必須アイテムとなり，ネット上で相談を受けつける精神科医やカウンセラーもいます。SNS，Yahoo!知恵袋，読売新聞の発言小町など相談サイトはいくらでもあります。ただし筆者個人は古い世代なのでSNSやメールでの相談は行っていません。メールやネットでの相談は表情や雰囲気，その他の非言語的コミュニケーションがわからず，文字情報だけの相談はしないほうがよいと思っています。
>
> 　ただし知り合いの精神科医，カウンセラー，PSW，保健師，看護師など普段からコミュニケーションがあり信頼できるセラピスト，教え子との間ではメールを用いた情報交換を積極的に行っています。診察の合間は依頼した大学や企業のカウンセラーや保健師への返事書きに追われています。また，メールで注意するのは極力ネガティブなメッセージや指摘を避けることです。ネットはネガティブなメッセージを安易に書いてしまう欠点があります。

6 紹介後も必ずフォローアップし，大学が主体性をもつこと

　医学的な治療は学外の医療機関がするにしろ，履修や学業上のこと，学内での友達関係など，いろいろな点で学内での相談を継続すべきで，医療機関に紹介したら学生相談はおしまいでは困ります。医療機関に紹介した後には必ずフォローアップの面接をすべきで，きちんと受診したか，主治医に問題が伝わり診療ルートに載ったかなどを確認することはとても大切です。また，たとえ治療が始まっても，医療機関で行うのは病気や症状への対応が中心で，学生の問題すべてが治療によって解決するわけではないので，相談室での継続したフォローが必要です。医療機関と並行して連携しながらフォローしていくことが重要です。

　学内対応での最終決定，たとえば休復学の判断も主治医に意見を求めるのは当然でしょうが，最終的な決定権は大学にあります。筆者は校医として主治医が復学可能としたケースを，病状から診て不可能と判断して突き返したことがあります。企業でも産業医と総務・人事部が主治医の復職可能の診断書を翻して，復職を認めず治療の継続を求めることは日常茶飯事です。主治医が必ずしも大学の状況を知っているわけではないので，その意見を参考にするにせよ休学・復学，授業や実験，実習への参加など学内での判断は大学が主体性をもって行ってよいと思います。

7 緊急の場合――危機介入について

　メンタルヘルス上の問題でも身体的に緊急の医学的治療を要するもの，たとえば拒食症で痩せがひどい場合，自殺の恐れがきわめて高い場合，あなたを含む他人に害を与える恐れが高い場合などは緊急の対応が必要です。第10章で詳細に述べたので，ここではごく簡単に述べます。

　自殺の気配を感じたら，死にたい気持ちがあるかどうかを積極的に聞き，自殺したい気持ちを表出してもらい，自殺しない約束を取りつけるのが原則です。そのうえで危険性が高いと判断したならば，可能な限り早く医療機関を受診させます。このときは保護者への連絡も必須で，精神科受診の必要性を説明して受診させます。自傷他害の場合は面接の守秘義務に反しても構いません。

　他人を害する危険性がある場合，たとえば統合失調症による幻覚や妄想で不穏な状態の場合は，一対一の相談では限界があり，まずはあなた自身と周囲のスタッフ，近くにいる学生の身の安全を考えることが優先です。危険を感じたら警察への連絡も辞さないことです。よく誤解されますが，メンタルの問題であっても暴力に対して強制的に拘束できるのは警察官であって精神科医ではありません（精神保健福祉法第24条，警察官の通報「警察官は，職務を執行するに当たり，異常な挙動その他周囲の事情から判断して，精神障害のために自身を傷つけ又は他人に害を及ぼすおそれがあると認められる者を発見したときは，直ちに，その旨を，最寄りの保健所長を経て都道府県知事に通報しなければならない」）。

　このような緊急時の危機介入はいつもの面接と全く違うスタンスで動くことが必要です。またカウンセラー個人や学生相談室だけでは対応しきれませんので，あらかじめ相談室のスタッフ間，学生部など学内他部署とも連携して，大学としての緊急時の体制を整えておくことが重要です。

X｜大学と医療の連携の実際

　大学相談室と医療機関が連携したアスペルガー症候群（第2章参照）の事例を挙げます。学内での支援に関しては以下のように，学内支援者が具体的な支援策や配慮を検討し実行する，指導教員や窓口職員など実際に学生と関わる教職員や医療との橋渡しをするコーディネーターの役割を担うことが望ましいでしょう。

例 **1年生男子学生のA君** 一対一でのコミュニケーションは取れるが，社会性に乏しく友人はほとんどできなかった。しかし知的に高く勉強はできたため進学校に進み，診断を受けることなくB大学に入学した。

　音に対する感覚過敏があり，高校では静かな環境の進学校であったため問題にならなかったが，C先生の必修講義は大人数で私語が多くて騒がしく，苦痛を感じていた。ヘッドホンをつけ一番前の席に座って受講したが，C先生は目の前でヘッドホンをつけているA君を，音楽を聴きながら受講する不真面目な学生と思い，出席して定期試験もできたにもかかわらず落第させられ，単位を落としてしまった。困ってしまったA君は相談室を訪れた。

　カウンセラーは，精神科を受診して発達障害の診断を受け，医師からの意見書があればC先生の理解が得られると考え，懇意にしている精神科医（筆者）に連絡を取り受診した。A君とカウンセラーからの助言を受けて精神科医は「アスペルガー症候群による感覚過敏があり，多人数の教室で受講する際に教室内の話し声，その他の騒音に絶えがたく，講義中にヘッドホンなどの騒音を防止する対応が必要である」という意見書を記載した。そして，A君にカウンセラーが同伴してC先生を訪れ，カウンセラーが意見書をもとに詳しく説明して，ヘッドホンをつけての受講を認めてもらい，次年度は無事に単位を取得できた。

　以上の例を踏まえて大学と医療の役割を表2にまとめました。

おわりに

　大学ではごく当たり前のことを精神科医がまったく知らなかったり，逆に医療では当然のことに大学の担当者が気づいていないこともよくあります。両者がお互いをもっと知って理解し，連携と協力ができれば，学生と大学にとても役立ちます。

† **文献**
福田真也（2007）精神科医療と学生相談の連携．精神療法 33-5；565-570．
福田真也（2012）精神科医療と学生相談の協働．In：下山晴彦 編：学生相談必携GUIDEBOOK——大学と協働して学生を支援する．金剛出版，pp.148-159．
福田真也（2014）修学と就労支援——学生相談とクリニックの連携．精神科臨床サービス 14-4；381-387．

表2　大学と医療の役割分担（福田，2014）

〈大学支援機関と学内支援者〉
(1) カウンセラーによるカウンセリングや保健師・看護師による相談を継続する。
(2) 学内支援者が関係者間のコーディネーター機能を担い，指導教員，窓口職員など関係教職員間の連携を含めて支援体制を構築する。
(3) 学外の精神科医を紹介し受診してもらう。医療と教職員との連携を担う。
(4) 保護者や家族への説明や助言を行う。
(5) キャリア支援や就活では通常雇用と障害者雇用を検討し，不安や戸惑い，トラブルに対して対処する。

〈医療機関と主治医〉
(1) 診察に加えて必要なら心理検査も行い，病気を診断，告知する。
(2) 家族への説明や助言を行い，家族の受容を促し，一緒に支援していく。
(3) 問題点を把握，整理して学生に提示し，大学での修学や生活への具体的な助言を行う。
(4) 薬物療法を行う。
(5) 大学の支援者と連携しながら，意見書や診断書など修学や就労に必要な情報や文書を提供する。
(6) 就労支援では障害者雇用や手帳などの制度を説明し，必要なら診断書を記載し手帳を取得してもらう。
(7) 卒業後も継続して診療を続ける。

索　引

人名

アキスカル (H.S.) 138
フロイト (S.) 100
ボウルビー (J.) 88
ホランダー (E.) 111
ロジャース (C.) 84, 272
手塚治虫 189, 254
吉田秋生 189

アルファベット

Acute Stress Disorder [▶急性ストレス障害]
ADHD (Attention Deficit Hyperactivity Disorder) [▶注意欠如・多動性障害]
AQ-J 38
Autistic Spectrum Disorder [▶自閉スペクトラム症]
DSH [▶故意に自分の健康を害する症候群]
DSM 53, 54, 73, 112, 227, 237
EAP (Employee Assistance Program) [▶従業員支援プログラム]
EMDR 84
GID (Gender Identity Disorder) [▶性同一性障害]
LD [▶学習障害]
Learning Disability 30, 32
Learning Disorder 30, 32
LGBT ... 22, 224-226, 228, 232-234, 236-238, 274
　ゲイ (Gay) 224, 227-229, 238
　トランスジェンダー (Transgender) ... 224-227, 229, 235, 236
　バイセクシュアル (Bisexual) 224, 225
　レズビアン (Lesbian) 224, 227, 238
LINE 18, 70, 72, 76, 130, 183, 192, 228
OD [▶大量服薬]
OT [▶作業療法士]
PSW [▶精神保健福祉士]

PTSD (Post-traumatic Stress Disorder) [▶心的外傷後ストレス障害]
Rescue School 73, 74
SDS [▶自己評価式抑うつ尺度]
SNS ... 18, 19, 58, 130, 140, 156, 228, 293, 294
SPELL 39
SPS (厚徳補導) 271
SSRI [▶選択的セロトニン再取り込み阻害薬]
SST (Social Skill Training) [▶社会技能訓練]
TA (Teaching Assistant) ... 188, 245, 262, 276
Theory of Mind [▶心の理論]
WAIS-III 38

あ

愛着 88, 222
アイデンティティ [▶自我同一性]
悪徳商法 207, 210, 272
アゴラフォビア 22, 94, 96-99, 192
あしなが育英会 156, 158, 191
アスペルガー症候群 17, 18, 22-24, 29, 30, 33-38, 41, 42, 53, 54, 108, 139, 180, 188, 295, 296
アダルトチルドレン 90
アトピー性皮膚炎 121, 129
アライ (Ally) 225
アルコール依存 (症) 47, 48, 60, 65, 74, 87, 90, 91, 110, 154, 158, 218
アルバイト (バイト) 33, 58, 69, 80, 81, 116, 119, 130, 143, 152, 153, 159, 180, 190, 192, 193, 203, 212, 223, 244, 252, 254
いじめ 17, 30, 62, 67, 86
異性装 225, 229
遺族 85, 156-158, 161
一般教員による相談 185
偽りの記憶 91
遺伝 20, 21, 30, 112, 137, 143, 174
いのちの電話 156, 157
陰性症状 165, 170

インターベンション 149, 153, 155
インターンシップ 213
インテイカー 57, 214, 271, 286, 287
ウィスコンシン・カード・ソーティングテスト
　.. 31, 38
うつ病 18, 22, 48, 114, 129, 132-147, 149,
　151, 153, 154, 156, 158, 198, 218, 225, 280,
　289
　　──と季節 139
　　──と日内変動 140, 141
　　仮面── 140, 141
　　新型── 18, 132, 138, 139
　　双極性── 135
　　大学生の── 132, 143, 144
　　単極性── 103, 110, 135, 137, 138
うつ（抑うつ）....... 30, 33, 36, 40, 41, 48, 52,
　76, 82, 108, 114, 115, 124, 129, 132-142,
　144, 146-148, 203, 216, 228, 234, 289
運転 197-200
エクスポージャー（暴露法）................. 3, 100
エンカウンター・グループ ... 56, 57, 183, 272
オーバードーズ ［▶大量服薬］
オフィスアワー 186, 276

か

会食恐怖 99, 125
買い物依存 18, 60, 74, 111
解離 54, 61-64, 67
解離性同一性障害（多重人格）........ 54, 62-64
カウンセリング 39, 55, 64, 65, 73, 83-
　85, 100, 103, 114, 115, 147, 158, 160, 184-
　186, 219, 220, 231, 234, 245, 248, 271, 272,
　274, 277, 278, 283, 297
カウンセリング・センター 73, 219, 271,
　277
学習支援センター 277
学習障害（LD）... 17, 30-32, 34, 192, 257, 261
学習理論 100
覚醒 140
学生相談室 16, 57, 59, 127, 143, 146, 150,
　159, 168, 172, 175, 181, 183, 187, 196, 205,
　209, 210, 214, 227, 233, 245, 246, 271-275,
　277, 285, 291-293, 295
過呼吸 47, 64, 86, 98
　　──症候群 280
過食（ブリミア）...... 47, 48, 51, 53, 60, 62, 65,
　68, 69, 112, 134, 203, 228, 234, 248, 289

──症 ... 18, 19, 48, 60, 61, 68, 75, 90, 107,
　110, 111, 134, 141
──発作 47
画像診断 112, 283
家族 16, 17, 67, 71, 125, 126
過敏性大腸炎 96, 98
カミングアウト 228-231, 234, 235
カルチャーショック 243, 248
カルト 207-210, 272, 288
カレンダー問題 28
感覚過敏 23, 26, 37, 262, 296
気管支喘息 121, 280
危機介入 63, 155, 290, 295
記銘力 28
虐待 30, 64, 67, 81, 85-91, 133, 222
キャリア支援 ... 214, 215, 265, 266, 275, 297
ギャンブル依存 60, 74
急性アルコール中毒 18, 204, 205
急性ストレス障害 77, 78
境界性パーソナリティ障害（ボーダーライン／
　境界例）... 18, 22, 45, 47-59, 61, 63, 90, 91,
　111, 134, 152-154, 159
共感 39, 51, 54, 56, 65, 84, 91, 114, 127,
　160, 231, 234, 283
強迫 18, 36, 40, 100, 103, 104, 106-116,
　118, 136, 144, 173, 289
　　──観念 17, 50, 104, 105
　　──行為 104, 105
　　──的傾向 107, 124
強迫スペクトラム 111
　　──障害 111
強迫性障害 17, 18, 22, 50, 95, 103-106,
　111, 115, 116, 129
恐怖 22, 26, 77, 81-84, 94-99, 209, 289
　　視線── 100, 109
　　半知りの── 96, 99
恐怖症 94, 95
拒食 47, 48, 106
　　──症 18, 19, 48, 68, 69, 90, 103, 106,
　107, 111, 115, 134, 290, 295
クーリング・オフ制度 211
グリーフカウンセリング 85
計算力 28
系統的脱感作法 100
ゲーム依存 18, 60, 61, 70, 110
月経前症候群 18, 134
幻覚 50, 124, 134, 152, 166, 169, 173, 198,
　289, 295

索　引

299

現実検討力 56
幻聴 152, 165, 168, 199, 290
故意に自分の健康を害する症候群（DSH）
　　.. 65
抗うつ薬 40, 69, 79, 129, 140, 141, 146,
　198
高次脳機能障害 34
抗精神病薬 170
構造化 39, 114
高卒認定（試験）..................................... 181
行動プログラム 128
行動療法 100, 127, 277
広汎性発達障害［▶自閉スペクトラム症］
抗不安薬 40, 129
五月病 182
国民健康保険 244, 246, 248, 249
心の理論（Theory of Mind）.......... 23, 38, 54
こだわり 22, 25, 26, 34, 37, 42, 103,
　110-113, 115, 134, 166, 262
コミュニケーションの問題 23, 24, 243,
　254
コンサルテーション 259, 272, 278

さ

罪悪感 58, 79, 82, 84, 88, 89, 91, 128,
　138, 147, 157, 158, 160, 161, 163
再発 147, 170-172, 175, 198, 205
サヴァン症候群 42
作業療法士（OT）......... 18, 38, 110, 124, 134,
　282, 283
自我 52, 53, 56, 58, 82, 83, 86
　——像 125
視覚 28, 39, 82, 83
自我同一性（アイデンティティ）........ 56, 88,
　224, 231, 245
自己愛 86, 88, 89, 138, 141, 214, 223
思考 140, 147, 171, 180, 263
　——の異常 124
自己開示 56
自己啓発セミナー 208, 210
自己臭 18, 100, 109
自己評価式抑うつ尺度（SDS）............. 139
自殺 15, 18, 22, 36, 45, 48, 53, 57, 59, 63,
　64, 66, 67, 77, 79, 81, 82, 85, 124, 132,
　134, 138, 140-142, 144, 147, 149-163, 168,
　234, 274, 287, 289, 290, 295
　群発—— 151

——願望 124
——企図 57, 59, 66, 168
——企図歴 154
——念慮 84, 199
——の危険度 65, 150, 153-155
——の前駆症状 63
——報道 151
——未遂 18, 61, 64, 150, 155, 274
——率 139, 150, 157
　集団—— 156
思春期妄想症 18, 100, 108, 109
自傷行為（リストカット）....... 18, 19, 22, 48,
　51, 53, 60-63, 65, 67, 69, 79, 82, 84, 87, 88,
　107, 111, 152, 154, 155, 161, 214, 223, 228,
　234, 292
自傷他害 169, 185, 290, 295
自責感 41, 82, 84, 157, 158, 161, 163
自尊心 33, 86, 88, 108, 157, 158, 163, 223
失語 134
実行機能 31, 38, 214
失読症［▶読字障害］
失恋 55, 132, 133, 135, 144, 154
自閉症 24, 29, 30, 34, 37, 42, 111
　——スペクトラム 23
　自閉スペクトラム症 17, 23, 29, 30, 34,
　　129, 268
嗜癖 22, 60, 62, 68, 73, 90, 91, 110, 223
　——行動 90
　——行動障害 60
下田の執着性格 136
社会技能訓練（SST）................ 147, 272, 283
社会性の問題 23, 24, 35, 37
社交不安障害［▶不安障害］
シャットダウン制度 73
従業員支援プログラム（EAP）........ 220, 278
醜形恐怖（症）............ 18, 100, 103, 108, 115
集団療法 57, 74, 283
就労移行支援（事業）......................... 257, 268
出社拒否 131
守秘義務 41, 185, 200, 222, 228, 274, 285,
　293, 295
生涯学習 218, 256
障害学生支援センター 277
障害者雇用（制度）.......... 188, 216, 258, 262,
　266-269, 297
障害者職業センター 259, 278
障害者総合支援法・障害者差別解消法 41,
　256, 258, 260, 263, 268

紹介状 267, 287, 290-293
障害年金（障害基礎年金）........ 175, 220, 257
奨学金 46, 83, 190-193, 195, 244, 248, 252
情報共有 274
ジョブマッチング 266, 267
シラバス 195, 269
自立支援医療 257, 258, 268
人格［▶パーソナリティ］
心気症 94, 111
神経症 50, 56, 94, 95, 280
心身症 68, 96, 121, 280
心的外傷（トラウマ）... 19, 22, 76, 80-90, 92, 132, 133, 234
心的外傷後ストレス障害（PTSD）....... 19, 20, 22, 54, 76, 78, 79, 81, 82, 92, 133, 203
心理機制 51-53
心理教育的アプローチ 128, 161
心理検査 31, 38, 189, 253, 272, 283, 297
心理療法 30, 64, 67, 84, 91, 114, 147, 223, 277, 287
進路 35, 36, 66, 79, 125, 182, 187, 188, 244, 249, 262, 271, 272, 274, 289
遂行機能［▶実行機能］
睡眠 121-123, 140, 144, 170, 171
睡眠相後退症候群 122, 123
睡眠薬依存症 106
スーパービジョン 286
　　スーパーバイザー 57, 89, 197
スクリーニング 38, 139, 166
ステューデント・アパシー 18, 119
ストーカー 27, 49, 80-83, 278
ストレス 29, 39, 47, 48, 61, 62, 66, 68, 69, 76, 78, 82, 107, 141, 144, 147, 153, 165, 189, 203, 208, 248, 252, 254, 276, 280, 285
　　ストレッサー 76, 203, 253
スマホ 19, 33, 70, 72-75, 108, 140, 192, 193, 236, 264, 265, 294
精神科校医 196, 273, 285, 286
精神障害者保健福祉手帳 41, 257, 258
精神分析 39, 54, 56, 90, 100, 277
精神分析的心理療法 272
精神保健福祉士（PSW）........... 282, 283, 294
精神保健福祉センター ... 130, 220, 258, 278, 282
精神保健福祉法第24条 295
性的被害 86
性同一性障害（GID）....... 214, 225-227, 229-232, 237

性別適合手術 229, 231, 237
赤面恐怖 99
セクシャル・ハラスメント（セクハラ）.... 81, 83, 201, 203, 237, 277, 279
摂食障害 68, 90, 91, 107, 111, 116, 134, 223, 243, 252
セルフヘルプグループ 85, 129
選択的セロトニン再取り込み阻害薬（SSRI）.. 40, 146
躁うつ病 17, 22, 135-138, 143, 283
双極スペクトラム 138
想像性の問題 23, 25
相談的家庭教師 197

た

大学入試センター試験 258, 259
対象喪失 132, 133
対人恐怖 22, 94, 99, 129
大量服薬（OD：オーバードーズ）...... 48, 53, 60, 63, 65, 67, 152, 154, 156, 161, 243, 292
多重人格［▶解離性同一性障害］
ためこみ症 103, 108, 115
チック（症）..... 17, 21, 30, 33, 103, 107, 108, 111, 115
知能検査 28, 38
注意欠如・多動性障害（ADHD）.... 17, 30-32, 34, 42, 53-55, 139, 257
直感像素質 28
デイケア 130, 173, 283
ディスレクシア［▶読字障害］
デブリーフィング 84
添付文書 198
投影性同一視 52
統合失調症 ... 15, 17-19, 22, 48, 50, 109, 116, 124, 128, 129, 134, 137, 153, 154, 165, 166, 168-170, 172-175, 195, 198, 199, 204, 220, 243, 248, 252, 283, 290, 293, 295
洞察 29, 39, 67
同性愛 224-228
同性婚 236
トゥレット症候群 30, 33, 107, 108
道路交通法 198, 200
読字障害（失語症／ディスレクシア）....... 32
トラウマ［▶心的外傷］
トランスジェンダー 224-227, 229, 235, 236

な

ニート 119
認知行動療法 147, 272
ネット依存 70, 72, 73, 116
脳波検査 166

は

パーソナリティ（人格）.... 52-54, 90, 91, 280
——の病理 50
バイセクシュアル 224, 225
暴露法 [▶エクスポージャー法]
パチンコ依存 18, 60, 74
発達障害者支援センター 258, 278
発達性協調運動障害 30, 33
抜毛症 17, 103, 107, 115
パニック 27, 36, 40, 57, 97, 180, 199, 234
パニック障害 17, 22, 94-99, 266
ハラール食 240, 243
バリアフリー 264
ハローワーク 249, 259, 267, 278
パワー・ハラスメント（パワハラ）....... 167,
  190, 201, 202, 205, 277, 279
犯罪被害者 81, 85, 278
ピアサポート 259
ひきこもり 18, 22, 103, 110, 114, 116,
  119-121, 124-131, 144, 196, 221, 223, 272
非行 42, 226
否認 56, 135, 158
病識 55, 166, 168, 169, 290
昼飯難民 17, 99, 125
不安発作 95
不安障害 50, 95, 158, 243, 252
  社交—— 15, 22, 94, 97, 99, 100, 101,
    129, 188
  全般性—— 95
復学委員会 145, 196
不潔恐怖症 94, 104
不定愁訴 86
不登校 17, 18, 29, 30, 35, 36, 64, 74, 116,
  117, 120, 121, 124, 126, 127, 130, 181, 196,
  272
不眠 76, 77, 82, 84, 88, 121, 129, 166, 193,
  202, 203, 234, 253, 254, 289
フラッシュバック 82, 88
プリベンション 149, 150
ブリミア [▶過食]

プロセス依存 60, 61
分裂 51-53, 56, 58
防衛機制 56, 82, 83
訪問相談 128, 129, 196
ボーダーライン [▶境界性パーソナリティ障害]
保健管理センター 16, 136, 146, 196, 204,
  220, 245, 246, 252, 271, 273-275, 285, 286
保健所 128, 130, 173, 220, 258, 278, 282,
  286, 295
ポストベンション 149, 157, 159, 162, 163
ホルモン療法 227, 229-231, 234, 235

ま

三つ組の障害 23
免許（運転免許）........ 189, 197-200, 232, 235
妄想 48, 50, 109, 124, 134, 152, 165-169,
  173, 204, 207, 252, 290, 291, 295
喪の過程 85, 161

や

薬物依存（症）............ 18, 48, 60, 65, 90, 154
薬物療法 30, 40, 57, 69, 84, 87, 101, 129,
  143, 146, 168-170, 202, 266, 273, 283, 284,
  287, 291, 297
やけ食い 68, 106, 253
ユニバーサルデザイン 263, 264
陽性症状 169
予期不安 95, 97, 99
抑圧 56
抑うつ [▶うつ]

ら・わ

来談者中心療法 39, 56, 272
リカレント教育 217, 218
履修登録 143, 181, 244, 260, 262
離人症 62
リストカット [▶自傷行為]
リハビリテーション 34, 147, 173
リミット・セッティング [▶限界設定]
留学生 ... 22, 97, 240-246, 248-255, 272, 276,
  288
  外国人—— 99, 240-243, 246, 248-252
  日本人—— 251, 252
ワーキングメモリ 31, 34, 38

著者紹介

福田 真也……ふくだしんや

1957年東京生まれ。精神科医,日本精神神経学会認定医,精神保健指定医,日本学生相談学会元理事,日本医師会認定産業医,精神科産業医協会正会員

旭川医科大学卒業後,東海大学精神医学教室に入局,同大学の学生相談室相談員,保健管理センター精神科校医として長年にわたり大学生の診察や相談に従事した。現在は成蹊大学と明治大学学生相談室で大学生の相談を行い,あつぎ心療クリニックの外来で大学生の診療とうつ病のリワークに携わり,医療と教育,産業の橋渡し役を任じている。

専門は青年期,大学生の臨床精神医学と勤労者のメンタルヘルス。最近は,発達障害の青年期,特に障害者雇用,うつ病の復職支援など,ハンディや病気を持ちながら就職すること,働くことを主なテーマにしている。

連絡先:optate@mbr.nifty.com

新版 大学生のこころのケア・ガイドブック
精神科と学生相談からの17章

2007年4月30日　初版発行
2017年12月30日　新版初刷発行
2019年5月30日　新版二刷発行

著者―――福田真也
発行者―――立石正信
発行所―――株式会社 金剛出版
　　　　　〒112-0005 東京都文京区水道1-5-16
　　　　　電話03-3815-6661　振替00120-6-34848

装丁◉山田知子［chichols］
本文組版◉石倉康次
印刷・製本◉太平印刷社

ISBN978-4-7724-1599-6 C3011　　©2017 Printed in Japan

学生相談必携 GUIDEBOOK
大学と協働して学生を支援する

［編］＝下山晴彦　森田慎一郎　榎本眞理子

●A5判　●並製　●300頁　●定価 **3,600**円＋税
● ISBN978-4-7724-1225-4 C3011

「東京大学大学院理学系研究科・理学部学生支援室」をモデルに
多様化する学生相談の実践を考察する。
協働的支援から育まれた
新しい時代に求められる学生相談サバイバル・マニュアル。

発達障害大学生支援への挑戦
ナラティブ・アプローチとナレッジ・マネジメント

［著］＝斎藤清二　西村優紀美　吉永崇史

●A5判　●上製　●280頁　●定価 **3,200**円＋税
● ISBN978-4-7724-1167-7 C3011

「ナラティブ・アプローチ」「ナレッジ・マネジメント」など
新しい視点，理論，方法論を取り入れた
社会的コミュニケーションに困難を持つ大学生のための
発達障害大学生支援モデルの提案。

子どもから大人への発達精神医学
自閉症スペクトラム・ADHD・知的障害の基礎と実践

［著］＝本田秀夫

●A5判　●上製　●190頁　●定価 **3,200**円＋税
● ISBN978-4-7724-1331-2 C3011

乳幼児期から成人期までを縦断する「発達精神医学」の視点から
DSM-5での変更点を含む発達障害の基本的知識と
実践の新たな考え方を提示する。
発達障害に関わるすべての臨床家の必携書。